北大版对外汉语教材·基础教程系列

新汉语高级教程（上册）

郭曙纶　主编

图书在版编目(CIP)数据

新汉语高级教程（上册）/郭曙纶主编. —北京：北京大学出版社，2007.6
（北大版对外汉语教材·基础教程系列）
ISBN 978-7-301-08692-6

Ⅰ.新… Ⅱ.郭… Ⅲ.汉语－对外汉语教学－教材 Ⅳ.H195.4

中国版本图书馆 CIP 数据核字（2007）第 044216 号

书　　　　名：	新汉语高级教程（上册）
著作责任者：	郭曙纶　主编
责 任 编 辑：	张进凯　邓晓霞
标 准 书 号：	ISBN 978-7-301-08692-6/H·1429
出 版 发 行：	北京大学出版社
地　　　　址：	北京市海淀区成府路 205 号　100871
网　　　　址：	http://www.pup.cn
电 子 信 箱：	zpup@pup.pku.edu.cn
电　　　　话：	邮购部 62752015　发行部 62750672　出版部 62754962　编辑部 62752028
印 　刷　者：	北京大学印刷厂
经 　销　者：	新华书店
	787 毫米×1092 毫米　16 开本　17.75 印张　454 千字
	2007 年 6 月第 1 版　2016 年 2 月第 2 次印刷
定　　　价：	58.00 元（附 1 张 MP3）

未经许可，不得以任何方式复制或抄袭本书之部分或全部内容。
版权所有，侵权必究
举报电话：010-62752024　　　电子信箱：fd@pup.pku.edu.cn

主 编 的 话

　　本书是专门为长期进修汉语的留学生编写的高级精读教材,全书分上下两册。每册的计划学时可以安排为64学时或96学时(如果按每学期16个教学周计算,每周分别为4学时或6学时),具体安排可以参考后面的相关说明。

　　本书取名为《新汉语高级教程》,是因为本书的特色就在于"新","新"主要表现在以下三个方面:

　　首先是编写方法新。本书是在编者研究现有教材的基础上,利用语料库技术与统计方法而编写的。具体体现在:

　　1.选材。我们利用语料库技术来保证教材的难度,即要求选择的课文既不能太长,也不能太短。本册课文长度在1100－1700字之间,平均长度为1482字。

　　2.生词数量的安排。为了减轻留学生不必要的学习负担,编者把出现的生词分成两类:一类是常用的,作为正式生词,给出注音、词性、释义和例句,要求留学生应该掌握,并在课本后面的生词总表中列出。本册共有生词482个,平均每课的生词为53.6个。另一类是不太常用的,不作为正式生词,只给出注音和释义,帮助留学生理解课文,不要求留学生掌握,也不在课本后面的生词总表中出现。这类注释词本册共有236个,平均每课为26.2个。这样既可以降低课文的阅读难度,又可以保证留学生学到原汁原味的汉语。

　　其次是内容安排新。本书基本上是按照教学时的实际顺序来编排课文中的具体内容的。讲解的内容与练习的内容交叉出现,这样符合教学时的讲练结合原则。教师讲解后,留学生马上进行练习,既可以避免讲练脱节,也可以避免留学生不停地前后翻书,有利于保持教学的连贯性。为了适应有些学校精读课课时安排较多(每周6学时)的情况,编者在每课都安排了一到两篇与正课文相关的副课文,可以作为课堂泛读训练,或作为一般的阅读理解练习,还可以作为留学生的课外阅读材料。

　　再次是课文选材新。本书所有正课文都选自2000年以后出版的书刊。这样保证了教材语言都是现在人们正在使用的鲜活语言,而不会是普通人一般情况下根本用不到的语言。

　　本书由上海交通大学国际教育学院汉语言研究所副所长郭曙纶博士主编。主编负责教材的整体框架设计、进度安排与最后的统稿工作。除主编外,本书的编者还有安徽大学文学院教师彭家法、河北师范大学教师任敏、上海大学文

学院博士后王淑华、上海交通大学国际教育学院教师徐新颜、上海音乐学院公共基础部语文教研室主任祁峰、同济大学国际文化交流学院教师刘根洪,此外,上海交通大学国际教育学院硕士生孙镭也参与了"现代汉语语法常识"的部分编写工作。具体分工是:

  彭家法,编写下册第4、7课。
  任 敏,编写上册第5、9课和下册第6、8课。
  王淑华,编写上册第1、4课及下册"现代汉语修辞常识"。
  郭曙纶,编写下册第1课及上册"现代汉语语法常识"。
  孙 镭,编写上册"现代汉语语法常识"中的一部分。
  徐新颜,编写下册第2、5课。
  祁 峰,编写上册第2、8课和下册第3课。
  刘根洪,编写上册第3、6、7课。

主编 郭曙纶
2007年5月

目　录

第1课	猎狗的故事	1
第2课	大学生打工收入知多少	26
第3课	"上海书店"台北"热卖"	51
第4课	佳洁士——迟到者的失败	69
第5课	世界第八大奇迹——兵马俑	94
第6课	2004年世界体育展创奇迹	117
第7课	老字号需要接班人	136
第8课	中式婚礼暗含中国哲学	154
第9课	婚姻鞋	176

现代汉语语法常识　　202

　　第一部分　汉语的字和语素 /202
　　第二部分　汉语的词（上）/208
　　第三部分　汉语的词（下）/210
　　第四部分　汉语的短语 /220
　　第五部分　汉语的句子 /224

参考答案　　238

生词索引　　268

辨析词语索引　　274

词性与词性缩略对照表

词　性	词性缩略
代词	代
动词	动
副词	副
后缀	后缀
介词	介
离合词	离合
连词	连
量词	量
名词	名
数词	数
形容词	形

第1课　猎狗的故事

生　词

	注　音	词性	释　义
1. 猎狗	liègǒu	名	受过训练、能帮助打猎的狗。
	（1）这件事发生后，老猎人更加喜欢自己的猎狗了。		
	（2）突然，猎狗的叫声停下来了。		
2. 窝	wō	名	凹陷的地方，多指鸟、虫等动物居住、休息或停留的地方。
	（1）金丝燕经常在很陡的山岩上做窝。		
	（2）乌鸦的窝往往建在较高的树枝上。		
3. 追赶	zhuīgǎn	动	加快速度赶上（前面的人或事物）。
	（1）男孩儿高高兴兴地追赶他的伙伴去了。		
	（2）弯着腿睡觉，就有可能梦见自己被追赶，而且还跑不动。		
4. 讥笑	jīxiào	动	讥讽嘲笑。
	（1）他经常讥笑我们。		
	（2）咱们不要怕别人讥笑，一定要坚持下去。		
5. 性命	xìngmìng	名	人或动物的生命。
	（1）这一奇特的景观挽救了全城人的性命。		
	（2）据说，他曾在一天内遇上70种有毒的植物，好多次几乎断送了性命。		
6. 猎物	lièwù	名	已经捕捉到的或作为捕捉对象的野生动物，有时也用来指作为攻击目标的人。
	（1）中午12点，打猎结束，主人将猎物集中在一起，一共有200多只。		
	（2）这些猎物对一般的猎人来说，应该是有极大的吸引力的。		

	注音	词性	释义
7. 打猎	dǎliè	离合	在野外捕捉野生的动物。

(1) 野生动物保护区内禁止打猎。
(2) 他经常上山打猎。

	注音	词性	释义
8. 奖赏	jiǎngshǎng	动	对有功的人或比赛中的优胜者给予奖励。

(1) 妈妈说,如果我这一次能考到第一名,她就要奖赏我。
(2) 领导要善于奖赏有功的人,惩罚犯错误的人。

	注音	词性	释义
9. 窍门	qiàomén	名	能解决问题的巧妙办法。

(1) 写作有什么窍门吗?
(2) 他做事喜欢找窍门,所以效率很高。

	注音	词性	释义
10. 挂钩	guàgōu	离合	两个事物直接联系起来。

(1) 我国的人民币没有宣布含金量,也不与黄金挂钩。
(2) 我已经同农技站挂钩了,有什么新品种、新技术就先试用。

	注音	词性	释义
11. 奉献	fèngxiàn	动	恭敬地交付,献出。

(1) 我们要把青春奉献给祖国。
(2) 这么多年,他一直在默默地奉献着。

	注音	词性	释义
12. 随着	suízhe	介	跟着。

(1) 随着经济的发展,人民生活的改善,城市的垃圾堆积如山。
(2) 随着时间的推移,世界各地的气候会发生很大变化。

	注音	词性	释义
13. 推移	tuīyí	动	(时间、形势、风气等)变化、移动或发展。

(1) 随着时间的推移,这种影响越来越明显。
(2) 从现在开始,建设重点要往西边推移。

	注音	词性	释义
14. 论功行赏	lùngōng xíngshǎng		评定功劳的大小,给予奖赏。

(1) 奥运会已经结束,又到论功行赏的时候了。
(2) 孙明谈起村里的变化时,常常说,要是论功行赏,高强该记头功。

	注音	词性	释义
15. 汇总	huìzǒng	动	(资料、单据、款项、账目等)汇集到一起。

(1) 等各组资料到齐后汇总上报。
(2) 他们每天只睡五个多小时,白天做调查,晚上汇总材料。

	注音	词性	释义
16. 过后	guòhòu	名	事情完了之后，后来。

（1）当时并没有发觉，过后才发现这样做不对。
（2）雷雨过后，我们就能闻到这种气味。

17. 流失	liúshī	动	流散失去。

（1）森林被大量破坏，造成严重的水土流失。
（2）在我国，多数科技人员收入偏低，因此，年轻科技人才流失严重。

18. 野狗	yěgǒu	名	没有主人的、不是人养的狗。

（1）第二天，他们骑马外出，野狗还在那儿。
（2）垃圾堆上，一群群的野狗挤来挤去。

19. 不得已	bùdéyǐ	形	没有办法，不能不（这样）。

（1）不是万不得已，他是不会麻烦别人的。
（2）现在，教师不再是女大学生不得已而选择的职业了。

20. 引诱	yǐnyòu	动	一般指引着人做坏事，也指引动物按照人的意愿活动。

（1）他经常引诱十一二岁的少年去偷厂里的钢材。
（2）他的钓竿一直在水中晃动，引诱周围游动的小鱼。

21. 舔	tiǎn	动	用舌头接触。

（1）她伸出舌尖舔了舔那块糖。
（2）说完，她舔了一下嘴唇，抱着孩子走了。

22. 诱惑	yòuhuò	动	（1）用某种手段使人认识模糊而做坏事（2）吸引，招引。

（1）后来，敌人不断地用金钱、美女来诱惑他。
（2）几亿中国普通老百姓的需求，对于全世界的汽车制造商都是挡不住的诱惑。

23. 总量	zǒngliàng	名	总的数量。

（1）据研究，每隔10～15年，知识的总量就增加一倍。
（2）我国水资源总量不少，占世界第6位，但人均量仅为世界人均量的1/4。

24. 递增	dìzēng	动	一次比一次增加。

（1）黄金产量连续16年平均每年递增10%。
（2）人工造林面积以每年8万平方米的速度递增。

	注音	词性	释义
25. 分享	fēnxiǎng	动	和别人分着享受（幸福、快乐、美味等）。

(1) 这笔宝贵的财富，我愿和你共同分享。
(2) 现在，他正在和同伴一起分享胜利的喜悦。

26. 叫苦连天	jiàokǔ liántiān		不断叫苦。

(1) 现在条件这么好，你还是叫苦连天，到底要怎么样你才满意呢？
(2) 今年的粮食收购价格又下降了，农民们无不叫苦连天。

27. 收成	shōucheng	名	农业或副业产品等的收获情况。

(1) 今年的收成不错。
(2) 能取得这样好的收成，多亏了政府的支持。

28. 无忧无虑	wúyōuwúlǜ		没有任何忧虑，心情舒畅自然。

(1) 他常常想起无忧无虑的童年生活。
(2) 十六岁的女孩本该无忧无虑、快快乐乐的，但是她却整天生活在痛苦之中。

29. 扫地出门	sǎo dì chū mén		夺走全部财产，赶出家门。

(1) 他和夫人被扫地出门，没收了全部家产。
(2) 许杰全家再次被扫地出门，住进了校园围墙边一排破旧的小矮房。

30. 身强力壮	shēn qiáng lì zhuàng		身体强壮，精力充足。

(1) 这位二十多岁的小伙子，身强力壮，而且非常灵活。
(2) 年轻人身强力壮，多干点活没关系。

31. 连锁	liánsuǒ	形	像锁链一样，一个连着一个的，也指商业中的一种经营方式，有统一的经营方针、方法，并且受总公司的领导。

(1) 这一宣传产生了连锁反应。
(2) 这几年，他们公司发展很快，仅去年一年就建了17个连锁店，今年准备再增加20个。

32. 加盟	jiāméng	动	参加某一组织或团体。

(1) 俱乐部还将聘请外籍球员加盟。
(2) 他认为，英国目前的主要投资和贸易伙伴在欧洲，英国只有加盟欧洲才是唯一的出路。

	注音	词性	释义
33. 招募	zhāomù	动	招收、征集（人员）。
	（1）去年十月，市委面向社会公开招募青年志愿者。 （2）他专门负责为俱乐部招募新成员。		
34. 传授	chuánshòu	动	把知识、技能等教给别人。
	（1）学校不仅要传授知识，还要注意培养学生的能力。 （2）只要能把知识传授给学生，再苦再累也值得！		
35. 抽取	chōuqǔ	动	从中收取或取出。
	（1）每个月，公司将抽取10%的服务费。 （2）这次检查，从两万份试卷中一共抽取了500份。		
36. 足够	zúgòu	形	充分，充足，完全能达到目的或满足需要。
	（1）对于这个问题，我们要给予足够的重视。 （2）只要有足够的资金，我们就能马上开始。		
37. 赢利	yínglì	动、名	获得利润，获得的利润，作名词时也写作"盈利"。
	（1）不到一年，他们已经赢利72万元。 （2）那么，这笔赢利到底有多大呢？		
38. 收购	shōugòu	动	（大量）买进。
	（1）过去10天内，他一共收购了5吨棉花。 （2）今年，全市粮食部门增加71个收购点来收购粮食。		
39. 家当	jiādàng	名	家产。
	（1）两床被子，一台黑白电视机，这就是我们全部的家当。 （2）结果，一场大水把他多年积累下来的家当全部冲走了。		
40. 许诺	xǔnuò	动	答应。
	（1）爸爸许诺，如果我在比赛中获得第一名，他就奖赏我出国旅游一次。 （2）出发之前，他许诺，帮助我们每个人找到好工作，每个月都有较高的收入。		
41. 股份	gǔfèn	名	公司资产中任何一份由股东提供的资本，每份的资金数额相等，与公司的经营、利润和股东的权利、利益紧密相关。
	（1）他是这家公司最大的股东，拥有72%的股份。 （2）这样的企业，是否一定要改组为股份公司呢？		

	注音	词性	释义
42. 知音	zhīyīn	名	理解自己、了解自己特点和特长的人。
	(1) 看到你的来信，我为有你这样的知音而高兴。 (2) 现在他遇到了这样一个知音，不由得高兴万分。		
43. 不快	bùkuài	形	不愉快，不快乐。
	(1) 今天这件事令我们十分不快。 (2) 劳动使他们身心舒畅，忘记了城里的烦恼和不快。		
44. 累死累活	lèi sǐ lèi huó		拼命地。
	(1) 我这样累死累活地工作，还不是为了你们吗？ (2) 他们整天累死累活地干，可最后一分钱也没拿到，太不应该了。		
45. 眼巴巴	yǎnbābā	形	形容急切盼望的样子。
	(1) 你一定要努力，千万不能让眼巴巴盼望你成功的父母失望。 (2) 去年7月，他常常在校门外，眼巴巴地望着校园里的一切。		
46. 乞求	qǐqiú	动	请求（别人给予）。
	(1) 我决不乞求他的任何帮助，也不要他负任何责任。 (2) 他乞求别人给他钱。		
47. 扮	bàn	动	做出（某种表情）或装成（某种样子）。
	(1) 明白上当以后，他扮着鬼脸跑开了。 (2) 他经常扮出一副很可怜的模样。		
48. 拖家带口	tuōjiā dàikǒu		带着一家大小，常指受家中老人、小孩等亲人拖累。
	(1) 周末，很多市民拖家带口，游览奥林匹克公园。 (2) 去年八月，他拖家带口，来到大连。		
49. 雨后春笋	yǔhòuchūnsǔn		春天下雨后竹笋长得很多很快，比喻新事物大量出现。
	(1) 近年来，各种培训班如雨后春笋。 (2) 在北京、上海、天津、广州等大中城市，新建的百货大楼如雨后春笋般出现在街头。		

	注音	词性	释义
50. 凭借	píngjiè	动	依靠，依据。
	（1）凭借高尚的人格，他获得了对手的尊敬。		
	（2）要想在比赛中获胜，必须要凭借大家的力量。		
51. 出售	chūshòu	动	卖。
	（1）本商店出售日常生活用品。		
	（2）他主动低价出售各类新鲜蔬菜，受到市民们的夸奖。		
52. 千辛万苦	qiānxīn wànkǔ		形容非常辛苦。
	（1）为了寻找到那种神奇的草药，他历尽了千辛万苦。		
	（2）哥哥出国多年，千辛万苦，终于获得了事业上的成功。		
53. 出人意料	chūrényìliào		（事物的好坏、情况的变化、数量的大小等）在人们的想象之外，没有想到。
	（1）这样的结果太出人意料了，也使我们一下子难以接受。		
	（2）出人意料的是，一向很普通的小明夺得了冠军。		
54. 自传	zìzhuàn	名	自己叙述自己一生经历的书或文章。
	（1）他还为自己制定了90岁以后的计划，那就是写一本自传。		
	（2）外出散步时，常军跟我讲，给他留下印象最深的一本书是乔丹的自传《我的天下》。		
55. 家喻户晓	jiā yù hù xiǎo		每家每户都知道，都明白。
	（1）《三国演义》是中国人民家喻户晓的古典小说名著。		
	（2）今天，这两句话已经成为我国家喻户晓的广告词。		
56. 明星	míngxīng	名	有名的或技巧很高的表演者，多指影视演员、歌唱演员、运动员等。
	（1）她要把女儿培养成为一个大明星。		
	（2）这位世界足球明星有可能重返祖国。		
57. 风险	fēngxiǎn	名	危险，危机，受到损失、伤害、不利等的可能性。
	（1）记者的工作是有风险的工作，随时会遇到考验。		
	（2）这是一笔风险很大的买卖。		

注释词表

生词	注音	释义
1. 兼而有之	jiān'éryǒuzhī	同时具有相关的两方或各方。
2. 不菲	bùfěi	不便宜，较贵。
3. 怀才不遇	huáicáibúyù	很有才能，但是得不到使用的机会。
4. 呼来唤去	hūláihuànqù	任意地呼唤、命令。
5. 楚楚可怜	chǔchǔkělián	娇弱的样子。多用于形容女子。
6. 受用	shòuyòng	舒服（多用于否定式）。
7. 门下	ménxià	手下。
8. 蠢蠢欲动	chǔnchǔnyùdòng	蠢蠢，虫子蠕动爬行的样子。比喻敌人准备进行攻击，坏人准备做破坏活动，一些人准备做不聪明的行动等。
9. 屏幕	píngmù	可以显示文字或图像的电子设备。文中借指电视。

课文　猎狗的故事

阅读提示　你想成为一个优秀的管理者么？你想知道如何激励公司的员工么？环境在不断地变化，激励的手段也要不断改进。即使有一天，你拥有了一套较为完善的管理方式，但也许不久以后，你就会发现这套方式并不是万能的，还存在着更好的方法。

一条猎狗将兔子赶出了窝，一直追赶它，追了很久仍没有捉到。牧羊人看到此种情景，讥笑猎狗说："你们两个之间小的反而跑得快得多。"猎狗回答说："你不知道我们两个跑的是完全不同的！我仅仅为了一顿饭而跑，他却是为了性命而跑呀！"

猎人想：猎狗说的对啊，那我要想得到更多的猎物，得想个好法子。于是，猎人又买来几条猎狗，凡是能够在打猎中捉到兔子的，就可以得到几根骨头，捉不到的就没有饭吃。这一招果然有用，猎狗们纷纷去努力追兔子，因为谁都不愿意看着别人有骨头吃，自己没的吃。就这样过了一段时间，问题又出现了。大兔子非常难捉到，小兔子好捉，但捉到大兔子得到的奖赏和捉到小兔子得到的奖赏差不多。猎狗们善于观察，发现了这个窍门，专门去捉小兔子。慢慢的，大家都发现了这个窍门。猎人对猎狗说："最近你们捉的兔子越来越小了，为什么？"猎狗们说："反正没有什么大的区别，为什么费那么大的劲去捉那些大的呢？"

猎人经过思考后，决定不将分得骨头的数量与是否捉到兔子挂钩，而是采用每过一段时间，就统计一次猎狗捉到兔子的总重量，按照重量来评价猎狗，决定一段时间内的待遇。于是猎狗们捉到兔子的数量和重量都增加了。猎人很开心。但是过了一段时间，猎人发现，猎狗们捉兔子的数量又少了，而且越有经验的猎狗，捉兔子的数量下降得就越厉害。于是猎人又去问猎狗。猎狗说："我们把最好的时间都奉献给了您，但是我们随着时间的推移会老，当我们捉不到兔子的时候，您还会给我们骨头吃吗？"

猎人做了论功行赏的决定。分析与汇总了所有猎狗捉到兔子的数量与重量，规定如果捉到的兔子超过了一定的数量后，即使捉不到兔子，每顿饭也可以得到一定数量的骨头。猎狗们都很高兴，大家都努力去达到猎人规定的数量。一段时间过后，终于有一些猎狗达到了猎人规定的数量。这时，其中有一只猎狗说："我们这么努力，只得到几根骨头，而我们捉的猎物远远超过了这几根骨头。我们为什么不能给自己捉兔子呢？"于是，有些猎狗离开了猎人，自己捉兔子去了。

猎人意识到猎狗正在流失，并且那些流失的猎狗像野狗一般和自己的猎狗抢兔子。情况变得越来越糟，猎人不得已引诱了一条野狗，问他到底野狗比猎狗强在哪？野狗说："猎狗吃的是骨头，吐出来的是肉啊！"接着又道："也不是所有的野狗都顿顿有肉吃，大部分最后骨头都没的舔！不然也不至于被你诱惑。"于是猎人进行了改革，使得每条猎狗除基本的骨头外，还可获得其所猎兔肉总量的n%，而且随着服务时间加长，贡献变大，该比例还可递增，并有权分享猎人总兔肉的m%。就这样，猎狗们与猎人一起努力，将野狗们逼得叫苦连天，纷纷强烈要求重归猎狗队伍。

故事还在继续。

日子一天一天地过去，冬天到了，兔子越来越少，猎人的收成也一天不如一天。而那些服务时间长的老猎狗们老得不能捉到兔子，但仍然在无忧无虑地享受着那些他们自以为是应得的大份食物。终于有一天，猎人再也不能忍受，把他们扫地出门，因为猎人更需要身强力壮的猎狗。

被扫地出门的老猎狗们得了一笔不菲的赔偿金，于是他们成立了MicroBone公司。他们采用连锁加盟的方式招募野狗，向野狗们传授猎兔的技巧，他们从猎得的兔子中抽取一部分作为管理费。当赔偿金几乎全部用于广告后，他们终于有了足够多的野狗加盟。公司开始赢利。一年后，他们收购了猎人的家当。MicroBone公司许诺，加盟的野狗能得到公司n%的股份。这实在是太有诱惑力了。这些自认为是怀才不遇的野狗们都以为找到了知音：终于做公司的主人了，不用再忍受猎人呼来唤去的不快，不用再为捉到足够多的兔子而累死累活，也不用眼巴巴地乞求猎人多给两根骨头而扮得楚楚可怜。这一切对这些野狗来说，比多吃两根骨头更加受用。于是野狗们拖家带口地加入了MicroBone。一些猎人门下的年轻猎狗也开始蠢蠢欲动，甚至很多自以为聪明，实际愚蠢的猎人也想加入。好多同类型的公司像雨后春笋般地成立了。

猎人凭借出售公司的钱走上了老猎狗走过的路，最后千辛万苦要与MicroBone公司谈判的时候，老猎狗出人意料地顺利答应了猎人，把MicroBone公司卖给了猎人。老猎狗们从此不再经营公司，转而开始写自传《老猎狗的一生》，并且将老猎狗的故事搬上屏幕，取名《猎狗花园》，四只老猎狗成为了家喻户晓的明星F4。收版权费，没有风险，利润更高。

(本文选自2005.5《经济研究资料》)

新汉语高级教程（上册）

课文练习

一、根据课文回答问题：

1. 阅读第一段，文中的猎狗为什么追不到兔子？
2. 你觉得课文中的"猎人"、"猎狗"、"兔子"、"骨头"分别代表什么？
3. 猎狗们为什么总是不断地提出新的要求？
4. 猎人的收成一天不如一天，因此将不能猎兔的但享受大份食物的老猎狗扫地出门，你觉得这种做法对吗？如果是你，你可能会采取什么方法来解决这个问题？
5. 阅读文章的后半部分，思考猎人为什么成功地度过了第一次危机而没有度过第二次危机，反而要走老猎狗走过的路？
6. 阅读最后一段，老猎狗们为何不亲自经营公司，而是把它卖给猎人？
7. 文中的老猎狗从一个失业者变成一个成功的管理者，你有什么感想？

二、词语辨析与练习：

反而　却

"却"和"反而"都是副词，都可以表示转折。

"反而"表示跟前文意思相反或心理上出乎意料（即一般应该这样，但实际上并不是这样，含有比较的意思），转折语气重于"却"，常与"不但不"、"不仅不"（在第一个分句中）配合使用。"却"可以与"但是"、"可是"等连词在同一个小句中连用，有较强的转折意味。"却"必须用在主语的后面，"但是"、"可是"等连词则用在主语的前面。如：

(1) 你们两个之间小的**反而**跑得快得多。（一般应该是大的跑得快）
(2) 经过这场大病，他的身体**反而**比以前好了。（一般经过一场大病后，身体会比以前差）
(3) 老张住得最远，**反而**最先到达。（一般住得远，到得也晚）
(4) 争吵不但不能解决问题，**反而**会使问题更复杂。（用来解决问题的办法一般应该使问题变得更简单，而不是使问题变得更复杂）
(5) 我仅仅为了一顿饭而跑，他**却**是为了性命而跑呀！
(6) 他的话不多，**却**很有份量。

(7) 他虽然没到过中国，可是**却**十分熟悉中国的情况。
(8) 虽然总工程师主张再试验一次，但是厂长**却**认为可以投入生产了。

引诱　　诱惑

"引诱"和"诱惑"都是动词，都表示引导人做什么事情。不过，"引诱"一般多指引导人做坏事，有贬义色彩，引导者的目的性强于"诱惑"。在用法上，"引诱"后面常常带一个句子作宾语（或者说是兼语句），如例（3），当然也可以带指人、指物的宾语，如例（1）。"诱惑"常常用作名词，如例（5）、（6），即使作动词时也很少带宾语（只有"别诱惑我"等少数用法），而是多用于被动句中，如例（4）、（8）。

(1) 猎人不得已**引诱**了一条野狗，问他到底野狗比猎狗强在哪。
(2) 1992年她与丈夫离婚后，因精神苦闷，在一个女友的**引诱**下吸食海洛因，自此染上了毒瘾。
(3) 对你，我倒有个希望，希望你别再**引诱**兰兰做出格的事情。
(4) 我也知道吸烟有害健康，但是我战胜不了烟瘾的**诱惑**。
(5) 一旦饿得头晕眼花，也就难以抵挡食物的**诱惑**了。
(6) 繁体汉字对于她是一种**诱惑**，诱使她认识它，理解它，然后给她回味无穷的意味。
(7) 初时，大家被车窗外的景色所**诱惑**。
(8) 不为金钱和女人所**诱惑**。

聪明　　愚蠢

"聪明"和"愚蠢"都是形容词，是一组反义词。"聪明"指人记忆力和理解力强，智力高，心思巧。"愚蠢"的意思是不聪明，记忆力和理解力不好，智力低，头脑反应慢。在用法上，"聪明"和"愚蠢"都经常用来修饰指人的名词，"聪明"作定语的时候比较多，相比之下，"愚蠢"作谓语的时候比较多。此外，"愚蠢"常用来修饰指事的名词，而"聪明"较少这样用。

(1) 甚至很多自以为**聪明**，实际愚蠢的猎人也想加入。
(2) 你是一个**聪明**人，怎么做出了这样一件愚蠢的事情？
(3) 我父亲是一个极其**聪明**的乡下人，任何新的东西他一学就会。
(4) 从小学到中学，成绩一直非常好，但她觉得自己并不怎么用功，全靠**聪明**。
(5) 在鸟类中，乌鸦比较**聪明**。

(6) 没有文化的军队是**愚蠢**的军队，而**愚蠢**的军队是战胜不了敌人的。
(7) 全然拒绝电视者**愚蠢**，部分拒绝电视者明智。
(8) 那天，我们一直在一起，可是我竟然**愚蠢**到没有发现你闷闷不乐，满腹心事。

许诺　　承诺

"许诺"和"承诺"都有名词和动词两种用法。"许诺"大多是口头作出的。"承诺"一般是以书面的形式作出的。一个"承诺"如果只是口头作出的，一般要说成"口头承诺"。所以，"承诺"经常用于比较正式的场合，语气重于"许诺"。

(1) MicroBone 公司**许诺**，加盟的野狗能得到公司 n% 的股份。
(2) 她怀第一个孩子时，曾向大聪**许诺**：一定回家！
(3) 看着母亲忙碌的身影，夜半醒来听到母亲磨豆腐的推磨声，我曾在心里暗暗**许诺**：往后一定要好好报答母亲。
(4) 他们站在岸边，看一伙人捕鱼，夜间的**许诺**早抛到九霄云外了。
(5) 会上巴勒斯坦方面**承诺**要对恐怖主义给予坚决打击和采取预防措施。
(6) 我们不**承诺**永远不使用武力来解决这个问题。
(7) 他们都是基督徒，认为婚礼上的誓言是最神圣的**承诺**。
(8) 很抱歉，我们曾向国内的科研单位做过保密的**承诺**，请谅解。

得

得[1] (de)：助词，用在动词或形容词的后面，连接表示程度或结果的补语。
得[2] (dé)：动词，得到，获得（跟"失"相对）。
得[3] (děi)：助动词，要，必须。

(1) 猎人想：猎狗说**得**[1]对啊，那我要想**得**[2]到更多的猎物，**得**[3]想个好法子。
(2) 牧羊人看到此种情景，讥笑猎狗说："你们两个之间小的反而跑**得**[1]快**得**[1]多。"
(3) 他的字写**得**[1]很清楚。
(4) 来**得**[1]早不如来**得**[1]巧。
(5) 这次比赛，他**得**[2]了一等奖。

(6) 他**得**² 了很多好处。

(7) 这件事情**得**³ 开会研究。

(8) 你病了，**得**³ 赶快找个医生看看。

辨析练习

选词填空：

> 反而　　却　　聪明　　愚蠢　　得¹　　得²　　得³
> 引诱　　诱惑　　承诺　　许诺

1. 她的美丽举世无双，但 _____ 是一种邪恶之美。
2. 我本想搭便车省点儿时间，嗨，_____ 耽误了两趟公共汽车！
3. 所以我们的争论不仅没影响我们的友谊，_____ 更加深了相互的信任和理解。
4. 小明说得轻描淡写，桂凤 _____ 听得出其中有十二分的得意。
5. 去年他检查出脑血管硬化，医生叫他多休息，他 _____ 忙起来了。
6. 组长这官儿不大，_____ 直接决定了他赚钱的多少。
7. 在冷战结束的今天，继续坚持冷战思维是 _____ 的做法。
8. 在他朴实、谦和的外表下面，深藏着 _____ 与智慧。
9. 有个科学家造了一个机器人，各方面都和人一样，甚至和人一样的 _____，但是还不像人。
10. 明知没有希望，还要盼望，是人所做的最 _____ 也是最天真的事情。
11. 骗子有时看上去很 _____，其实是最 _____ 的。
12. 她激动 _____ 哭了。
13. 他 _____ 了病，已经两年没有上班了。
14. 他抱怨他们不知足，白 _____ 了三百块钱还发牢骚。
15. 小明在比赛中 _____ 了好成绩，大家都很高兴。

16. 他背着双手，步子不大，却走＿＿＿＿飞快。

17. 男子汉大丈夫说话＿＿＿＿算话。

18. 读书是不是能使人变＿＿＿＿聪明呢？

19. 他的提议＿＿＿＿到了大家的一致赞同。

20. 修这座大桥，至少＿＿＿＿要两年时间。

21. 他瘦＿＿＿＿像一根棍子。

22. 天气不太好，你＿＿＿＿带把雨伞。

23. 车上来了一群人，他们拿出两根红蓝铅笔行骗，＿＿＿＿乘客参与赌博。

23. 青枝绿叶和美丽诱人的花朵，新鲜的空气，大自然那神奇的＿＿＿＿是一个6岁的孩子所难以抗拒的啊！

25. 他教我说谎，用一种谎话对付父母，又用另一种谎话对付老师，＿＿＿＿我跟他到处跑。

26. 就像当年青岛对她充满了＿＿＿＿一样，如今，她又想到上海去闯一闯了。

27. 敌人＿＿＿＿我们暴露身份，但我们谁也不说话，气得敌人直骂。

28. 藏族同胞和西藏的奇异风光同样具有强烈的＿＿＿＿力。

29. 老板多次＿＿＿＿跟她结婚。

30. 十月，美国总统克林顿在纽约向江泽民主席作出＿＿＿＿，美国将奉行"一个中国"的政策和遵守美中三个联合公报的原则。

31. 她向我＿＿＿＿，以后我每次打篮球她都到场为我助威。

32. 为了表示她的＿＿＿＿是真诚的，她立即写了一个地址，约小王当晚就去找她。

33. 但到目前为止，国际社会＿＿＿＿提供的资金仅有五亿多美元。

34. 让群众满意，这是首都民警的＿＿＿＿。

35. 7月1日，北京市出租汽车行业就解决拒载等问题向社会做出了新的＿＿＿＿。

36. 尽管摄影现场离家还有一个小时的路程，但他仍然坚持要回家，因为他向女儿＿＿＿＿说，当她睁开眼的时候，她一定会发现爸爸就在身边。

37. 向社会公开＿＿＿＿，这表明了企业的服务意识在提高。

38. 我曾经向一对年轻恋人 _____ 做他们的婚礼主持人,但后来却乘上旅行车跑到罗马尼亚经商了。

三、语法讲解:

1 "越来越……"和"越 A 越 B"

"越来越……"表示程度随着时间的推移而变化。

"越 A 越 B"表示在程度上 B 随着 A 的变化而变化。A 和 B 的主语可以相同,也可以不同。如:

(1) 最近你们捉的兔子**越来越**小了,为什么?

(2) 情况变得**越来越**糟。

(3) 风浪**越来越**大,危险逐日增加。

(4) 随着人口的激增和消费水平的提高,人类对地球资源的需要量也**越来越**多。

(5) 大家**越**讨论,问题就**越**清楚。

(6) 这部电影,我**越**看**越**喜欢。

(7) 你们**越**说,我**越**糊涂。

(8) 而且**越**有经验的猎狗,捉兔子的数量下降得就**越**厉害。

2 "A 像 B(一)般"

"像"表示两个事物有较多的共同点。"A 像 B(一)般"表示 A 和 B 有共同点。如果 A 和 B 是同类的事物,那么是作比较,如例(1);如果 A 和 B 不是同类的事物,就是一种修辞现象,叫比喻,如例(2)。类似的结构还有"A 像 B 一样(这样/那样)"等。"A 像 B 一样(这样/那样)"除了用于比较、比喻以外,还可以用于举例,如例(6)。

(1) 那些流失的猎狗**像**野狗**一般**和自己的猎狗抢兔子。

(2) 人群**像**潮水**一般**涌向广场。

(3) 他**像**他哥哥一样聪明。

(4) 这一次我们没**像**上次那样坐火车,而是走的水路。

(5) 可是疼痛使我丧失了全部的智力,除了**像**动物那样发出喊叫,我还能表达什么呢?

(6) 今年，在西客站工地**像**师华兴这样留在北京过年的民工大约有2000人。

(7) 当它快速自转时，就**像**灯塔上的探照灯那样，有规律地不断向地球扫射电波。

(8) 1975年，科学家提出，地球上还有12个**像**百慕大三角区这样的"魔鬼海区"。

3 "A比B更（/更加）X"

"A比B更（/更加）X"表示A的程度比B更高，X可以是动词或者形容词。例如：

(1) 这一切对这些野狗来说，**比**多吃两根骨头**更加**受用。
(2) 现在的心情**比**当年**更加**激动。
(3) 没有文化，将**比**贫困**更加**可怕。
(4) 妹妹高昂着头，向我走过来，**比**小时候**更加**骄傲和自信。
(5) 各种民间交往活动**比**往年**更加**广泛、活跃和充实。

4 不如

"不如"用于比较，表示某人或某事物比不上另一人或另一事物。它有两种形式：

1. A 不如 B

两种事物比较，后面没有用来比较的项（性质、数量等）。A、B可以是名词、动词或小句，在一个句子内，A、B的词性或结构一般相同。

(1) 谁说女同志一定**不如**男同志？
(2) 你家那么近，坐公共汽车**不如**打的。
(3) 那边我很熟悉，所以你去**不如**我去。
(4) 论工作经验，我**不如**他。

2. A 不如 B X

两种事物比较，后面的X多为形容词，用来说明比较的方面。

(5) 他**不如**我聪明，我**不如**他勤奋。
(6) 这个学校**不如**那个学校漂亮。
(7) 我去**不如**他去合适。

在 B 后面，有时可以加上"这么""那么"。
(8) 他**不如**你这么勇敢。
(9) 我**不如**他那么刻苦。

此外，同一事物前后不同时期比较，也可以采用上面两种格式。
(10) 猎人的收成也一天**不如**一天。
(11) 这个月的游客**不如**上个月多。

注意："不如"是否定形式，肯定形式不能说"如"。
(12) 内地各省如四川、湖北、云南虽**不如**沿海那么繁荣，但也在尽力向它们看齐。

* 内地各省如四川、湖北、云南虽如沿海那么繁荣，但也在尽力向它们看齐。

固定用法：

连……都不如。"不如"的宾语被"连"字提前。例如：
你这个人真傻，连小孩都**不如**。

与其……，不如……。例如：
与其花这么多时间打电话，**不如**骑车去一趟。
与其说是走，**不如**说是跑。
与其晚去一点，**不如**早去一点。

5 "A 和 B 差不多"

两种事物在性状上或程度上进行比较，相差很少，很接近。
(1) 捉到大兔子得到的奖赏**和**捉到小兔子得到的奖赏**差不多**。
(2) 他的年龄**和**我**差不多**。
(3) 海南岛**和**台湾的面积**差不多**。

用于比较的两个对象可以放在一起。如：
(4) 这两种颜色**差不多**。
(5) 姐妹俩的长相**差不多**。

6 "为了……而……"

"为了"表示动作或行为的目的，"而"接一个实现目的的动词，多用于书面语。如：
(1) 我仅仅**为了**一顿饭**而**跑，他却是**为了**性命**而**跑呀！

(2) 我这一辈子仅仅是**为了**她**而**活着。

(3) 他仅仅是**为了**应付考试**而**复习。

7 "X 的"

名词、代词、动词、形容词、主谓短语等后面可以加"的"构成"的"字短语,"的"字短语的功能相当于一个名词。"的"字短语有限制、指示、区别的作用。例如:"红的"区别于"蓝的"、"白的";"买书的"不同于"买菜的"、"卖书的"等等。

(1) 为什么费那么大的劲去捉那些大**的**呢?（大的兔子）

(2) 捉不到**的**就没有饭吃。（捉不到兔子的猎狗）

(3) 穿红衣服**的**是我妹妹。（穿红衣服的人）

使用"的"字短语要注意两点:

1. 使用"的"字短语时,"的"字短语所指的人或事物必须是上文已经出现过的,或者是不需要指明听话人也能理解的。

(4) 昨天,我们去买毛巾,我买了一条蓝**的**,小张买了一条白**的**。

2. "的"字短语只能指代具体的人或事物,一般不能指代抽象的事物。

(5) *这个孩子的精神很好,那个孩子**的**不好。

8 费劲

"费劲"是动词,意思是消耗体力、精力。

(1) 安装这台机器真**费劲**。

(2) 他看英文小说不**费劲**。

"费劲"之间可以插入表示程度、时间和数量的词语。

(3) 反正没有什么大的区别,为什么**费**那么大的**劲**去捉那些大的呢?

(4) **费**了半天**劲**,也没干好。

(5) 为了让这些草木活下来,工人们可**费**了不少**劲**。

(6) 要想从井里打出水来,是要**费**点**劲**。

9 凡是

"凡是"一般用在主语的前边,表示在一定的范围内没有例外。"凡是"也可以说"凡"。

（1）**凡是**能够在打猎中捉到兔子的，就可以得到几根骨头，捉不到的就没有饭吃。

　　（2）**凡（是）**跟他一起工作过的人，都称赞他。

　　（3）**凡（是）**帮助过我的人，我都不会忘记。

10 反正

　　"反正"作副词，主要有两种用法。

　　1. 强调在任何情况下，结论或者结果都不会改变，一般用在主语的前面。在上文经常出现"无论、不管"或表示正反两种情况的词语。

　　（1）不管你怎么说，**反正**事情很难办。

　　（2）无论你们去不去，**反正**我是一定要去的。

　　（3）信不信由你，**反正**我不信。

　　2. 指明情况或原因，意思与"既然"接近，语气较强。多用在动词性词语、形容词性词语或主语的前面。

　　（4）**反正**没有什么大的区别，为什么费那么大的劲去捉那些大的呢？

　　（5）**反正**不远，咱们就走着去吧。

　　（6）**反正**我要路过南京，就顺便帮你把这件事办了吧。

语 法 练 习

从ＡＢＣＤ四个选项中选出正确的一个：

1. 昨天33度，今天36度，今天比昨天（　　）热。
    A. 也　　　B. 很　　　C. 最　　　D. 更

2. 这个西瓜的重量（　　）那个西瓜差不多，大概四公斤吧。
    A. 比　　　B. 和　　　C. 把　　　D. 有

3. 我和他是同时开始学习汉语的，但是他通过了8级，我却还没有通过，这说明我的汉语水平还远远（　　）他。
    A. 比　　　B. 不如　　　C. 没有　　　D. 差不多

4. 他在一家法国公司工作，上班时经常说法语，所以（　　）。
    A. 他说法语比我得流利
    B. 他说法语比我说得流利多
    C. 他比我说法语流利得多
    D. 他说法语比我流利得多

5. 综观今年男鞋市场，就（　　）女鞋市场那么活跃。
    A. 比　　　B. 跟　　　C. 不如　　　D. 差不多

6. 改革开放以后，中国（　　）。
    A. 越来越变得漂亮了很多城市
    B. 越来越很多城市变得漂亮了
    C. 很多城市越来越变得漂亮了
    D. 很多城市变得越来越漂亮了

7. 随着社会的发展和人民生活水平的提高，（　　）。
    A. 女孩儿会越来越打扮了
    B. 女孩儿很越来越会打扮了
    C. 女孩儿越来越会打扮了
    D. 越来越女孩儿会打扮了

8. 这一不幸事件不但没有打倒他，（　　）使他更加坚强。
    A. 反正　　　B. 反而　　　C. 反之　　　D. 反对

9. 你买了你自己穿，（　　）我不穿！
   A. 反正　　　B. 反而　　　C. 凡是　　　D. 但是
10. 从生物学的观点看，（　　）人们不需要的、令人烦躁的声音，统称为噪音。
    A. 反正　　　B. 反而　　　C. 凡是　　　D. 但是

字词扩展练习

仿照例子组词，并从中选择10个词造句：

赔偿金	＿＿＿金	＿＿＿金	＿＿＿金
管理费	＿＿＿费	＿＿＿费	＿＿＿费
诱惑力	＿＿＿力	＿＿＿力	＿＿＿力
牧羊人	＿＿＿人	＿＿＿人	＿＿＿人

阅读扩展及泛读练习

由"猎狗的故事"浅谈人力资源管理

有一则职场寓言——"猎狗的故事"，很有意思，其中蕴含的启示与管理哲学包含范围很广泛。我仅从人力资源管理的角度谈谈我浅显的看法，欢迎指正。

一、人力资源管理的基础

需要是产生行为的动力。从这个故事中可以看到，在不同的阶段，猎狗的需求都是不一样的。从最初的希望"有骨头吃"到希望"年迈体弱时有骨头吃",继而是希望"有兔肉吃",最后是自己组建公司,慢慢由开始的解决生理需要到后来的希望可以"自我实现",倘若人力资源管理忽视了这些需求,最终只能导致猎狗的流失,从而使竞争对手更多、更强。所以,作为人力资源管理者,应当向"猎人"学习,及时了解员工的合理需求,作为制订政策的出发点。将员工剔除在管理之外,最终会导致政策与实际情况相背离或是不符合。

二、适当的考核、分配与激励

整个故事的发展可以说是制度变迁的小小缩影。最初分配的依据是数量,忽视了质量,即兔子有大小之分,工作有难易差别。完全依据数量进行分配,就好像吃大锅饭,干好干坏一个样,严重影响了员工的积极性,导致大兔子越来越少。于是进行改革,按照一段时间内捉到兔子的数量和质量进行考核,决定下一阶段的分配量。因分配仅仅考虑短期利益,忽视了猎狗的长远利益,引起不满。然而考虑了猎狗的长期利益,直接与猎物挂钩,却影响了猎人的利益,于是雇主利益与雇员利益发生冲突。如何将短期利益和长期利益相结合,在不损害雇主利益的前提下,将优秀员工留在公司长期服务呢?故事告诉我们,其中有一种方法即是"员工持股"的分配方法。它既不损害雇主的当前利益,又能激发员工的积极性,还可起到长期稳定员工的功效,三效合一,何乐而不为呢?

三、人力资源管理还应做好职业生涯设计工作

寓言中的老猎狗虽然落得了被扫地出门的下场,可故事并不是哀叹老猎狗为给猎人猎兔奉献了毕生经历,居然下场惨淡;也没有谴责猎人没有人情道义,就这样将老猎狗赶出门。因为这是现实中的一项正被人人接受的准则,企业的管理由人情化已经慢慢走向制度化和人性化,市场的"结果导向"和"优胜劣汰"是最合理的规则。老猎狗最后的辉煌创业或许已成为准创业者的榜样,也是职场经理人一个比较不错的出路。

当员工较低层次的需求得到满足后,必然会走向较高层次的需求的追求。于是新的课题出现在人力资源管理者面前,如何对员工或者对自己进行职业生涯规划,应该用什么样的远景激励员工或者自己呢?

(摘自中国金融家网,http://www.zgjrj.com/rlzy/20050524-15.htm,有删改)

从ＡＢＣＤ四个选项中选出正确的一个：

1. 下列说法与作者观点一致的是（　　）

    A. 人力资源管理的基础是了解员工不同阶段的需求

    B. 人力资源管理主要需要考虑的是雇员的利益

    C. 人力资源管理主要需要考虑的是雇主的利益

    D. 人力资源管理不需要考虑员工个人的未来发展问题

2. 下列说法不符合作者观点的是（　　）

    A. 随着情况的变化，猎狗的需求也在不断改变

    B. 有足够多的兔肉，是猎狗的最高需求

    C. 自我实现是猎狗的最高需求

    D. 猎狗的需求是从低层次到高层次不断递进

3. 从文中我们可以推断出作者（　　）

    A. 很同情那些被抛弃的老猎狗

    B. 认为老猎狗的最后辉煌是个别现象

    C. 不赞成企业的管理由人情化向制度化和人性化发展

    D. 认为"员工持股"可以有效地缓和雇主和雇员之间的利益冲突

第2课 大学生打工收入知多少

生词

注音	词性	释义
1. 勤工俭学 qíngōngjiǎnxué		利用学习以外的时间参加劳动，把劳动所得作为学习、生活的费用。
(1) 他早年留美勤工俭学时学的是经济。		
(2) 他们是同窗好友，相处十年，他们一起推动留法勤工俭学高潮。		
2. 缴 jiǎo	动	交付；上交。
(1) 家长们认为是电话局收错了费，等得知真相要缴这么多的通话费时，都觉得冤枉。		
(2) 对市区范围内的国有、集体企业下岗职工从事个体经营的，一年内不用缴个体工商费和市场管理费。		
3. 大多 dàduō	副	大部分；大多数。
(1) 受害者大多是儿童、妇女。		
(2) 他们大多是以单位、街道和个人名义自发组队，利用周六、周日比赛。		
4. 助理 zhùlǐ	名	协助主要负责人办事的人（多用于职位名称）。
(1) 省长助理、秘书长们集体听取了报告。		
(2) 湖北省洪湖市挑选了三十五岁以下的优秀青年干部，派到十七家企业中担任挂职厂长助理、副厂长。		

	注音	词性	释义
5. 或是	huòshì	连	或者是。

(1) 在居民住宅区，不少住户或是没有信报箱，或是年久失修，给邮递员的投递带来困难。
(2) 船工要是买不起新船，就租一条旧船或是自己动手打造一条新船。

6. 招聘	zhāopìn	动	公开聘请（工作人员）。

(1) 去年，他的公司招聘了150多名国企下岗职工，使公司的年产值增长了一倍。
(2) 天津很多旅行社现在已感到人手不够，正在向社会招聘临时工。

7. 促销	cùxiāo	动	推动商品销售。

(1) 快过春节了，各大商场都有促销活动。
(2) 一些企业希望通过体育传播的途径达到广告促销、树立品牌的目的。

8. 诱人	yòurén	形	很容易让人喜欢的。

(1) 公众意识到，诱人的承诺背后会存在巨大的风险。
(2) 他捧回了法国的优胜奖，西班牙的金星奖等十分诱人的国际奖杯。

9. 常见	chángjiàn	形	常常看到的。

(1) 鱼是我们常见的美食佳肴，又是我们画家描绘的生动对象。
(2) 它在空气潮湿的地方都可能出现，北方南方都会有，尤以秋冬的早晨最为常见。

10. 不等	bùděng	形	不一样；不齐。

(1) 送礼的礼金数额越来越大，从前几年的10元至20元发展到现在的50元至500元不等，有的甚至更高。
(2) 有材料说，一些城市给网络推销商在SIM卡上让利250元至900元不等，有的还让出部分话费。

11. 派生	pàishēng	动	从一个主要事物的发展中分化出来。

(1) 他们研制的既有一芯多壳，又有一壳多芯，还派生出各种功能先进、使用十分灵活方便的无绳系列"大家族"。
(2) 这个词的其他两个义项都是派生出来的。

	注音	词性	释义
12. 中介	zhōngjiè	名	媒介，专门帮助需要联系的双方进行联系的人或单位。

(1) 各类中介机构提供有偿服务收取费用，应当遵守本法的规定。
(2) 体育主管部门、新闻传媒、商家企业和体育中介机构，是推动体育产业发展的四个轮子，四者缺一不可。

13. 成交	chéngjiāo	动	交易成功；买卖做成。

(1) 从10月起，房地产市场成交开始活跃，房地产投资也一改几个月以来负增长的情况，10月增长14%。
(2) 一会儿，那人又转向另一个票贩子，终于成交，而后提起大包小包汇入人流。

14. 导游	dǎoyóu	名	担任带领别人游览工作的人。

(1) 我们在云南旅行期间接触到的旅馆工作人员、旅行社的导游和司机，都能礼貌待客，服务热情，使人有宾至如归的感受。
(2) 我们要加强旅游警察的力量，设立游客投诉中心，以保证游客的安全和防止导游哄骗游客购物事件的发生。

15. 咨询	zīxún	动	征求意见。

(1) 部分专家和学者接受了老年朋友关于老年卫生保健、心理健康、婚姻家庭等方面的咨询。
(2) 在北京电报局营业大厅内，每天前来办理入网手续和咨询网上业务的人络绎不绝。

16. 参与	cānyù	动	参加（事务的计划、讨论、处理）。

(1) 他参与编写制定的教学大纲，理论与技法紧密结合，构成一个新的教学体系。
(2) "电子警察"参与该市交通管理后，路口的违章率平均下降达45%以上。

17. 薪水	xīnshuǐ	名	工资。

(1) 在公司里，他每月的薪水是最高的。
(2) 我相信，这只是一种既不涨物价也不涨薪水的逆反现象。

	注音	词性	释义
18. 可观	kěguān	形	值得看；达到比较高的程度。

(1) 中国愿意在住房、教育、交通和通讯等方面同南非合作，中国在南非投资合作前景可观。
(2) 一旦找准了，许多原本处于劣势的资源，就可能凸现出它们的优势，为当地带来可观的经济效益。

	注音	词性	释义
19. 校园	xiàoyuán	名	学校范围内的地面，有时也用来指学校。

(1) 省军区两年就援建了18所希望小学，使1200多名失学儿童重返校园。
(2) 海南的未来、海南的希望在校园，这就是海口人的思维。

	注音	词性	释义
20. 外资	wàizī	名	由外国投入的资本。

(1) 首个中外合资产业投资基金正式设立，既为国外中小企业进入中国提供了便利，又开辟了我国利用外资的新途径。
(2) 多年来，广东实际利用外资一直居全国之首，近5年来全省已累计利用外资519亿美元。

	注音	词性	释义
21. 评估	pínggū	动	评议估计；评价。

(1) 我们要对大宗交易的合法性进行评估，以便市场对企业价值进行公平判断。
(2) 精算是保险业中一项重要的业务，它为保险公司的评估和管理提供依据。

	注音	词性	释义
22. 周转	zhōuzhuǎn	动	个人或团体的经济开支调度或物品轮流使用。

(1) 不少地方用扶贫资金建立了农业发展基金，无偿资金有偿使用，滚动周转。
(2) 我手里的现金不多了，能否借给我点，我好周转一下。

	注音	词性	释义
23. 聘用	pìnyōng	动	聘请任用；聘任。

(1) 经长沙纺织再就业服务中心介绍，目前73名下岗纺织职工被长沙卷烟厂等4家单位聘用。
(2) 长沙市纺织工业总公司先后组织2000名纺织下岗职工参加各类招聘会近100场，聘用纺织下岗职工的单位已达80家。

注音	词性	释义
24. 支出　zhīchū	动、名	付出去；付出去的钱。

(1) 食品、衣着和家庭设备及服务项目支出占家庭总支出比重出现下降趋势。
(2) 据专家介绍，由贫困阶段向温饱阶段过渡时，食品占消费支出的比重上升并保持一定稳定性。

25. 数额　shù'é	名	一定的数目。

(1) 小王瞒着自己的爱人悄悄地准备了一笔数额不小的"私房钱"。
(2) 实行财务公开，每一笔开支标准以及数额、地点都要定期公布于众。

26. 纳税　nàshuì	离合	交纳税款。

(1) 加强欠税催缴工作，深入纳税单位宣传国家税收政策，催缴欠税共10亿多元。
(2) 国税局不断深化税收征管改革，以纳税申报和优化服务为基础，全面推行了微机办税。

27. 采访　cǎifǎng	动	为收集必要的材料而进行访问、调查、录音、录像等。

(1) 记者采访了几群欢快的青年，他们都说要一直玩到天明。
(2) 昆明动物园饲养科的小杨接受记者采访时，红着双眼，几乎要流出泪来。

28. 支付　zhīfù	动	付（钱）。

(1) 有些地方农村居民照明电价中，还要支付农村电力发展基金。
(2) 一方支付了保管费，另一方就应承担保管义务。

29. 薪金　xīnjīn	名	工资。

(1) 美国电话电报公司新闻官员证实，该公司将冻结最高管理层人员的薪金，以加强竞争力。
(2) 这个公司发给员工的薪金不高，以至于不少员工纷纷跳槽。

	注音	词性	释义
30. 所得	suǒdé	名	（通过工作等）得到的东西，如钱等。

(1) 经营者违反明码标价规定的，责令改正，没收违法所得，可以并处五千元以下的罚款。
(2) 随着住宅建设速度的加快和居民居住水平的提高，我国城镇居民住房实物所得占职工工资收入的比重已达30%以上。

31. 扣除	kòuchú	动	从总额中减去。

(1) 农民收入继续增加，预计扣除价格因素实际增长4%左右。
(2) 我将母亲留给我的六件古瓷器拍卖了，扣除手续费等，剩下50万元捐给了"希望工程"。

32. 软件	ruǎnjiàn	名	计算机系统的组成部分，是指挥计算机进行计算、判断、处理信息的程序系统或设备。

(1) 新用户应当检查软件能提供多少支持功能。
(2) 许多上网服务机构可免费提供软件。

33. 缴纳	jiǎonà	动	交纳，交付现金或实物。

(1) 职工在使用住房中缴纳较低的租金。
(2) 我厂收到县环保局的一份征收排污费通知书，通知我厂缴纳上一个季度排污费9000元。

34. 超出	chāochū	动	超过（一定的数量或范围）。

(1) 当他去交电话费时，竟发现当月的费用高达3658元，超出平时电话费的近50倍。
(2) 去年的平均价格仍为16.55美元，超出政府原来的估计。

注释词表

生词	注音	释义
1. 零敲碎打	língqiāosuìdǎ	指以零零碎碎、断断续续的方式进行或处理。
2. 淘（金）	tāo(jīn)	用水洗的方法从沙子里选出沙金，也指设法捞取高额的钱财。
3. 引发	yǐnfā	引起；触发。
4. 打工族	dǎgōngzú	做工的一类人。
5. 关注	guānzhù	关心重视。
6. 费时	fèishí	花费时间。
7. 派送	pàisòng	分发赠送。
8. 体力活	tǐlìhuó	主要靠体力进行的工作。
9. 负责人	fùzérén	担负责任的人。
10. 学以致用	xuéyǐzhìyòng	学习是为了能实际运用。
11. 旅行社	lǚxíngshè	专门办理各种旅行业务的服务机构，给旅行的人安排食宿、交通工具等。
12. 兼职	jiānzhí	在本职之外兼任的职务。
13. 江浙	Jiāng Zhè	江苏省和浙江省的简称。
14. 旅游团	lǚyóutuán	旅行游览活动的集体。
15. 研究员	yánjiūyuán	科学研究机关中的高级研究人员。
16. 月收入	yuèshōurù	每月收进来的钱。
17. 精英	jīngyīng	出类拔萃的人。
18. 荟萃	huìcuì	（英俊的人物或精美的东西）会集；聚集。
19. 风尘仆仆	fēngchénpúpú	比喻旅途劳累。
20. 更为	gèngwéi	更加。
21. 酬金	chóujīn	工作后得到的钱。
22. 助教	zhùjiào	高等学校中职位最低的教师。
23. 为此	wèicǐ	因为这个（原因）。
24. 全职	quánzhí	在本职担任的职务（区别于"兼职"）。

生词	注音	释义
25. 累进	lěijìn	以某数为基数，另一数与它的比值按一定方式逐步增加。
26. 税率	shuìlǜ	税收条例所规定的对某种缴税对象征税时计算税额的比率。
27. 代为	dàiwéi	代替。
28. 口译	kǒuyì	口头翻译（区别于"笔译"）。
29. 劳务	láowù	不以实物形式而以劳动形式为他人提供某种效用的活动。
30. 所得额	suǒdé'é	（工作）所得到的钱数。

课文　大学生打工收入知多少

阅读提示　本文讲的是中国大学生打工的各种情况以及大学生勤工俭学后如何纳税的问题。通过学习本课可以了解中国大学生打工族丰富多彩的生活。

一直给人以零敲碎打印象的勤工俭学难道真能淘出"金"吗？"勤工俭学要缴税"这条消息意外地引发了人们对大学生打工族的关注。

费时费力　月进数百

大一、大二的学生受到知识、经验和时间的限制，最早能接触到的大多是学校安排的勤工助学岗位，比如图书馆助理、学生书报亭或是超市的售货员，每月的收入按工作时间计算，一般也就是三四百元。

虽然招聘广告上，促销、派送、市场调查等"体力活"的报酬看上去很诱人，但需要大量的时间和精力。家教是大学生最常见的工作。据华东师范大学勤工助学办公室负责人介绍，99%的大学生都做过家教。家教收入一般每小时15～25元不等，按每周两小时计算，一份家教的收入不到200元。

做家教的学生多了，还派生出一种新职业——家教中介。一位曾经做过家教中介的学生告诉记者，他在做家教的时候一直认为中介能够轻松赚大钱，没想到做家教中介其实又累又麻烦，每成交一笔也就赚40元左右。

学以致用　收入不菲

不少大学生从大二升大三那年的暑假开始，都会重新考虑打工的目的：他们倾向于干一些和自己的专业或理想中的职业有一定关系的工作。

旅游管理专业的小陈选择了当导游。她告诉记者，她经过考试拿到导游证之后开始为一家旅行社做兼职导游，负责带上海到江浙两地二到五日游的旅游团。平时，她利用双休日带二日游，一次能赚到400～500元；在假期，一个月赚到1000元以上没什么问题。

复旦大学附近有一家管理咨询公司，雇了相当一批经济、管理、法律、计算机专业的大学生来做兼职研究员，工作时间一个月10天，高年级本科生的月收入在1500元左右，硕士研究生3000元。负责人告诉记者，像这样的工作虽然对学生的要求较高，但由于报酬不低，而且能够帮助大学生积累实际经验、增加与大公司的接触机会，所以很受学生的欢迎。

参与科研 薪水可观

知识经济时代,知识就是财富。这一点在精英荟萃的大学校园里更是得到充分证明。

交通大学电子工程系的戴磊和赵超在今年1月接到了大学四年来最大的一笔生意,帮一家外资移动通讯公司做网络质量评估。在短短20天内,他们风尘仆仆周转于四个城市,各赚到了6000元。

研究生和博士生的收入更为可观。据上海交通大学勤工助学办公室沈延兵老师介绍,不少电子工程系、计算机系的硕士生、博士生都能接到像Intel、IBM等大公司的项目,一年最多的可以赚到两三万元。另外,由于交大为了鼓励科研,导师聘用硕士生、博士生协助工作的酬金可以从科研经费中作为成本支出,所以大部分硕士生、博士生都可以通过担任"科研助教"获得一定的报酬:硕士生大约每年4000元,博士生大约每年5000元。不过,据了解,很多导师为了表达对学生工作的尊重,都会另外付给数额不小的报酬。

勤工俭学者如何纳税

在采访中,记者了解到,学生对于"勤工俭学要缴税"大多表示理解,但也提出了不少问题。为此,记者专门访问了上海财经大学朱为群博士。

朱为群博士就勤工俭学究竟怎样纳税问题作了回答。他说,如果大学生与企业有相对稳定的劳动关系,每个月由企业支付一笔固定的兼职工资,那么就应该和全职员工一样,适用"工资、薪金所得"的超额累进税率:扣除1600元以后按5%~45%税率计算。这种情况下,企业一般会代为扣缴税款。不过,为了保护自己和自觉遵守税法,大学生还是需要特别注意自己的报酬到底是税前还是税后的。

另一种情况是一次性的"独立劳动所得",比如开发一个软件、做一次口译等,适用"劳务报酬"的比例税率。当一次性收入少于800元,不需要缴税;当一次性收入多于800元但少于4000元,那

么缴纳的税款是收入减去1600后的20%；当一次性收入多于4000元，如果扣除20%之后的应纳税所得额在二万元以内，那么仍然以20%税率计算，如果超过二万元但小于五万元，那么超出部分适用30%税率。需要指出的是，如果是连续性的工作，那么以一个月算一次。

（选自2002年3月31日《中国教育报》第二版）

课文练习

一、根据课文回答问题：

1. 一名大一新生最有可能接触到哪些勤工俭学岗位？为什么？
2. 为什么和大学生专业或理想中的职业有一定关系的工作会受到学生们的欢迎？
3. 如何理解课文中的"知识就是财富"这句话？
4. 谈谈你对大学生打工的看法。
5. 你觉得参加勤工俭学的大学生应该纳税吗？为什么？

二、词语辨析与练习：

鼓励　　鼓舞　　激励

"鼓励"、"鼓舞"与"激励"都是动词，也都可以用作名词，都有使人振奋而促使其行动的意思。

"鼓励"是激发、勉励，侧重于一方对另一方的劝勉、激励，使其增加勇气和信心，从而产生某种行动、达到某种要求，一般有某种特定的目的和要求，例如："鼓励创造发明"、"鼓励上进"；鼓励者一般用言辞、物品来激发、勉励人，被鼓励者可以是人或者组织，也可以是鼓励者自己，宾语若是人，常可和"激励"换用，只是语义轻重不同；兼用于书面语和口语。例如：

(1) 老师**鼓励**我们勇攀科学的高峰。

(2) 这样才能**鼓励**人努力上进,这有利于整个国民素质的提高。

"鼓舞"侧重于使振作、奋发起来,增加信心和勇气,动作者一般是某种情势或某种积极的影响,即多为事物,一般不用于自己对自己,它不是固定某一方对另一方,也不带明确的希望和要求;宾语多是人或人心、士气等表示精神、情绪的词;一般不能和"鼓励"、"激励"换用;多用于书面语。例如:

(1) 初战告捷,我们受到极大的**鼓舞**。

(2) 尽管他的精力、体力逐渐下降,但仍坚持坐在训练场的小山坡上,继续督促姑娘们的训练,不时地发出**鼓舞**她们的叫喊。

"激励"侧重于激起人奋发的情绪;语义比"鼓励"重;激励者多使用言辞、行动,受激励者(宾语)一般为人,例如:将士、学生等;多用于书面语和正式场合。例如:

(1) 很多伟人的成才,都得益于他们良师的**激励**。

(2) 今天,这个学校作为一座纪念碑**激励**勇敢的青年们,在最昏暗的时刻,把极大的不幸变成永存的精神上的遗产。

稳定　稳固　固定

"稳定"、"稳固"与"固定"都是形容词兼动词。作为形容词,都有结实、牢固、不动摇的意思;作为动词,都有使不动摇、使不变动的意思。

"稳定"作形容词时,侧重指安稳、不变动;作动词时,是使安稳、使不变动,保持不变动的时期可长可短,含有主动意味;常用于抽象事物,例如:局势、情况、市场、物价、立场和人的生活状况、精神情绪等,适用范围很广。例如:

(1) 多数人到了一定的年纪都会过上**稳定**的生活。

(2) **稳定**物价是**稳定**社会的重要措施之一。

"稳固"作形容词时,是安稳而巩固;作动词时,是使安稳而巩固,一般所保持的时期很长;常用于较庞大的具体或抽象事物的根基、基础,例如:堤坝、政权,也可用于人的地位,适用范围较窄;多形容事物的客观状态,较少有主动或被动的意味倾向。例如:

(1) 只有打好**稳固**的基础,才能把知识学得深入。

(2) 实行医疗帮困一年多来,就有昆明水泥厂等50多家企业与医院建立起**稳固**的医疗关系,使7万余名职工有了更好的医疗保障。

"固定"作形容词时，侧重指不变动或不移动的；作动词时，是使固定、使不变动，一般所保持的时期较长，含有被动意味；多用于人或具体事物的位置、范围、时间等，适用范围较广。例如：
(1) 中小学生在教室上课的座位一般较**固定**，不像大学生是随便坐。
(2) 全自动洗衣机应该**固定**在一个地方，经常移动会影响机体里的电脑装置。

开发　开辟　开拓

"开发"、"开辟"和"开拓"都是动词，都指进行开创性的劳动，打开新的境界。

"开发"侧重于发掘出潜在的价值、能量；多用于荒山、森林、水力、矿山、边疆、人才、旅游等已有潜在价值的具体事物；通用于口语和书面语；可以构成合成词"开发区"。例如：
(1) 我们要大力**开发**这里的水力资源。
(2) 在山西省，政府尝试向农民拍卖荒山、荒岭，以调动农民**开发**荒山，绿化荒岭的积极性。

"开辟"侧重于开创新的，表示从无到有地进行开发和建设，创立新的局面；适用对象可大可小，可用于具体事物，也可用于抽象事物；常用于书面语；没有构词能力。此外，还有打开道路、打开新局面的意思；"开发"、"开拓"没有这种意思。例如：
(1) 改革开放以后，农民的致富之路已经**开辟**。
(2) 订机票时得知，美国西北航空公司已于前年**开辟**了直飞北京的航线。

"开拓"侧重于在原有基础上加以扩展、创新，一般是从小到大；多用于精神、思想、勇气等抽象事物，有时也用于较大的具体事物，例如疆土等；书面语色彩比"开辟"浓厚；可构成"开拓型"、"开拓者"等合成词。例如：
(1) 这中间还经历过失恋，经历过一个单身女人**开拓**事业的种种艰难。
(2) 科学在各方面都取得了令人惊叹的进步，而且科学正以惊人的速度不断**开拓**新领域，所以没有什么人能什么都懂。

辨析练习

选词填空：

> 鼓励　鼓舞　激励　稳定　稳固
> 固定　开发　开辟　开拓

1. 如果你刚一到达就递过去一张钞票，以此表示自己对服务员的一点心意和对他工作的＿＿＿＿是比较合适的。
2. 截至目前，永州市通过打工仔引进资金6000多万元，引进技术1200多项，＿＿＿＿新产品500多种。
3. 大批下岗人员的失业问题，沿海与内地的经济发展差距，都是党中央相当重视的问题，因此在过渡时期，特别强调政治的＿＿＿＿。
4. 老爸说："其实懒惰比激情更消耗生命，倒是激情更能激发生命的活力，＿＿＿＿创造才能。"
5. 这仅仅只是为一些不能正常进入市场流通的物资＿＿＿＿了一条新的渠道，仅仅打开了一种面向全社会集资的通道。
6. 你初中毕业才17岁就当了兵，6年后退伍回乡，又在镇上获得了＿＿＿＿的工作，应该说，你的经历在你周围的同伴们中间还是比较顺利的。
7. 情绪不太＿＿＿＿的人常常感到被迫做某事，很少从自己的工作和闲暇时间里享受到快乐。
8. 这些爱给他带来无限的幸福与欢乐，＿＿＿＿他产生耀眼的灵感火花，同时也使他陷入了无尽的苦恼与悲哀之中。
9. 外资的运用要受市场利率变化的影响，出口收入要受市场价格波动的冲击，基础极不＿＿＿＿。
10. 集团将利用自己的综合优势，帮助成员企业＿＿＿＿产品、＿＿＿＿市场。
11. 欧洲中央银行的独立地位、《马斯特里赫特条约》确立的严格稳定标准和旨在使预算政策建立在＿＿＿＿基础之上的《稳定和增长公约》都将确保欧元的＿＿＿＿。

12. 有趣的是，凡是那些勇于在事业和生活中探索、_____和注重全面发展自身潜能素质的人们，一旦涉足爱情，总是善于激发十分鲜活的爱的魅力，往往使爱情生活的色彩特别绚丽。

13. 他开始每天晚上给短跑运动员们打电话，直到他_____了每一个姑娘都在决赛上尽自己最大的努力。

14. 丰田自实施首席工程师制度以来，大大加快了新车_____的速度，它的新车型从概念变成商品，只需不到4年的时间。

15. 汉堡市出售一种特殊的月票，_____市民在高峰以外时间乘坐公共车辆。

16. 只好拉出婆婆三十年代结婚时用的一张老式桌子，四条腿用塑料胶纸包扎_____，锁全坏了，抽屉也关不紧，一用至今6年多。

17. 我说过我基本上是一个循规蹈矩的人，即使敢也不成，说不定我溜过了国境线又想打道北上去内蒙古_____一个牧场。

18. 这消息使贝克感到极大的_____，他对朋友们吐露道，他只有一个愿望——能活到参加这次决赛。

三、语法讲解：

> 据华东师范大学勤工助学办公室负责人介绍，99%的大学生都做过家教。
> **1** 据了解，很多导师为了表达对学生工作的尊重，都会另外付给数额不小的报酬。

"据"是介词，意思是"依据"，与其他成分有以下组合形式：

(1) 据＋名词。可不受音节限制，多用于书面。例如：
  ① 这部电影**据**鲁迅的同名小说改编。
  ② **据**地质勘探的资料，这个煤矿的蕴藏量很丰富。

(2) 据＋动词/小句。动词多为"看、说、传、估计、统计、猜测、推测、了解、报道、预报"等。动作的主体出现时，便构成小句。例如：
  ① **据**估计，今年棉花的产量比去年要高。
  ② **据**气象台预报，二十四小时以内台风将在福建沿海登陆。

(3) 据+名+看（来看）。强调所依据的事理或出发点。例如：
　　① **据**墓葬里的随葬品看，劳动分工出现了新的变化。
　　② **据**现有的材料看，这种奇妙的自然现象早在唐代就有记载了。

比较："据"与"根据"

"根据"的介词用法基本同"据"，区别是：

(1) "据"可以跟单音节名词组合，"根据"不能。例如：
　　据实报告 / 根据事实报告

(2) "据"可以跟"说、报、传"等单音节动词组合，"根据"不能。例如：
　　据说他走了 / ＊根据说他走了
　　据报明天有雨 / ＊根据报明天有雨

(3) "据"常跟"某人说"、"某人看来"之类的小句组合，用"根据"时，通常要把这种小句改成名词性短语。例如：
　　据他说，情况并不严重 / 根据他的说法，情况并不严重
　　据我看来，还需要进一步调查 / 根据我的看法，还需要进一步调查

2 朱为群博士**就**勤工俭学究竟怎样纳税问题作了回答。

"就"用作介词，主要有以下用法：

(1) 引进动作的对象或范围。"就……"可在主语前，有停顿。例如：
　　大家**就**创作方法进行了热烈的讨论。
　　就手头现有的材料，我们打算先生产一批配件。

(2) 表示论述的出发点或某一侧面，多与其他人相比较，后常与"说"、"来说"、"看"、"来看"、"而言"、"而论"等词语搭配使用。例如：
　　就我来说，再走二十里也行，可是体弱的同学该休息一会儿了。
　　就工作经验来看，他无疑是最佳人选。

(3) 顺着、趁着（某种便利）。"就"后边可加"着"，但加"着"后不能与单音节词组合。例如：
　　就地取材 / **就**近入学（以上"就"后均不能加"着"）
　　就着别人喝茶的工夫，他把地里剩下的农活儿全干完了。
　　小李**就**着医疗队进村的机会，学了不少医学基本知识。

(4) 就+此。表示"从"、"由"、"到"等意思。例如：
　　一个新的村落**就**此诞生了。
　　好了，不要再说了，**就**此打住吧！

3 他们倾向于干一些和自己的专业或理想中的职业有一定关系的工作。这一点在精英荟萃的大学校园里更是得到充分证明。

　　量词"点"和"些"与"一"组成的量词短语都可以表示不定的数量。如"一点东西"和"一些东西"表示的"东西"的量都是不定的。"点"和"些"都可以与"这"、"那"组合，如"这点礼物"、"那些房间"等。

　　"一点"和"一些"后边加名词构成的定中短语做宾语时，其中的"一"可以省去，如"买点东西"、"教些留学生"等。"一点"和"一些"都可以用在一些形容词的后边。如"好一点/好一些"、"便宜一点/便宜一些"等。"一点"和"一些"都可以与"有"组合，而且可以省略成"有点"、"有些"的形式。"有点"和"有些"可以用在一些形容词的前面，表示稍具某种性状。如"有点贵/有些贵"、"有点紧张/有些紧张"等。"有点"和"有些"还可以用在一些动词（这些动词多表示心理活动）的前边，表示稍具动词所表示的状态。如"有点担心/有些担心"、"有点害怕/有些害怕"等。

　　"点"和"些"的用法也有不少区别。

　　"点"在与"意见"、"看法"、"想法"、"内容"等名词配合时，前边的数词不限于"一"，可以说"两点意见"、"三点看法"、"四点想法"之类。"点"甚至可以与"半"组合，如"现在半点希望也没有了"。"点"一般不与个体名词配合，如"同学"、"桌子"、"汽车"等，通常不与"点"配合。"点"组成的量词短语前边可以加"第"、"头"、"前"等，如"第一点"、"头两点"、"前三点"。"点"可以用在"大声"、"小声"中间，构成祈使句，如"大点声"、"小点声"。"点"可以用在"一点（也/都）不/没……"的格式中，如"他一点（也）不知道"、"我一点（都）没学过"。"点"可以有"点点"的形式，如"今晚满天星光点点"。"一点点"可以做定语，如"一点点力气也没有"；还可以做状语，如"病情一点点好起来了"。"一点"可以有重叠形式"一点一点"，这种形式可以做状语，如"知识是一点一点地积累起来的"。"些"不具有"点"的这些用法。

　　"些"前边的数词只限于"一"。"些"可以与个体名词相配合，如"同学、老虎、公司、城市、国家"等，都可以与"些"配合。"一些"与"有"组成"有（一）些"，"有（一）些"后接的名词可以做主语，如"有（一）些国家支持这个议案"。"些"可以与"某"组合，后接名词，如"某些学生"、"某些学校"等。"些"可以与"年"、"天"、"日子"、"时候"等配合，而且前边可以加"前"、"这"、"那",如"前些年"、"前些天"、"前些日子"、"前些时候"。"点"也不具有"些"的这些用法。

语法练习

一、选词填空：

> 表明　　报道　　介绍　　调查　　统计

1. 据中国环境监测总站公布的最新数据_____,淮河干流和一些支流水质已有明显改善,但支流的一些断面污染仍较严重。
2. 据有关医学资料_____,国内外育龄夫妇中患有不育症的占10%～20%。
3. 据胡彩玲_____,小扎耶德很聪明,又听话,虽然年仅四岁,已开始学英语、法语和中文,并能流利地说几句日常中国话。
4. 据此间英国报纸_____,这些星云都是"哈勃"在一些"老年"恒星周围发现的。
5. 据专家_____,在芬兰栖息地所有64种哺乳动物中,城市里可以看到40种,其中29种在赫尔辛基市和图尔库市可以经常见到。

二、选用"据"或"根据"完成下列句子：

1. _____主人说,这里环境幽静,客房又便宜,能住六七个人的房间,一周才用3700多挪威克朗(合人民币6500多元),因而来往客人很多,好多会议都在这里开。
2. _____行家讲,国内组装车虽与进口车外形相似,但仍有区别。
3. _____资源情况,各地建立和完善了一大批农副产品市场,以组织和引导农户进行生产。
4. _____此,外汇管理部门对涉案金融机构进行了严厉惩处,责其监管不力。
5. 顾客_____这一颜色变化可以直观地判断出食品是否已过保质期。

三、从所给的词或词组中选择一个最恰当的词或词组填在下列横线上：

> 我　　　此　　　效率　　　劳动力　　　世界范围
> 我的实践经验　　　中国的传统观念
> 老年病防治问题　　　加速科技发展　　　提高劳动者素质

1. 就_____而言，夫妇婚后不能生育，很容易导致感情不和。
2. 北京市老年病防治中心的专家还就_____进行了讲解。
3. 北京市就_____提出，首先要限制使用塑料制品，减少"白色污染"对城市环境的影响；其次要加强清扫保洁工作，每个路段、每个街巷都要落实责任人。
4. 就_____而言，时间比金钱更为宝贵！
5. 就_____而言，这意味着一个企业在固定资产规模不变的条件下，对劳动力的需求量是有限的。
6. 就_____来说，中文信息处理技术是高技术的重点之一，而语言文字的规范化、标准化和相应的应用研究水平，则是提高中文信息处理技术的先决条件。
7. 就_____来看，我以为有以下几个途径和方法可供借鉴。
8. 就_____来看，四大试验与国际上重大研究计划也是同步进行的，使我们的试验成为全球大气研究的重要组成部分。
9. 就_____来说，主要在于提高思想道德和科学文化素质，而语言文字能力又是文化素质中最基本的因素。
10. 他们认为，自1978年改革以来，中国经济进入了黄金时代，就_____而言，在农业、工业和服务业等方面，都取得了明显实效。

四、在下列横线上填上量词"点"或"些"：

1. 在记卡片的过程中，有几___是要注意的。
2. 主人告诉我们，岛上只有500多常住人口，因这里离市区较远，条件相对艰苦些，所以早___年很多人想往外搬。
3. 你的电子邮件地址使客户和潜在的客户了解到你公司具有竞争优势，仅仅这一___就可以为你带来更强的竞争优势。

4. 东南亚旅游业萧条的原因主要有两 ___：一是印尼的森林大火严重污染东南亚环境，使许多外国游客望而却步；二是东南亚国家50%-70%的旅游者来自本地区。
5. 前 ___ 时候，美国许多报纸同时爆出一则新闻。
6. 在那烟树参差的春日里，花红 ___ ___，煞是迷人。
7. 在那个赛季的早 ___ 时候，我曾写过一篇文章，谈的是我偶然见到的乔丹为球场外的孩子做善事的事情。
8. 前天赶集给儿子买了一条裤子，过 ___ 天，再给他买一件褂子。
9. 在此，我愿意提出三 ___ 意见和建议。
10. 这首歌歌词中有 ___ 字句，原来翻译得不够妥当。
11. 这件事过了 ___ 时日，也就渐渐地淡忘了。
12. 这么吧，3000元就算我的一 ___ 心意，捐给顺德教育基金会，为顺德做点事。
13. 每当我想起前 ___ 天和蛋蛋打架打败了的时候，就想有个哥哥该多好哇！
14. 他们有发达的大脑，为科学的每 ___ 进步而兴奋。
15. 信中说，张桥村有一户农家，5年前丈夫一病不起，前 ___ 日子妻子又谢世而去，留下了4个孩子。
16. 它一 ___ ___ 地进入，越来越少，最后，全进去了。
17. 近 ___ 时日，领导干部的日程表排得比以往更满了，忙开会，忙总结，忙评比，忙检查。
18. 据这位摄影师说，作案人蒙着面，他们几乎都是 ___ 孩子。
19. 或许有 ___ 人认为，讲套话充其量不过是浪费些时间和纸张，并无大碍。
20. 李文宜含泪提出了三 ___ 要求。

字词扩展练习

仿照例子组词，并从中选择10个词造句：

打工族	＿＿＿族	＿＿＿族	＿＿＿族	＿＿＿族
可观	可＿＿＿	可＿＿＿	可＿＿＿	可＿＿＿
所得	所＿＿＿	所＿＿＿	所＿＿＿	所＿＿＿
少于	＿＿＿于	＿＿＿于	＿＿＿于	＿＿＿于
以内	以＿＿＿	以＿＿＿	以＿＿＿	以＿＿＿

阅读扩展及泛读练习

副课文 1

高校："白领"打工成为时尚

一位尚未毕业的大学生，现在每月通过业余时间打工能挣1万元。在普通人看来，这简直就是天方夜谭，但这事却就在我们身边发生。曾担任青岛化工学院电脑爱好者协会会长的该院机械工程专业98级的一位学生，上大学3年来，先后考取了微软高级认证工程师资格证书和微软认证培训教师资格证书，曾在10余家软件企业和电脑企业担任项目经理和企业解决方案顾问，并曾受聘于北京、苏州两家大型软件企业任技术顾问。3年多来，他每月平均挣5000多元，最多时月收入达万元。

其实，"白领"打工族在青岛高校已经广泛存在，尤其是精通计算机、外语和自动化等专业的大学生，部分成绩特别优秀的学生，实践能力又特别强，在业余时间很容易走上白领打工的路子。据青岛化工学院大四学生蔡金龙介绍，一开始他只是想找个锻炼机会，没想到在实践过程中技术越来越熟练，最后竟被公司看中，每月竟也能获得1500元左右的收入。

据青岛化工学院团委一位老师介绍，现在每所学校的"白领"打工者都有近百人，这些学生都有自己的专业技术优势。特别是热门专业的一些学生，由于实践能力强，很容易被一些缺乏技术力量的中小公司相中。他说，外语系有的学生利用业余时间从事翻译工作，一个月挣一两千元是很容易的事，精通计算机技术的学生，如果从事网络建设和维护或软件开发，挣钱就更多。由于大学生从事的兼职多数都可以在学校完成，所以对他们的学业也没有造成什么负面影响。相反，在很大程度上还会促进他们的专业学习。

令人欣喜的是，高校"白领"打工族自己也正越来越变得理智。青岛化工学院化工工艺99级学生刘钢说，自己实际上并不看重挣多少钱，只要能得到锻炼、实现自己的价值就足够了。他说，每当为企业解决一项技术难题，自己都会感到无比快乐。他还表示，今后一年多的时间里，他想重点从事化工行业自动控制的研究，将自己爱好的计算机技术与本专业紧密结合起来。

针对记者对能否将专业学习与打工二者兼顾的疑问，刘钢说，自己从来都没有耽误过专业学习，特别是大二这一年，他每周上课约40课时，从来没有因打工而缺课。其他学生也认为，作为大学生首先是要学好自己的专业，然后才会去打工。

提起自己能够成功的原因，"白领"打工族的大学生们认为，无止境的追求、向往优秀、敢于思考和动手，是每一个人获得成功的制胜法宝。青岛化工学院一名姓杜的白领打工者说，自己从一进入大学校门起，就一直考虑怎样才能让大学四年过得有价值，所以一直就在不断努力，寻求实现自己人生价值的道路，进而掌握了熟练的专业技术，走上了"白领"打工路。

（选自2002年3月24日《中国教育报》第一版，
作者：朱恒顺 孙军）

判断下列说法是否正确：

1. "白领"打工族在青岛高校已经广泛存在，尤其是精通计算机、外语和自动化等专业的大学生，在业余时间很容易走上白领打工的路子。（　　）

2. 目前高校的"白领"打工族自己正越来越变得不理智。（　　）

3. "白领"打工族的大学生们认为,每个人获得成功的制胜法宝是无止境的追求、向往优秀、敢于思考和动手。　　　　　　　　（　）
4. 大学生打工往往会影响到他们的专业学习。　　　　　　　　（　）
5. 一位尚未毕业的大学生,现在每月通过业余时间打工能挣到上万元,这是不可能的。　　　　　　　　　　　　　　　　　　（　）

副课文2

大学生打工缘何火暴

大学生要在打工中成熟

据统计,在上海,80%的大学生热情参与打工。在北京,据某高校5月中旬一次小范围的调查,60%多的学生有意寻找兼职工作,而到暑假,打工的要求则更集中,更强烈。可以说,打工助学目前是大学生最广泛的需求。

对于家境窘迫的学生而言,打工的机会是他们梦寐以求的。虽然各高校对于困难学生都出台了减、免、奖、贷、补等一系列的扶助措施,但是大学生却有一个共同的反应:在同龄人面前羞于向组织伸手,而希望能提供打工的机会自食其力解决困难。IT业的迅猛发展带来人才的"饥荒",许多在读的大学生就"顶"了上来。高校里计算机专业的硕士生在外兼职的情况非常普遍。北京科技大学信息学院的硕士生入学后就开始陆续"外出"打工,到第二年,整个年级几乎不再有"闲人"。今年毕业的小谢是一位编程高手,在某软件公司领衔开发项目,收入以天计,每天200元左右。

当然,打工还有一个直接作用是丰富个人的简历。虽然企业在招聘毕业生时并没有工作经验的要求,但是在上学期间有辉煌的一笔无疑也是一个重要的砝码。而现在大学生就业形势不容乐观,无疑也会"逼"着一部分学生通过打工找寻出路。

学校为学生打工铺路架桥

北京市学生工作学会代会长,北京科技大学学生处长张德玉老师在香港学习、交流期间曾经考察过香港大学生勤工助学的状况。香港大学生不仅打工,学生组织还拥有自己的超市等经济实体,而且他们的确有能力管理好这些实体。张德玉老师认为:"相形之下,我们的学生实践能力较差,应当鼓励和引导学生通过勤工助学的形式积极参与社会实践。"

不久前,北京市教委又公布了大学生勤工助学证制度和勤工助学最低收入制度,这可以说是大学生打工的制度保障。教委同时也对各高校勤工助学组织提出要求,尽可能为大学生参加勤工助学创造机会。

实际上,高校勤工助学组织也正在摆脱作为简单中介的作用,通过设置新岗位,开辟新领域引导学生打工从"劳务型"向"智力型"转化。

正是因为有了学校的积极推动,大学生打工才能健康发展,火越燃越旺。

用人单位对学生打工挺重视

大学生打工之所以能火暴起来,还是因为用人单位需求的刺激。校园海报栏里经常会有各种各样的招聘广告,什么"高薪诚聘"之类的诱人字眼吸引了众多学子驻足观看。

有不少工作是比较适宜学生兼职完成的,而这些兼职学生创造力也不可小视。《北京教育报·校园周刊》是一份面向在校大学生的报纸,正因为这样,报纸的采编、发行等许多重要的工作都是由学生兼职完成的。这份大学生自己为自己办的报纸在校园里很受欢迎。

显然,由于招收在校大学生兼职薪酬较正式员工低,而一般属于临时性用工也不必有福利、保险等各种负担,大大节省了人力成本,许多企业当然乐此不疲。

另外,许多单位招收大学生还是一种长远的考虑,与补充员工和战略发展结合起来。每年企业招收毕业生时在很短的几次面试往往很难比较客观地把握一个学生。现在通过提供给他们打工的机会,察其言,观其形,如果真是不错的苗子,等到毕业的时候就可直接录用。这是许多著名企业接收学生打工的一个原因。

有人说,打工、勤工助学已经成为一种校园时尚,也有人预测,随着收费上学的推行,半工半读慢慢会在中国大学里越来越普遍。其实,现在已经有不少商家盯准了这个趋势,有几家网站就是立足把学生分散的创造力,零散的时间在网上进行整合,形成一支整体力量参与社会竞争。如果真能实现,大学生打工就更不可小视了。

(选自2001年7月3日《北京晨报》,作者:陈成)

请简要回答下列问题:

1. 为什么打工助学目前是大学生最广泛的需求?
2. 为什么一些用人单位愿意招收在校大学生做兼职工作?
3. 学校应当如何积极推动大学生勤工助学活动?
4. 许多著名企业接收大学生打工,出于什么样的长远考虑?
5. 随着收费上学的推行,大学生打工将来可能会有什么样的发展趋势?

第 3 课　"上海书店"台北"热卖"

生　词

	注音	词性	释义
1. 填补	tiānbǔ	动	填空补充。
	（1）他打朋友那儿借了一笔钱才填补上这笔亏空。		
	（2）你的这篇论文填补了国内相关研究的空白。		
2. 空白	kōngbái	名	泛指没有东西的地方。
	（1）你在这个空白处写上你的名字。		
	（2）这项研究填补了一项高科技的空白。		
3. 不得	bùdé	动	不能，不可以。
	（1）会场内不得吸烟。		
	（2）这笔钱任何人不得动用。		
4. 销售	xiāoshòu	动	卖出。
	（1）由于缺少零钱，价格低的小商品销售困难。		
	（2）1998 年，销售收入达到 6.5 亿元。		
5. 简体字	jiǎntǐzì	名	经过简化的汉字。
	（1）汉字有简体字和繁体字之分。		
	（2）简体字易写易认。		
6. 版	bǎn	名	书籍排印一次为一版。
	（1）这是第二次修订版。		
	（2）你要买的精装版已经卖完了。		
7. 拥有	yōngyǒu	动	领有，具有（大量的土地、人口、财产等）。
	（1）我国拥有丰富的矿产资源。		
	（2）这是一个拥有最新设备的研究单位。		

	注音	词性	释义
8. 私下	sīxià	副	暗地里。
	(1) 我们私下讨论这个问题吧。		
	(2) 你帮我私下打听一下。		
9. 直至	zhízhì	动	直到（某个时间）。
	(1) 这件事直至今日才真相大白。		
	(2) 直至今天他仍然想念着她。		
10. 禁令	jìnlìng	名	禁止某种活动的法令或规定。
	(1) 学校下了不许女生宿舍留宿男生的禁令。		
	(2) 政府颁布了禁止砍伐这片山林的禁令。		
11. 得以	déyǐ	动	能够、可以。
	(1) 你是因为听了父母的话，事业才得以成功的。		
	(2) 有了宽松的政策，咱们的公司才得以长足发展。		
12. 解除	jiěchú	动	去掉，消除。
	(1) 我们已经解除了合同。		
	(2) 警报已经解除了。		
13. 界限	jièxiàn	名	不同事物的分界。
	(1) 我和他们公司划清界限了。		
	(2) 不要超过那条界限。		
14. 潜力	qiánlì	名	潜在的还没发挥出来的能力或力量。
	(1) 要把职工的潜力都挖掘出来。		
	(2) 要充分发挥大家的潜力。		
15. 联手	liánshǒu	动	联合起来，共同合作。
	(1) 几家电视台联手拍摄了一部大型电视连续剧。		
	(2) 兄弟俩联手创办了这家图书公司。		
16. 酝酿	yùnniàng	动	比喻事先考虑，磋商。
	(1) 这件事还得酝酿一下。		
	(2) 我们经过反复酝酿协商，提交了一份候选人名单。		
17. 具	jù	动	具有，具备。
	(1) 你们企业已经初具规模了。		
	(2) 你们的设计颇具特色。		

	注音	词性	释义
18. 氛围	fēnwéi	名	充满或笼罩某个场合的气氛和情调。
	(1) 欢乐的氛围包围了整个会场。 (2) 人们沉浸在悲痛的氛围之中。		
19. 地段	dìduàn	名	地面上范围较小的一定区域。
	(1) 这一带是事故多发地段。 (2) 地段越好,房价越高。		
20. 互补	hùbǔ	动	互相补充。
	(1) 咱们两个地区可以优势互补。 (2) 他们俩性格互补。		
21. 首次	shǒucì	数量	第一次。
	(1) 这是他首次访问中国。 (2) 1950年地球人首次登上了月球。		
22. 连夜	liányè	副	当夜。
	(1) 公司连夜召开紧急会议。 (2) 他连夜赶了回去。		
23. 排队	páiduì	离合	按顺序排列成行。
	(1) 请大家排队入场。 (2) 大家排好队了,马上就要售票了。		
24. 开门	kāimén	离合	开始营业。
	(1) 邮局上午九点开门。 (2) 你们书店什么时候开门?		
25. 开张	kāizhāng	动	第一次开始营业。
	(1) 这家书店就要开张了。 (2) 百货店已经开张一个月了。		
26. 开业	kāiyè	离合	第一次开始营业。
	(1) 那家商场什么时候开业? (2) 他们的律师事务所就要开业了。		
27. 当天	dāngtiān	名	事情发生的那一天。
	(1) 当天,我就给他打了一个电话。 (2) 你当天怎么不说呢?		

	注音	词性	释义
28. 收款台	shōukuǎntái	名	收钱的服务台，也叫收银台。
	(1) 请去收款台付账。		
	(2) 收款台前排了很长的队。		
29. 限量	xiànliàng	副	限定数量。
	(1) 这套图书限量发行5000套。		
	(2) 那时候东西少，很多东西都只能限量供应。		
30. 偏重	piānzhòng	动	侧重，片面看重。
	(1) 他们队偏重防守，不善于进攻。		
	(2) 我们不能只偏重物质财富的增长。		
31. 指南	zhǐnán	名	比喻辨别方向、指导行动的依据或准则（有时用作书名）。
	(1) 他们把他的话当作行动的指南。		
	(2) 你能帮我买一本《HSK考试指南》吗？		
32. 烹饪	pēngrèn	动	做饭做菜。
	(1) 你会烹饪吗？		
	(2) 他的烹饪技术很高。		
33. 颇	pō	副	表示程度较深，相当于"很"。
	(1) 用这种方法颇为省力。		
	(2) 我也颇有同感。		
34. 销	xiāo	动	卖出。
	(1) 这种货不好销。		
	(2) 这批货销不出去。		
35. 名著	míngzhù	名	著名的著作。
	(1) 他们家有很多世界名著。		
	(2) 你看过鲁迅的名著吗？		
36. 绘	huì	动	画。
	(1) 这本书上的图都是手绘的。		
	(2) 春风在大地上绘出了美丽的图画。		
37. 丛书	cóngshū	名	在一个总书名下，汇集若干著作而成的一套书。
	(1) 这家出版社今年出版了一套艺术丛书。		
	(2) 他写的一本书被选入了系列丛书。		

		注音	词性	释义
38.	全集	quánjí	名	把一个作者的全部著述或几个作者的相关著述编在一起的书。
	(1)《2005年全国获奖短篇小说全集》上有他的一篇小说。 (2) 您这儿有《鲁迅全集》卖吗？			
39.	畅销	chàngxiāo	形	销路畅通，卖得快。
	(1) 这本书很畅销。 (2) 这种产品畅销国内外。			
40.	历代	lìdài	名	已经过去的各个朝代或世代。
	(1) 历代统治者都会采取一定的手法来促进发展。 (2) 他家历代从医。			
41.	热卖	rèmài	形	卖得很好。
	(1) 今年冬天特别冷，棉衣十分热卖。 (2) 这些在南方卖不出去的东西，到了北方居然引起了热卖。			
42.	戏说	xìshuō	动	用玩笑的语气讲述（多用于文学作品标题）。
	(1) 你看过《戏说乾隆》这部戏吗？ (2) 如今戏说版的史书十分吃香。			
43.	版本	bǎnběn	名	同一部书因编辑、传抄、制版、装订、所用语言文字等不同而形成的不同本子。
	(1) 他的书出了中、英、法、德、日等好几种版本。 (2) 这部书有平装和精装两种版本。			
44.	反倒	fǎndào	副	反而。
	(1) 本想立功，反倒出了个大差错。 (2) 本想大赚一笔，反倒亏了很多。			
45.	底气	dǐqì	名	指劲头、信心。
	(1) 他说话好像底气不足。 (2) 大家都支持他，他的底气就更足了。			
46.	十足	shízú	形	十分充足。
	(1) 你放心，我有十足的把握。 (2) 你看他神气十足的样子。			

	注音	词性	释义
47. 一时间	yìshíjiān	名	很短的时间。
(1) 一时间，大街小巷都传唱着这首歌。			
(2) 我一时间弄不到这么多钱。			
48. 脱销	tuōxiāo	动	指商品供不应求，暂时缺货。
(1) 春节前高档彩电都脱销了。			
(2) 对不起，您要的这款脱销一个月了。			
49. 效应	xiàoyìng	名	泛指效果和反应。
(1) 请名人做广告是为了制造名人效应。			
(2) 他们的做法产生了轰动效应。			
50. 零售	língshòu	动	零散地直接面向消费者出售。
(1) 我们这儿既批发也零售。			
(2) 那儿有个零售商店。			
51. 反响	fǎnxiǎng	名	反应，事情发生后在人们中间引起的意见或行动。
(1) 他的英雄事迹在社会上反响热烈。			
(2) 奶粉事件引起了人们的热烈反响。			
52. 定价	dìngjià	离合	确定价格。也作名词，已经确定的价格。
(1) 新药一般都由厂家自行定价。			
(2) 这是物价局给的定价。			
53. 据悉	jùxī	动	根据了解得知。
(1) 据悉，他的论文得到了所有教授的一致好评。			
(2) 据悉，他下个月将出访欧洲。			
54. 多样	duōyàng	形	各种不同样式。
(1) 这种大衣款式多样，欢迎选购。			
(2) 在大城市里，有多样的生活方式可供选择。			
55. 继	jì	动	接着。
(1) 继苏州分店成功开张之后，他在北方的大连也开了一家分店。			
(2) 继父亲车祸惨死后，母亲也因病重无钱医治离开了他。			

	注音	词性	释义
56. 一炮走红	yí pào zǒu hóng		比喻第一次行动就取得成功，受到欢迎。
	（1）她这天晚上主持的节目得到了观众的认可，一炮走红了。		
	（2）章子怡是通过《藏龙卧虎》这部影片一炮走红国际影坛的。		
57. 瞄准	miáozhǔn	动	泛指对准某一特定的对象。
	（1）很多跨国公司把目光瞄准了经济快速增长的中国和印度两大市场。		
	（2）他们瞄准市场的需求，不断开发新产品。		
58. 同类	tónglèi	动	同属一个类别。
	（1）这两种植物不同类。		
	（2）我看哪，他和你同类，也是个"夜猫子"。		
59. 接洽	jiēqià	动	接触商谈。
	（1）公司派他去接洽这笔业务。		
	（2）业务接洽得怎么样了？		

注释词表

生词	注音	释义
1. 提篮	tílán	可以提的篮子。
2. 台币	táibì	台湾地区发行、通用的货币。
3. 招贴	zhāotiē	张贴在公共场所起宣传作用的文字、图画。
4. 文史哲	wénshǐzhé	文学、历史、哲学的总称。
5. 上海古籍版	Shànghǎi Gǔjí bǎn	指上海古籍出版社出版的（图书）。
6. 作家版	Zuòjiābǎn	指作家出版社出版的（图书）。
7. 清人	qīngrén	清朝的人。
8. 上海科教版	Shànghǎi Kējiào bǎn	指上海科技教育出版社出版的（图书）。
9. 哲人	zhérén	智慧超群的人。
10. 皇朝	huángcháo	王朝，朝代。

课文 "上海书店"台北"热卖"

阅读提示

中国内地与中国台湾都继承了几千年的中华文化，但两岸自1949年中华人民共和国成立以来长久不相往来。在全球交往日益密切、汉语持续升温的今天，海峡两岸的图书业率先合作，在台北成立了第一家完全出售大陆简体字图书的"上海书店"，再次掀起了中华文化热，打开了两岸文化交流的大门，同时还带动了稍显不景气的台湾图书业。

由海峡两岸书业合作成立的第一家完全出售大陆版简体字图书的"上海书店"，上月在台北市忠孝东路开张。由于这是目前中国台湾地区规模最完整、种类最齐全的简体版本综合书店，所以一亮相就引来了无数读者。仅仅一个月，销售额就高达600多万新台币，在台北引起轰动。"上海书店"的旺盛人气，甚至带动了周边已经陷入困境的其他书店，有的书店竟然提升了20%的营业额。还有人预言："有一天，'上海书店'可能成为台北市的新文化地标。"

一、"上海书店"填补空白

长期以来，中国台湾地区对引进内地图书有严格的限制，规定台湾的书店不得公开销售内地书籍，但内地简体字版图书在台湾地区却拥有不小的读者群。台湾早在10年前便出现了私下经营内地版图书的书店，只是一直处于半公开半地下的状态。直至去年7月8日，在台销售内地书籍的禁令才得以解除，目前开放的范围是大专专业学术用书。不过，这一范围的界限并不十分明确，书店在选择引进内地版图书时具有相当的灵活度。正是看准了这一巨大的市场潜力，上海季风书园、上海外文图书公司、台湾联经出版公司三方联手，酝酿在台北最具文化氛围的地段开办一家"上海书店"。记者采访上海外文图书公司总经理吴新华时，他表示，此次合作真正实现了优势互补，内地出版的图书首次以最快速度出现在台湾读者面前。

二、连夜排队等开门

"上海书店"是今年2月24日正式开张的。开业当天,读者在收款台前排成长龙,不少人手中装书的提篮放得满满的,当日共卖出约27万元新台币的图书。由于有些书在"上海书店"采取限量供应的方式,一位老年人为了买到自己想要的书,竟然连夜排队等开门。还有读者对已卖完的书的宣传招贴还在店里贴着表示不满。首批上架的图书达3万多种,总共7万多册,内容偏重文史哲、旅游和小说等。一些关于中国文化、美术、历史和旅游指南、烹饪的书籍颇受欢迎;而且越有文化价值的书越是好销,如上海古籍版的四大名著,作家版的清人手绘全本《红楼梦》,上海科教版的"哲人石丛书",以及一些世界著名作家的全集本,如《维特根斯坦全集》、《卡夫卡全集》等特别畅销。还有一个有趣的现象是,反映历代皇朝的历史类书籍也出现了热卖,而且大部分读者都拒绝戏说版本,反倒是文化底气十足的学者书更受欢迎。一时间,许多书都出现了脱销。

三、连锁效应冲击市场

"上海书店"在台湾开张,不管是在图书出版领域,还是在图书零售业,都引起了不小的反响。联经出版公司的发行人林载爵在接受采访时表示,台湾的一本新书定价约300元新台币(约合人民币70多元),内地图书一般为25元,内地图书的平均定价至少比台湾版的便宜三分之一,这对读者非常有吸引力。目前台湾地区书店销售内地版简体字图书还十分有限,市场潜力还很大,且台湾读者的购买力较强,差不多相当于内地读者的12倍。

据悉,"上海书店"除了今后将随时引进内地版新书,继续扩大图书的多样性,增进台湾读者对内地的全面认识之外,将来可能还会开办一些讲座,教台湾读者阅读简体字图书。

继"上海书店"在台北一炮走红后,由外文图书公司和季风书店联手成立的外文季风图书有限公司,已经将目标瞄准了北美等地的华文图书市场,而一些与"上海书店"同类的项目也正在接洽之中。

(选自2005年3月30日《新闻晨报》B5版,作者:徐颖)

课文练习

一、根据课文回答问题:

1. 文中哪些现象说明了"上海书店"台北热卖?
2. 为什么会出现这种热卖的情况?
3. "上海书店"是上海的公司开的吗?
4. 哪些内容的书籍受到台湾读者的欢迎?
5. "上海书店"今后还会采取什么措施来促进简体字图书的销售?
6. "上海书店"是不是准备在北美开业?

二、熟读下列词语:

> 得以解除　颇受欢迎　半公开、半地下　半信半疑　得以提高
> 颇受打击　半开玩笑、半认真　半吞半吐　得以实现　颇受赏识
> 半真半假　半推半就　得以发表　颇受排挤　正在接洽之中
> 正在考虑之中　正在商讨之中

三、词语辨析与练习:

严格　严肃　严厉

都是形容词,都可以充当定语和状语。"严格"多用于遵守制度、纪律或掌握标准等方面。"严肃"多用于人的神情、场合、气氛等方面。"严厉"多指态度、表情等有威吓的力量,使人敬畏,语气比"严肃"更重一些。如:

严格的态度　　**严格**的作风　　**严格**的规则　　**严格**的纪律
严格要求　　　**严格**对待　　　**严格**控制　　　**严格**区分

严肃的问题　　**严肃**的立场　　**严肃**的风格　　**严肃**的作风
严肃(地)处理　**严肃**(地)批评　**严肃**(地)对待　**严肃**(地)讲

严厉的老板　　**严厉**的老师　　**严厉**的父亲　　**严厉**的上司
严厉批评　　　**严厉**警告　　　**严厉**打击　　　**严厉**镇压

私下　私自

都是副词,在句中都主要充当状语。"私下"主要指不公开地做某事,做

事的人往往牵涉到双方；"私自"主要指个人自作主张，含有贬义。如：

私下交流　　私下讨论　　私下交换　　私下调解

私自出走　　私自逃跑　　私自出国　　私自决定

解除　免除

都是动词，都可以带宾语，但二者所搭配的宾语不同。"解除"多指采取措施除去某种约束。"免除"则含有去掉、免掉义务的意思，可用于调任另职或者任职年限已满。

解除禁令　　解除警报　　解除合同　　解除婚约
努力解除　　自动解除　　顺利(地)解除　　及时解除

免除职务　　免除资格　　免除兵役　　免除税款
完全免除　　公开免除　　彻底免除　　努力免除

开办　开设

都是动词，都可以带宾语，但所搭配的宾语却有所不同。"开办"、"开设"都可以用来指创立、创建一个职业部门。"开设"还可以指设置一门课程。

开办工厂　　开办学校　　开办商店　　开办医院

开设店铺　　开设作坊　　开设工厂　　开设汉语（课）

反映　反应　反响

"反映"是动词，"反应"和"反响"是名词。"反应"指事情发生后在人们中间引起的意见或行动，"反响"指的是较大的反应，"反映"指机体接受和回答客观事物影响的活动过程。

反映情况　　反映问题　　反映困难　　反映思想

不同的反应　　良好的反应

很大的反响　　热烈的反响

辨析练习

一、选词填空：

> 严格　严肃　严厉　私下　私自　解除
> 免除　开办　开设　反映　反应　反响

1. 中国台湾地区对引进内地图书有_____的限制。
2. 会场的气氛很_____。
3. 老师_____地训斥他。
4. 老师希望学生_____地遵守学校的纪律。
5. 这件事情要_____处理。
6. 台湾早在10年前便出现了_____经营内地版图书的书店。
7. 他未经允许_____外出。
8. 这件事就不用在大会上讨论了，你们俩_____谈判吧。
9. 你没有经过你父亲的同意，_____变卖了老房子，这样做可不好啊。
10. 直至去年7月8日，在台销售内地书籍的禁令才得以_____。
11. 看到他们家那么贫穷，公司主动_____了他们的债务。
12. 我已经和那个公司_____了聘用合同。
13. 进行慈善捐赠的人可以_____部分税务。
14. 正是看准了这一巨大的市场潜力，上海季风书园、上海外文图书公司、台湾联经出版公司三方联手，酝酿在台北最具文化氛围的地段_____一家"上海书店"。
15. 我们今年_____了语法、听力、阅读、说话四门课。
16. 新_____的几家保险公司生意都很好。
17. 他们准备_____一家信息技术公司。
18. 还有一个有趣的现象是，_____历代皇朝的历史类书籍也出现了热卖。
19. "上海书店"在台湾开张，不管是在图书出版领域，还是在图书零售业，都引起了不小的_____。
20. 这本书在读者当中引起了不同的_____。
21. 他的报告引起了强烈的_____。
22. 人们普遍_____改革开放以后生活水平有了很大的提高。

二、在给定的词中选择最合适的词代替句中画线的词：

1. 直至去年7月8日，在台<u>销售</u>大陆书籍的禁令才得以解除。
   A. 销路　　　B. 出售　　　C. 销货　　　D. 售价

2. <u>开业</u>当天，读者在收款台前排成长龙。
   A. 开张　　　B. 开始　　　C. 开头　　　D. 开办

3. 首批上架的图书达3万多种，总共7万多册，内容<u>偏重</u>文史哲、旅游和小说等。
   A. 注重　　　B. 看重　　　C. 加重　　　D. 侧重

4. 一些关于中国文化、美术、历史和旅游指南、烹饪的书籍<u>颇</u>受欢迎。
   A. 都　　　　B. 很　　　　C. 太　　　　D. 不

5. 一些世界著名作家的全集本，如《维特根斯坦全集》、《卡夫卡全集》等特别<u>畅销</u>。
   A. 畅通　　　B. 脱销　　　C. 畅快　　　D. 热销

6. 一些与"上海书店"同类的项目也正在<u>接洽</u>之中。
   A. 接待　　　B. 商洽　　　C. 融洽　　　D. 接触

四、语法讲解：

1 直至去年7月8日，在台销售内地书籍的禁令才得以解除。

"直至……才……"，表示经过很长时间到了某个特定的时间得到了某种结果。

例：（1）他这一去三年没有音讯，**直至**收到他的来信，我们**才**知道他去了南方。
　　（2）**直至**上个星期，股市**才**重新回升。

2 直至去年7月8日，在台销售内地书籍的禁令才得以解除。

"……得以……"（凭借……）能够、可以，不能单独回答问题，多用于书面。如：

例：（1）必须放手发动群众，让群众的积极性**得以**充分发挥。
　　（2）全靠你们的帮助，我们的任务才**得以**圆满地完成。

3 正是看准了这一巨大的市场潜力，上海季风书园、上海外文图书公司、台湾联经出版公司三方联手，酝酿在台北最具文化氛围的地段开办一家"上海书店"。

"正（是）……"，加强肯定语气。

例：(1) **正（是）**因为你是我的孩子，我才要更严格地对待你。
　　(2) **正是**在他们无私的帮助下，我们才能克服困难，重新站了起来。

"正＋动词＋着……"，表示动作在进行中或状态在持续中。
例：(1) 我们**正**上**着**课，有人敲我们教室的门。
　　(2) 她**正**生**着**气，他把她需要的书给送来了。

"正＋动词或形容词"，恰好，刚好。
例：(1) 我一进门，**正**赶上他穿外衣准备出门呢。
　　(2) 衣服穿在他身上长短**正**合适。

4 由于有些书在"上海书店"采取限量供应的方式，一位老年人为了买到自己想要的书，竟然连夜排队等开门。

"由于……竟然……"因为某种原因而出现了意想不到的情况。
例：(1) **由于**孩子的父母疏于监护，六个月大的孩子吸食果冻至气管，**竟然**窒息致死。
　　(2) **由于**他不遵守交通规则，乱闯红灯，**竟然**被急驰而过的小汽车撞得飞了起来，当场死亡。

5 还有一个有趣的现象是，反映历代皇朝的历史类书籍也出现了热卖，而且大部分读者都拒绝戏说版本，反倒是文化底气十足的学者书更受欢迎。

"……反倒是……"强调表示跟前文意思相反或出乎预料之外。
例：(1) 平日里怎么说要加强锻炼、加强营养，他都不大听，**反倒是**这场病引起了他对身体健康的重视。
　　(2) **反倒是**他的建议没有得到响应，尽管会前呼声很高。

6 一时间，许多书都出现了脱销。

"一时间……"很短的时间里（发生的情况）。
例：(1) 大家聊得正欢，老板进来了。**一时间**，每个人都着急地就近忙了起来。
　　(2) 听了大侠的一句称呼"小兄弟"，**一时间**，他觉得自己也成了大人物。

7 目前台湾地区书店销售的内地版简体字图书还十分有限，市场潜力还很大，且台湾读者的购买力较强，差不多相当于大陆读者的12倍。

"……相当于……"表示一方的情况和另一方的一样或差不多。
例：(1) 上级任命他为调研员，**相当于**处级待遇。
　　(2) 这套房子的价格**相当于**他20年的工资。

8 据悉，"上海书店"除了今后将随时引进内地版新书，继续扩大图书的多样性，增进台湾读者对内地的全面认识之外，将来可能还会开办一些讲座，教台湾读者阅读简体字图书。

"据悉……"，根据了解得知。多用于书面。

例：（1）**据悉**，他的论文在评比中得了一等奖。
　　（2）**据悉**，欧盟宪法在法国公投（公民投票）没有通过。

9 继"上海书店"在台北一炮走红后，由外文图书公司和季风书店联手成立的外文季风图书有限公司，已经将目标瞄准了北美等地的华文图书市场，而一些与"上海书店"同类的项目也正在接洽之中。

"继……后"，在别的事情之后（发生某事）。

例：（1）这一年他们家真是祸不单行，**继**父亲查出胃癌**后**，母亲又遭遇车祸而下肢瘫痪。
　　（2）**继**星光商场建成**后**，他们市又建造了两栋大的综合型商场。

语 法 练 习

一、指出下列句子中"正"的意义：
1. 我正想打电话给你，你就上门来了。
2. 打电话给你的正是他。
3. 正是有了您的这句话，他才敢这么胡作非为。
4. 他正愁着今年这个年穷得怎么过呢。

二、用句子后面给定的词语完成句子：
1. ＿＿＿＿＿＿＿＿＿＿＿＿＿＿＿＿＿＿＿＿，他才意识到自己误解了她。（直至）
2. 在全体员工的努力下，我们＿＿＿＿＿＿＿＿＿＿＿＿＿＿＿＿＿＿＿＿。（得以）
3. ＿＿＿＿＿＿＿＿＿＿＿＿＿＿＿＿＿＿＿＿，他竟然把"下楼"说成了"下流"。（由于）
4. 我们都考得不错，＿＿＿＿＿＿＿＿＿＿＿＿＿＿＿＿＿＿＿＿。（反倒是）

5. 这是他第一次面对这么多的人讲话，_____
_____。（一时间）

6. 老板一个晚上的花费，_____
_____。（相当于）

7. 怎么你越解释我_____。（越）

8. 经过一年的学习，同学们的汉语_____
_____。（越来越）

9. _____，她的
另一本书也获得了成功。（继……后……）

10. _____使你们获
得了成功。（正是）

三、在横线上填上恰当的词语：

在美国威斯康辛州，(1)_____说，由于中国大陆的移民(2)_____多，教简体字的中文学校，(3)_____开班准爆满。以前，台湾的移民多一些，他们会(4)_____教繁体字和注音符号的中文学校。此外，(5)_____全美大学理事会决定，中文将成为高中生选修的大学先修课，美国学习中文的人数将会大幅(6)_____。(7)_____看准了这一巨大的市场潜力，美东中文学校协会将在六七个校区(8)_____简体字中文学习班。(9)_____以繁体字发行的几家华文侨报，也(10)_____广告商的要求，开始发行简体字版了。

字词扩展练习

据悉	据____	据____	据____	据____
随时	随____	随____	随____	随____
内地版	____版	____版	____版	____版
吸引力	____力	____力	____力	____力
灵活度	____度	____度	____度	____度
零售业	____业	____业	____业	____业

阅读扩展及泛读练习

汉语教学，简体字"当道"

曾在美国一所大学读书的台湾学生张静慧担任过她读书的那所美国大学的中文助教。她发现，中国的崛起，让美国同学热衷于学习中文，但他们似乎不知道，中国的台湾地区也使用中文。"他们觉得要学中文，得去北京；要找工作，得去上海。"张静慧说，老外学写简体字、读内地教科书的潮流已经很难阻挡。

中国内地有十几亿人口，与之有政治经贸往来的国家遍布全球，"从流通程度来说，简体字早就打败了繁体字。"台湾文化大学国语研习班主任王玉琴说，"美国各大学的中文课程，绝大多数都已经使用简体字教学。"

台湾的语言中心也端出了"同时教授简体字、汉语拼音"的菜单，因为只有这样才能受到外国学生的青睐。王玉琴说，外国学生来台湾学中文，多半会要求学汉语拼音和简体字；过去教注音符号和繁体字的课程，已不能满足老外的需求。再者，中国推出了汉语水平考试（汉托HSK），老外为了取得中文程度的证书，一定要懂简体字。

台湾的出版市场潜力也不小。台湾联经出版公司成立了"上海书店"，展售简体字图书，业绩好得出人意料。于是，联经决定改装台中、高雄的联经门市部，以便为更多的读者提供简体字书籍。天龙书局也随即宣布，要开3家"台闽书城"供应简体字书籍。

大学校园里同样刮起了识简体字的风潮。台湾作家黄锦树说，几乎所有中文系的教科书、参考书都由内地进口，因为现在"中文领域最好的学术研究都在内地"，所以简体字书非看不可。台北大学还举办认字比赛，帮学生认识简体字。

（节选自《环球新都市》A3版，编者：邹利）

根据短文的意思选择正确的答案:(可以选择多个选项)

1. 美国学生学习中文使用简体字,是因为:(　　)

   A. 繁体字复杂,笔画多,难学

   B. 为了参加 HSK 考试,认证自己的汉语水平

   C. 中文环境里使用简体字的人占大多数,而且各国和中国内地的交往越来越多

   D. 台湾人也开始使用简体字教科书,台湾大学校园里刮起了识简体字的风潮

2. 下面哪些句子是对的:(　　)

   A. 除了中国内地,台湾地区也说汉语,使用简体中文

   B. 内地出版的汉语书在世界上学汉语的人当中很流行

   C. 台湾的语言中心也只教授汉语拼音和简体字

   D. 台湾"上海书店"所销售的简体字书籍很受读者欢迎

3. 下面哪个句子是文中没有提及的:(　　)

   A. 台湾学生张静慧在美国当过汉语教师

   B. 将会有越来越多的人喜欢学习中文,和中国交往

   C. 以前台湾的对外汉语教学只教授注音符号和繁体字

   D. 汉语水平考试是中国内地举办的,采用简体字应试

第4课　佳洁士——迟到者的失败

生　词

	注音	词性	释义
1. 品牌	pǐnpái	名	商品的名称，牌号，商标。

(1) 我相信，中国的品牌必将走向世界！
(2) 80年代中期，该地区的啤酒市场几乎全被外地品牌占领。

2. 占据	zhànjù	动	处在（某种地位或情况）。

(1) 印度的阿迪和中国的王莲香分别占据了男女第一的位置。
(2) 在他们看来，谁要能占有中国市场，谁就能在亚洲占据有利的位置。

3. 对手	duìshǒu	名	比赛或斗争中跟自己相对的一方。

(1) 中国队的下一个对手是约旦队。
(2) 现在，欧洲和美国已经成为竞争对手。

4. 山头	shāntóu	名	山的顶峰。

(1) 站在山头上向远方望去，看到的是无边无际的绿色海洋。
(2) 几个孩子呼叫着带路，冲上了另一个小山头。

5. 口腔	kǒuqiāng	名	口部的空腔。

(1) 我们要经常漱口，保持口腔清洁。
(2) 毕业后，他分配到上海人民医院，成为一名口腔医生。

6. 护理	hùlǐ	动	看护，料理。

(1) 因此，我也学会了一些护理病人的常识，尤其是护理老年病人的知识。
(2) 公安局立即将他们送到医院治疗，并派人精心护理。

	注音	词性	释义
7. 全球	quánqiú	名	全世界。

(1) 从全球角度看，汽车是最严重的污染源。
(2) 全球七大洲，只有欧亚大陆紧密相连。

8. 独创	dúchuàng	动	独特地、与众不同地创造。

(1) 李国豪在他的博士论文中提出了独创的计算方法，获得了成功。
(2) 她还独创了剪纸点色艺术，使剪纸由单色变为多色。

9. 配方	pèifāng	名	为某种物质（如药品、混合咖啡、化学制品等）的配料提供调配方法和配比的方法。

(1) 经过多次实验，他成功地找到了火药的配方，造出了黑色火药。
(2) 今年，我们公司引进了国外先进的生产技术和工艺配方。

10. 卓越	zhuóyuè	形	非常优秀，超出一般。

(1) 由于他具有卓越的军事才能，很快成为该组织的主要领导。
(2) 我发现，许多卓越的领袖都没上过大学。

11. 高效	gāoxiào	形	效率高的、效益高的、效能高的。

(1) 鸟类的粪便是一种高效的肥料。
(2) 县政府积极鼓励和支持农民大力发展高产高效的经济作物。

12. 权威	quánwēi	名	让人信任、服从的力量和威望。

(1) 这是一本权威的语言学著作。
(2) 最近，新闻媒体不断披露权威部门对未来经济形势的预测。

13. 认可	rènkě	动	准许，许可，承认。

(1) 在中国，人们习惯用点头表示同意、认可，用摇头表示否定、反对。
(2) 老板点头认可了我们的方案。

14. 添加	tiānjiā	动	增加。

(1) 资源优势添加什么才能变成经济优势？
(2) 在油漆中添加各种颜色的涂料，叫混合漆。

	注音	词性	释义
15. 出世	chūshì	动	人或动物出生；也指新事物的产生。

（1）他一出世母亲就病故了，依靠爷爷奶奶照料长大。
（2）旧制度灭亡，新制度出世。

	注音	词性	释义
16. 时	shí	名	用在动词或形容词等的后面，表示时间，相当于"……的时候"；小时、点钟。

（1）当你正认真地做作业时，附近的吵闹声会影响你的思考。
（2）枫叶红时，她就会回来。
（3）明天上午八时，全体员工在三楼会议室开会。

	注音	词性	释义
17. 烦恼	fánnǎo	形	烦闷苦恼，心情不舒畅。

（1）有人常常为皮肤的颜色而烦恼。
（2）我希望能过上一种没有烦恼、无忧无虑的生活。

	注音	词性	释义
18. 众多	zhòngduō	形	很多（多指人）。

（1）环境污染问题是没有国界的，需要众多国家共同努力才能解决。
（2）中国的人口众多。

	注音	词性	释义
19. 上市	shàngshì	离合	进入市场。

（1）产品一上市，便受到用户的热烈欢迎。
（2）今年春节，上市蔬菜有40多种。

	注音	词性	释义
20. 倾斜	qīngxié	形、动	歪斜，偏重。

（1）这面墙有点儿倾斜。
（2）他强调说，技术改造要向优势产业、优势企业倾斜。

	注音	词性	释义
21. 唯一	wéiyī	形	单一的，独一无二的。

（1）只有儿子才是她唯一的希望。
（2）那时候，我脑子里唯一想到的就是生存。

	注音	词性	释义
22. 认证	rènzhèng	动	承认某文件正确或某事情存在并进行证明。

（1）现在，全国有13个国际质量体系审查和认证机构。
（2）你的资格证书必须通过权威机构的认证，我们才能承认。

		注音	词性	释义
23.	领先	lǐngxiān	动	位于前列，走在前面。

(1) 无论做什么事情，他都领先一步。
(2) 在人类文化发展的初期，中国的数学远远领先于巴比伦和埃及。

24.	物力	wùlì	名	可供使用的物资。

(1) 工作效率提高，节约了很多人力、物力。
(2) 美国、日本均花了大量的人力、物力进行研究，但都没有取得突破。

25.	处境	chǔjìng	名	所处的环境。

(1) 目前，他的处境很不好。
(2) 知识可以创造财富，从而改变自己的处境。

26.	尴尬	gāngà	形	处在两难的境地，不好摆脱，神态、行为不自然。

(1) 与其他繁华的商业大厦相比，新华书店处于十分尴尬的境地。
(2) 那一瞬间，我非常尴尬。

27.	调研	diàoyán	动	调查研究。

(1) 他们深入农村进行调研，取得了很多宝贵的材料。
(2) 今年，我们要开展更多的调研活动和对外交流活动。

28.	推出	tuīchū	动	拿出（新的产品、作品、方案、节目等）。

(1) 今年，本报将推出反映少数民族地区发展变化的系列报道。
(2) 五月份，江西推出了几条崭新的旅游线路。

29.	黄金	huángjīn	名	黄色金属元素"金"的通称，比喻宝贵。

(1) 人类自从开始采金以来，共生产了近11万吨黄金。
(2) 每年七八月份是草原的黄金季节，水美草肥，庄稼茂盛。

30.	相比	xiāngbǐ	动	互相对照、比较。

(1) 火星与地球相比，有许多相似的地方。
(2) 我与你相比，差距还很大。

		注音	词性	释义

| 31. 庞大 | pángdà | 形 | 很大。 |

(1) 太阳系是一个庞大的天体系统。
(2) 联合国有着十分庞大的组织机构。

| 32. 品位 | pǐnwèi | 名 | 品质、品格、价值和档次。 |

(1) 看得出，这是个品位不低的书屋。
(2) 这样不仅可以提高电视节目的质量，还可以提高它的文化品位。

| 33. 免费 | miǎnfèi | 动 | 不交费用；不收费。 |

(1) 每个星期日，他都免费为邻居修理电器。
(2) 上海市黄浦区一辆流动图书阅览车近日出现在外滩，向游人提供免费借阅服务。

| 34. 覆盖 | fùgài | 动 | 遮盖。 |

(1) 古人认为，天是圆形的，像一把张开的大伞覆盖在地上。
(2) 那时，整个地球大部分为冰雪所覆盖。

| 35. 率 | lǜ | 后缀 | 两个数相比所得的值。 |

(1) 据调查，小于15岁开始吸烟的人，跟不吸烟的人相比，肺癌的发病率高17倍。
(2) 我国资源的利用率只有亿万分之三。

| 36. 签发 | qiānfā | 动 | 公文、证件等由主管人签字后发出。 |

(1) 根据基本法的规定，香港特区护照的签发由特区政府负责。
(2) 4月15日，在计算机岗位担任电脑记账员的小张，突然接到由行长签发的休假通知书。

| 37. 品 | pǐn | 后缀 | 用在某些动词、形容词、名词的后面，表示按某种方法分类的物品。 |

(1) 这就是说，本来可以当展览品，但是现在只能当收藏品了。
(2) 听他说，在德国邮寄印刷品是不用检查的。

| 38. 试用 | shìyòng | 动 | 在正式使用或任用前，先试一段时间，以检验是否合适。 |

(1) 这套教材正处在试用阶段。
(2) 目前，全县共试用村干部88名，试用期为一年。

	注音	词性	释义
39. 徘徊	páihuái	动	来回地走而不前进，比喻事物在某个范围内上下摆动，不再前进。

(1) 他在家门口徘徊了两个多小时，最后还是没有走进家门。
(2) 今年，我们县终于打破了粮食生产一直徘徊不前的局面。

40. 定位	dìngwèi	离合	用仪器确定物体的空间位置，或根据一定的标准确定某事物的位置。

(1) 找油如同医生隔肚皮诊病，要透过厚厚地层，给石油定位，估计出油的储量。
(2) 专科学校在整个教育体系中定位何处，如何突出它的特色，这些问题仍然没有解决。

41. 抢先	qiǎngxiān	动	抢在别人的前面（行动）。

(1) 我们要尽量把人才、原料、资金聚集成自身优势，抢先一步出产品、占市场。
(2) 在讲课时他注意到一个小小年纪的学员聪明好学，提问时总是抢先回答。

42. 原本	yuánběn	副	原来，本来。

(1) 他原本是学医的，后来改学文学了。
(2) 世界上原本没有路，路是人走出来的。

43. 扎根	zhā gēn	离合	植物的根部牢固地深入土中，也比喻人或某种思想牢固地深入某处，打下基础。

(1) 这次，我移栽的几棵花都扎根了。
(2) "中泰友好"已经深深扎根于两国人民的心中，具有广泛而坚实的基础。

44. 拦截	lánjié	动	中途拦挡，挡住前进的路。

(1) 放学后，经常有坏人在路上拦截我，你说我该怎么办？
(2) 由于他的车没有牌照，而且又超速行驶，所以被交通警察拦截下来。

	注音	词性	释义
45. 跟随	gēnsuí	动	紧随在后面。
（1）十五岁时，我曾跟随父亲去过原始森林。			
（2）他先介绍了跟随他来的几位领导同志。			
46. 稀缺	xīquē	形	稀少，缺乏。
（1）上个世纪80年代，彩电绝对是稀缺商品。			
（2）人多地少，土地资源稀缺，这是我国的基本国情。			
47. 策略	cèlüè	名	为达到某一目的而采取的行动方针或计划。
（1）最近，他们的销售策略有所改变。			
（2）他们的经营策略是减少成本，直接从厂家进货，薄利多销。			
48. 效力	xiàolì	名	效果，功能，功效。
（1）在我国，宪法具有最高法律效力。			
（2）这种药效力真大。			
49. 衣裳	yīshang	名	衣服。
（1）补丁是贫穷苦难的标志，我希望一辈子不再穿补丁衣裳。			
（2）做饭，洗衣裳，难道都是妇女的事情吗？			
50. 肩膀	jiānbǎng	名	人的脖子旁边、胳膊上面的部分，动物前肢与躯干相连的部分。
（1）朋友之间可以双手互握，也可以拍拍对方的肩膀。			
（2）他拍了拍我的肩膀，眼光中充满了信心和鼓励。			
51. 用来	yònglái	动	在某一方面使用。
（1）它常被人们用来检查视力。			
（2）小白鼠常用来做医学实验。			
52. 蛀	zhù	动	（虫）咬。
（1）这条新裤子又让虫蛀了。			
（2）这种书不怕水火，不怕虫蛀，可以长期保存。			
53. 播放	bōfàng	动	通过广播或电视等放送音响或影像。
（1）每次学习结束以后，他都给学生播放两分钟欢快的音乐。			
（2）有的电视台每天播放4至5次新闻节目。			

	注音	词性	释义
54. 贝壳	bèiké	名	贝类外面的硬壳，大部分美观，有花纹，可供玩赏或制成工艺品。

(1) 海滩上有很多美丽的贝壳。
(2) 这次，他给将军带来了10个精美的贝壳，每个上面都画了将军的头像。

	注音	词性	释义
55. 改头换面	gǎi tóu huàn miàn		比喻只改变表面的形式，不改变实质的内容。

(1) 过去的厂长、经理改头换面，就成了董事长兼总经理，依然独握大权。
(2) 有些作家把外国小说稍加改头换面以后，如把外国的时间、地点、人物换成中国的时间、地点、人物，就把这部作品变成了自己的"作品"。

	注音	词性	释义
56. 自家	zìjiā	代	自己。

(1) 有的小岛上的居民可以站在自家的阳台上，同对面岛上的"邻居"聊天。
(2) 此时，他想到的不是自家的利益，而是军人对党和国家应有的责任。

	注音	词性	释义
57. 盗用	dàoyòng	动	非法使用国家、集体或别人的名义、财物等。

(1) 目前科学家正在研制一种监测系统，以打击盗用电话的不法活动。
(2) 他们除了盗印出版社已经出版的书，还盗用出版社的名义编书出书。

	注音	词性	释义
58. 跟进	gēnjìn	动	跟随前进，紧跟。

(1) 班长和小王悄悄地向草堆靠近，我也无声无息地跟进。
(2) 这家超市出台几种便民措施后，其他超市纷纷跟进效法。

	注音	词性	释义
59. 一无是处	yìwúshìchù		没有一点儿对的或好的地方。

(1) 他对自己各方面的表现都感到不满，认为自己一无是处。
(2) 一件东西从来不会完美无缺，也不会一无是处。

	注音	词性	释义
60. 事后	shìhòu	名	事情发生或问题解决以后。
	（1）事后，她感到非常后悔。 （2）事后，同事们还常以此事开我的玩笑。		
61. 监测	jiāncè	动	监视和检测。
	（1）工业上常用这种纸来监测温度变化。 （2）在有人类居住的大部分地区，都有环境监测员的足迹。		
62. 场景	chǎngjǐng	名	场面，情景。
	（1）这部电影表现的事件时间跨度长，场景分散，人物众多，因此拍摄难度很大。 （2）一个漂亮的小女孩成了群鹿的"首领"，动人的场景使游人纷纷举起了照相机。		
63. 指向	zhǐxiàng	动	对着、向着（方向、人、物等）。
	（1）指南针静止时，它的北极总是指向地球的北端，南极总是指向地球的南端。 （2）他们的谈论话题常常会指向外面的世界，比如城市的发展以及由此带来的社会问题等。		
64. 指明	zhǐmíng	动	明白指出。
	（1）他的这些思想为19世纪以后自然科学的发展指明了方向。 （2）一位少女给士兵们指明了这个喷泉的所在地，但后来谁也没有再见到这位可爱的少女。		
65. 杀伤	shāshāng	动	打死打伤。
	（1）这种枪，在600米以内能准确地杀伤目标。 （2）原子弹是一种有很大杀伤力的武器。		
66. 包装	bāozhuāng	动、名	（1）在商品外面用纸等包起来或把商品装进纸盒、瓶子里，（2）包装商品的东西，如纸、盒子、瓶子等。
	（1）售货员的难处我也能理解，包装得好好的商品，你打开了又不买，那她卖给谁呢？ （2）打开商品的外包装，他发现里面的东西数量很少而且不符合规定。		

	注音	词性	释义
67. 注明	zhūmíng	动	写清楚，说明清楚。
(1) 她的每篇作业都做得整整齐齐，并注明了年月日。			
(2) 参加比赛的作品需要注明作者、题目、联系方式等。			
68. 高档	gāodàng	形	质量好、档次高、价格昂贵的。
(1) 他穿的是高档服装，住的是高档宾馆。			
(2) 现在，商场越建越豪华，普通顾客买不起的高档商品越来越多。			
69. 优质	yōuzhì	形	质量优良。
(1) 这是一种少见的优质木材。			
(2) 我们希望通过提供优质产品和优质服务来扩大市场。			
70. 优于	yōuyú	动	比比较的对象好。
(1) 其中有18项技术指标优于国外同类产品。			
(2) 家长一定要记住的是，奖励永远优于惩罚。			
71. 洁净	jiéjìng	形	干净，没有尘土和杂质等。
(1) 洁净的手术室里十分宁静。			
(2) 乌兰巴托是一个美丽而洁净的城市。			

注 释 词 表

生词	注音	释义
1. 势如破竹	shìrúpòzhú	劈开竹子头几节，下面各节就很容易分开。比喻气势勇猛，节节胜利，毫无阻碍。
2. 旗下	qíxià	有名的公司、企业、集团领属下或管理下。
3. 拳头产品	quántou chǎnpǐn	有很强竞争力的、有名的优质产品。
4. 享有盛誉	xiǎngyǒu shèngyù	在社会上有很高的声誉、威望。
5. 里程碑	lǐchéngbēi	在事物发展过程中可以作为标志的大事。
6. 居	jū	处于，在（某种位置）。
7. 榜首	bǎngshǒu	在张贴的名单中的第一位，泛指竞赛或比赛中的第一名。
8. 棕榄	zōnglǎn	公司名。
9. 脱颖而出	tuōyǐng'érchū	人的才能全部显露出来。
10. 份额	fèn'é	在整体中所分得的数目。
11. 霸主	bàzhǔ	在某一领域或地区取得支配地位的人或集团。
12. 携	xié	带。
13. 赫赫	hèhè	显著盛大的样子。
14. 威名	wēimíng	很大的名望。
15. 有史以来	yǒushǐyǐlái	表示从有史实记载开始直到现在的很长时间。
16. 口味	kǒuwèi	味道，滋味。也可以指个人对食品味道或某事物的爱好。
17. 知名	zhīmíng	有名，著名。
18. 相形失色	xiāngxíngshīsè	跟别的人或事物比较起来，显得很差。
19. 症结	zhēngjié	事情变坏或不能解决的关键。
20. 当之无愧	dāngzhīwúkuì	完全有资格接受某种称号或荣誉，不用感到惭愧。
21. 心智	xīnzhì	心思智慧。
22. 离子	lízǐ	失去或得到电子的原子或原子团。
23. 氟化钙	fúhuàgài	氟的化合物的一种。
24. 不忿	bùfèn	不服气，感到不平。
25. 主调	zhǔdiào	主要的风格、基调。
26. 磨损	mósǔn	机器或别的什么物体因为长期摩擦或使用而造成损耗。

课 文 佳洁士——迟到者的失败

> **阅读提示**　在美国市场，佳洁士是"第一品牌"，占有40％的市场份额，而高露洁仅占15％。但是，在中国市场，佳洁士却处境尴尬，市场份额一直徘徊在5％左右，与高露洁约15％的市场份额相形失色。为什么呢？

佳洁士是"美国牙膏第一品牌"。1996年，佳洁士开始进军中国市场，但是，它并没有像在美国市场那样势如破竹般地占据"市场第一"的地位，其失败告诉经营者一个道理：千万别正面攻击已被强大对手所占据的山头。

宝洁旗下的Crest（佳洁士）牙膏一直以来都是宝洁在口腔护理行业中的拳头产品，在全球享有盛誉，因其独创的氟泰配方具有卓越的高效防蛀功能，成为第一支被世界权威牙防组织——美国牙医学会（ADA）认可的防蛀牙膏，凭借着这一牙膏里程碑技术，几十年来，佳洁士一直高居美国牙膏市场榜首。

"美国第一"：佳洁士牙膏突破了在牙膏里面添加"氟"的问题，树立了市场领导地位。

1955年佳洁士出世时，高露洁棕榄公司的高露洁牙膏占据美国45％左右的市场。佳洁士牙膏突破了在牙膏里面添加"氟"的问题，使得牙膏能够有效防蛀，从此，广大饱受蛀牙伤害的消费者不用再为蛀牙烦恼，加上宝洁强大的市场推广能力，佳洁士很快在众多牙膏品牌中脱颖而出，一上市就占据了大概10％左右的市场份额。后来，市场进一步向佳洁士倾斜，依靠美国牙医学会（ADA）的"唯一认证"，经过多年努力后，佳洁士终于打败了一路领先的高露洁，树立了市场领导地位，市场份额由10％上升到40％，而高露洁则由45%下降到15%；而且在霸主位置上，佳洁士一坐就是35年。

落败中国：佳洁士进军中国市场，宝洁公司投入了大量的人力物力，但是，上市后却处境尴尬。

中国人的口腔护理发展情况和美国相似。经过几年的市场调研后，宝洁发现中国的防蛀牙膏市场将不可限量。1996年，携"美国牙膏第一品牌"的赫赫威名，佳洁士进军中国市场，经过广州、北京、上海的试验推广后，1997年1月，开始在全国推出。为此，宝洁公司投入了大量的人力物力，并且提供了其在中国历史上最强大的市场支持：

1.中国有史以来最强大的电视广告支持，超过其他任何品牌推出期间广告的2倍，消费者在每晚黄金时间看到佳洁士广告最多将可达4~5次。

2.宝洁在中国历史上最强大的市场支持——与其他品牌相比，佳洁士的市场支持费用高2.5倍。

3.庞大的学校教育项目。在广州，54%的家长表示他们肯定会买佳洁士，57%的家长实际购买了佳洁士，其他13个城市，69%的家长表示他们肯定会买佳洁士。

4.突破性高品位POP和货架推动店内销售。华南市场测试显示，拥有任何一种货架的商店牙膏、牙刷销量均比没有货架的商店销量有不同程度的提高；

5.家庭免费派送：21个城市50%覆盖率的入户派送、全国牙防组签发的宣传品、两种口味的试用装，显著提高佳洁士的知名度、试用率和购买率。

但是，佳洁士全国上市后却处境尴尬：佳洁士在中国牙膏市场的份额一直排徊在5%左右，与定位类似的高露洁约15%的市场份额相形失色……

失败症结：在中国，佳洁士迟到了。高露洁早在1992年就抢先一步进入中国。

佳洁士错在竞争对手高露洁身上。佳洁士的主要目标应该定在高露洁身上。

在美国，佳洁士是当之无愧的防蛀牙膏第一品牌，但是在中国，佳洁士迟到了。高露洁早在1992年就抢先一步进入中国，4年多的时间足够任何一个品牌建立强大的市场领导地位，4年多的时间足够高露洁牢牢占据"防蛀牙膏"的品牌定位。

要想成功抢回原本属于佳洁士的"防蛀牙膏"定位，时间是关键，你得在竞争对手还没有在消费者心智扎根之前就主动拦截，这个时间最好是在1992年而不是1996年。很不幸，佳洁士成了跟随品牌。

消费者的心智是一种稀缺资源，当竞争对手已经占据了"防蛀牙膏"这个定位的时候，后来品牌就应该采取完全不同的竞争策略而不是像美国市场那样高举高打。佳洁士应该做的不是告诉消费者佳洁士有多好，而是应该告诉消费者为什么佳洁士比高露洁更好，佳洁士在市场推广上犯了几个错误：

毫无效力的攻击

佳洁士的所有战略应该围绕高露洁来展开，但一直以来，佳洁士做的都是"为高露洁做嫁衣裳"，而不是"站在高露洁的肩膀上"。

佳洁士有一个极好的攻击点：佳洁士使用的用来防蛀的氟是以离子形式（氟泰配方）存在的，容易被牙齿吸收，而高露洁等产品更多使用氟化钙，其所含有的能被牙齿吸收的氟成分就少得多。但是，在广告和市场推广中佳洁士并没有围绕这一点来做。

广告跟随战术的错误

高露洁为了证明双氟牙膏的有效性，直接把佳洁士在美国播放的"贝壳比较篇广告"改头换面拿到中国就用；佳洁士看到自家广告给人盗用当然不忿，马上跟进播放类似的比较篇广告。但是作为牙膏市场的后来品牌,此种做法除了增强高露洁的广告作用外一无是处。事后监测表明,很多消费者误认为佳洁士播放的广告就是高露洁播放的。另外,佳洁士广告无论在广告片主调、场景还是人物上都与高露洁相类似,使得很多消费者认为佳洁士的广告就是高露洁的广告。

权威认证不再是秘密武器

在美国,佳洁士是唯一通过"美国牙防组"认证的防蛀牙膏,但在中国,中国牙防组、中华医学会都可以认证,不止佳洁士的防蛀效果获得中华医学会的认证,高露洁、中华等品牌都获得中华医学会类似机构的认证。当大家都获得认证的时候,认证就不是一件很好的攻击武器了。

"防蛀不磨损"指向不明确

第一,佳洁士并没有指明到底哪些品牌采用的是会磨损牙齿材料的牙膏品牌,人们不会想到是防蛀第一品牌高露洁。这样的攻击对于高露洁来说毫无杀伤力。在佳洁士防蛀不磨损的广告出现没多久,所有高露洁的包装上都特别注明:"高露洁选用高档优质的洁齿材料,完全符合国家标准,不磨损牙齿,保持牙齿表面洁净光滑。"

第二,"不磨损"并不是一个非常有效的攻击点,因为一直以来人们都没感觉到牙膏会磨损牙齿,佳洁士防蛀不磨损的广告只是简单指明了有些牙膏会磨损牙齿,但是没有指明磨损牙齿的严重后果。

POP:POP是英文"point of purchase"的缩写,意为"卖点广告"。其主要商业用途是刺激引导消费和活跃卖场气氛。它的形式有展板、吊旗、价目表、户外招牌、橱窗海报、店内台牌甚至是立体卡通模型等等。常用的POP为短期的促销使用，其表现形式夸张幽默，色彩强烈，能有效地吸引顾客的视点，唤起购买欲。POP作为一种低价高效的广告方式已被广泛应用。

（选自2005年《人民文摘》第2期，原文出自2004年
第12期《经理人》，作者：黎初源）

课文练习

一、根据课文回答问题：

1. 佳洁士、高露洁在美国市场的发展情况如何？为什么佳洁士在美国市场取得了成功？
2. 为了占领中国市场，宝洁公司做了哪几个方面的工作？结果怎么样？
3. 佳洁士在市场推广上犯了哪些错误？
4. 佳洁士应该如何做才有可能避免在中国市场的失败？
5. 佳洁士的失败说明了什么道理？

二、熟读下列成语并各造一个句子：

　　一路领先　　改头换面　　一无是处

三、词语辨析与练习：

进军　进攻　攻击

"进军、进攻、攻击"这三个词都是动词。

"进军"语义重在"进"，确定目标，向目标前进；"进军"的对象可以是具体的表示方向、处所的名词，也可以是抽象的某个目标，但一般不能是人。"进军+X"可以变换为"向X进军"。当"X"比较长的时候，一般采用"向X进军"的形式。如：

(1) 据后来回忆，在**进军**大西南的路上，她第一次受到了大自然美的陶冶。

(2) 1月15日，俄罗斯特种部队士兵全副武装向达吉斯坦边境五一镇**进军**。

(3) 只有发展第一生产力，**进军**高科技，才能使红山村立于不败之地。

(4) 现在全社会都在提倡向科学**进军**。

"进攻"重在"攻"，接近敌人或竞争对手发动攻击，也可以用在政治斗争或体育比赛中。"进攻"的对象可以是国家、城市、人等。"进攻"还经常出现在定中结构中心语的位置上，如例（8）、（9）。

(5) 同年，秦国**进攻**赵国。

(6) 13世纪中叶，敌军**进攻**布鲁塞尔城，并要炸毁城内的珍宝馆。

(7) 1930年以后，他的部队被派去**进攻**中国共产党领导的红军。

(8) 面对强敌，希腊各国联合起来，终于粉碎了敌人的**进攻**，维护了主权的独立。

(9) 实力不如上海队的湖南队，被上海队的快速**进攻**打乱了阵脚。

"攻击"除用在军事方面外，还可以用于对别人恶意地批评指责。后一种用法中，不仅出现"攻击"的对象，还常常出现"攻击"的内容。"攻击"也经常出现在定中结构中心语的位置上，如例(13)、(14)。

(10) 他故意让19团晚20分钟发起**攻击**，迷惑敌人。

(11) 接着，英军精锐部队迅猛出击，进入突破口向纵深发展，并**攻击**敌后勤供给系统。

(12) 有人**攻击**她"好出风头"。

(13) 这时候，国内外的敌对势力发起了猛烈的**攻击**。

(14) 他的研究成果公布后，并没有引起科学界的重视，反而受到一些人的**攻击**。

占据　占领

"占据"、"占领"都是动词，都可以带阵地、场所之类的名词作宾语。不过，"占据"还可以表示"处在（某种地位或情况）"，"占领"还有"占有"之意。如：

(1) 教育在祖国建设中**占据**着重要的地位。

(2) 如果自己的科研成果不受社会欢迎，就无法**占领**市场。

策略　战略

"策略"是为达到某一目的而采取的行动步骤或计划,经常出现在定中结构中心语的位置。

"战略"指战争的方略,指导战争全局的计划和策略,还可以泛指重大的、带有全局性质的谋略。"战略"不仅可以作定中结构的中心语,还可以作定中结构的定语。

(1) 面对一种书很难有大订数的现实,出版社采取了三种**策略**。
(2) 他根据不同的情况,采取不同的**策略**。
(3) 波斯湾不仅盛产石油,而且占有很重要的**战略**地位。
(4) 中央提出要以极大的努力抓教育,并且从中小学抓起,这是有**战略**眼光的一着。
(5) 我们要改变以前的**战略**。
(6) 邓小平共富构想既是我国经济发展的大**战略**,也是缩小东西部地区差距的新思路。

次　遍　回

次:量词。

1. 用于可以重复出现的事物。

　　一**次**机会　　第二**次**世界大战

"次"后面可加"的"。如:

(1) 两**次**的申请书我们都收到了。
(2) 下**次**的会议准备在北京召开。
(3) 第三**次**的电报你们收到没有?

2. 用于可以重复的动作。

⊙ 动词+数词+次

(4) 问了一**次**,去过两**次**
(5) 这些话我都说过很多**次**了,他就是不听。

动词带宾语时,宾语可以在数量短语的前面。

(6) 我见过他一**次**。
(7) 老师表扬了李红好几**次**。
(8) 问过小李几**次**,他都不说。

也可以放在数量短语的后面。

(9) 去过两**次**杭州 进过几**次**城

(10) 我们一般每周开一**次**会。

(11) 问过几**次**小李，他都不说。

当宾语是人称代词时，宾语必须放在数量短语的前面。

(12a) 老师已经批评了他们好几**次**，但他们就是不改。

(12b) *老师已经批评了好几**次**他们，但他们就是不改。

(13a) 十年前，他曾经见过我一**次**。

(13b) *十年前，他曾经见过一**次**我。

⊙ 数词＋次＋动词

几**次**试验　一**次**解决　一**次**又一**次**地研究

"次"、"遍"与"回"有时可以通用。如，"你再唱一次"可以说成"你再唱一遍"或"你再唱一回"，意思基本不变。不过"遍"着重于动作从开始到结束的整个过程。"这本书我看了一遍"，是指从书的开头看到末尾的整个过程；但可以说："这本书我看了三次，还是没看完。"单纯表示动作的数量时，用"次"不用"遍"，如："敌人的三次进攻都被我们击退了。""次"与"回"的区别在于"次"既用于书面语又用于口语，"回"只用于口语。所以，"多次"、"数次"等带文言色彩的词语不能说成"多回"、"数回"。

辨析练习

选词填空：

| 进军 | 进攻 | 攻击 | 占据 | 占领 | 策略 | 战略 |

1. 随着经贸关系的扩展和实力的增强，他们又向实业界＿＿＿＿＿＿，短短数年间，就将公司扩大到制药、医疗、保健、金融、房地产等领域。

2. 到19时30分，我们的友军由南北＿＿＿＿＿＿，以便把敌人的炮火吸引到两边去。

3. 1986年，"环宇"成为电子行业第一个＿＿＿＿＿＿欧洲市场的企业。

4. 1786年秋，起义军先后在波斯顿、康科德、伍斯特等向法院＿＿＿＿＿＿，不断取得胜利。

5. 他知道，意见越具体越容易遭受＿＿＿＿＿＿，而且没有辩白的余地。

6. 哎，人和人之间不是互相瞧不起就是互相＿＿＿＿＿＿，一点真诚的感情都没有，哪像是一群人？

7. 在民间信仰中，天地信仰＿＿＿＿＿＿了重要的地位。

8. 许多台商以渐进方式，先＿＿＿＿＿＿具有经济价值的战略据点，有人称此为"跃岛战略"。

9. 即将问世的"绿丹兰"制定的市场战略是：创名牌企业，出名牌产品，＿＿＿＿＿＿中高档化妆品市场。

10. 传统的手工艺开发方式仍然＿＿＿＿＿＿统治地位。

11. 为了尝尝高风险挑战的刺激性，自今年1月下旬起，利森变换了经营＿＿＿＿＿＿，一改其以往一贯奉行的谨慎的、喜欢追逐蝇头小利的作风。

12. 与此同时，为了压低购买石油的价格，美国采取了少量采购的＿＿＿＿＿＿，从而导致国内石油库存量的大幅降低。

13. 开发区的建设，是一桩严肃而慎重的大事，应该有个＿＿＿＿＿＿设想，长远规划，短期安排，分步实施。

14. 我们一定要坚定不移地实施科教兴国＿＿＿＿＿＿。

四、语法讲解：

1 "一……就……"

(1) **一**上市**就**占据了大概10%左右的市场份额。

(2) 在霸主位置上，佳洁士**一**坐**就**是35年。

用在"一……就……"句中的前后两个动词可以相同也可以不相同。

前后两个动词不同，表示一种动作或情况出现后紧接着发生另一种动作或情况。这两个动词可以共属一个主语，也可以分属两个主语。

(3) 他**一**有时间**就**看电视。

(4) 门**一**推**就**开。

（5）他一解释我就懂了。

前后两个动词相同，共用一个主语，表示动作一经发生就达到某种程度，或有某种结果。如：

（6）他只要一讲就能讲上四五个小时。

（7）我们在乡下一住就住了五年。

（8）他一猜就猜中了。

后一个动词常可省略，或者用"是"来代替。如：

（9）他一写就一大篇。

（10）他一讲就是四五个小时。

2 "被……所……"

（1）千万别正面攻击已被强大对手所占据的山头。

"被……所……"是被动句的一种，一般只在书面语中使用。常见的格式是"动作的接受者（NP）＋被＋动作的发出者（NP）＋所＋动作（VP）"。

普通被动句中，动词后面有补语或"着、了、过"等其他成分，"被"后面的名词短语（NP）有时可以省去。

（2）凶手被抓到了。

（3）你的建议已经被采纳了。

但是在"被……所……"格式中，"被"后面的NP不能省去，动词后边不再带其他成分。

如果句中的动词是单音节动词，"所"字必不可少，这时会表现出比较浓重的文言色彩。如果句中的动词是双音节动词，那么"所"字可以不出现。

（4a）他们被风雪所阻，不得不回到宿营地。

（4b）＊他们被风雪阻，不得不回到宿营地。

（5a）我们不能被表面现象所迷惑。

（5b）我们不能被表面现象迷惑。

（6a）这一点已被广大教职工所理解。

（6b）这一点已被广大教职工理解。

类似的格式还有"为……所……"、"由……所……"、"受……所……"等。

（7）即使这样一片荒凉的沙丘，也成了那些为生计所迫的灾民寻觅的宝地。

（8）龙王信仰兴起之后，这些神就为龙王所取代，影响逐渐缩小。

（9）他所面临的问题都是由自己的选择所造成的。

（10）局势的发展变化是由各种因素所决定的。

(11) 一名合格的村干部，首先要想群众所想，急群众所急，为群众办实事，**受**群众**所**拥护，特别要带领群众发展经济，把群众引上致富之路。

(12) 闻一多先生是一位不**受**物欲**所**诱惑、老死坚守岗位的卓越战士！

3 支

(1) 佳洁士成为第一支被世界权威牙防组织——美国牙医学会（ADA）认可的防蛀牙膏。

支：量词。一般用于杆状物；还可以用来修饰队伍、歌曲或乐曲等。如：

一支枪　　一支队伍　　一支歌曲　　一支钢笔

语法练习

一、用"一……就……"、"被……所……"造句：

二、选用正确的量词填空：

支　次　遍　回　个　种

1. 他们的领土有四五_____篮球场那么大。
2. 她的美丽举世无双，但却是一_____邪恶之美。
3. 他还是第一_____走进这片原始森林。
4. 爸爸又把我抱到骆驼背上，唱起那_____我熟悉的歌。
5. 在那个年代，吃饭就是_____大问题。
6. 他于是又换了一_____语气，笑嘻嘻地说……
7. 家长大都有这样的经历：把一个故事给孩子讲了好几_____，已经有点不耐烦了，孩子还在催。
8. 贝蒂丝毫无孤身陷入重围的那_____恐惧感，反而泰然地坐了下来。
9. 我当时就不由自主地打了一_____寒战。
10. 我点燃了一_____烟。

11. 现在，我想请大家帮助解决两_____问题。
12. 他马上意识到发生了怎样的危险，但他挣扎了几_____都未能起身。
13. 左右两声锣响，两旁杀出两_____人马。
14. 第二天，有人问起，他又把这档事从头至尾学说了一_____，有声有色。
15. 再一_____见到他是在一_____美丽的清晨。
16. 他不过在操作和游戏，游戏也有好多_____，热情的游戏，冷漠的游戏，痛苦的游戏……
17. 上_____你说得对，不完全是客观，应该从主观上找原因。
18. 那时他没有感觉到这_____价值，没有想得更多。
19. 大幕拉开，剧场的前半部分再_____被映亮。
20. 这_____我们一定要好好干它一场。

字词扩展练习

仿照例子组词，并从中选择10个词造句：

知名度	___度	___度	___度	___度
试用率	___率	___率	___率	___率
有效性	___性	___性	___性	___性
经营者	___者	___者	___者	___者

阅读扩展及泛读练习

高露洁：专注是我们的撒手锏

作为一家已经有着近200年的历史，年销售额已达94亿美元的全球消费品公司，高露洁在中国一直坚持强化产品品牌而弱化公司品牌的战略，即便被人们误以为高露洁是宝洁公司的一个品牌，高露洁也没有急于在中国开展多元化经营，而是先专注于高成长性的口腔和个人护理产品市场，这也是高露洁在中国获得成功的主要原因。近日，记者就相关问题专访了美国高露洁棕榄公司大中国区副总裁兼总经理方宝惠。

记者：虽然人们对高露洁牙膏很熟悉，但对于它背后的公司背景似乎非常模糊，甚至不少人认为高露洁也是宝洁旗下的一个品牌，你觉得高露洁在塑造公司形象方面是不是投入得太少了？

方宝惠：我也遇到过被别人误解的情况，不过我倒认为事情没有这么严重。一个公司的品牌最终还是为产品服务的，广告费用应投入在品牌建设方面，不应该过多地用在公司身上，让消费者更多地了解你的产品不是更直接更有效吗？

记者：在全球市场上，高露洁产品分为五大类：口腔护理品、个人护理品、家居护理品、织物护理品和宠物食品，但在中国市场，很多产品都没有大力去发展，而是集中在口腔护理品上，是不是缺乏开拓精神？

方宝惠：其实开拓并不是最难的，比如想多做一些产品，会有很多人赞成，因为会有更多的机会产生，但是，选择不做更需要有成熟理智的心态。我们的确有很多好的产品，在很多办公室都摆着，比如宠物食品、家居用品，但是我们经过调查分析，很多领域的竞争已经很激烈，并不适于进入。

记者：自从鲁宾接掌了高露洁CEO一职，公司的毛利率从最初的39.2%一直飙升至2000年的54.4%。有人说，高露洁一方面是在生产牙膏，一方面是在"挤牙膏"，也就是从节约一点一滴的成本来提高利润率，你同意这种说法吗？

方宝惠：能不能"挤出牙膏"也能够证明管理层的能力。高露洁不断从小处着手提高效率。高露洁的管理层并不只是高高在上大谈特谈公司的宏观策略，他们还会亲自参与到一些细节的讨论中来。

记者：开源与节流哪一个更重要呢？

方宝惠：虽然在生产过程中节省每一分钱的成本令高露洁大获成功，但这绝对不是公司致胜的唯一原因。高露洁的另一个撒手锏是，专注而全速地发展高利润业务。公司超过一半的销售额来自于口腔护理和个人护理用品。

记者：高露洁进入中国已经10年了，在消费者心目中，高露洁成了"专业口腔护理"的代名词。高露洁是如何成功营造这一形象的呢？

方宝惠：高露洁一直十分注重与口腔专业人士的良好合作，在多个国家获得众多牙医学会的广泛认可。在中国，我们与中华预防医学会、中华口腔医学会和全国牙防组等专业团体合作。我们一起进行非常实际的项目，针对儿童有"甜美的微笑、光明的未来"口腔健康教育活动，针对西部有"口腔保健微笑工程西部行"等等。如今，一提起口腔护理，人们很自然想到的就是高露洁。

（选自2003年4月22日《中国经营报》，有删节）

从ＡＢＣＤ四个选项中选出正确的一个：

1. 和"自从鲁宾接掌了高露洁CEO一职"中"接掌"意思差不多的词语是（　　）

    A. 接待　　B. 掌握　　C. 担任　　D. 管理

2. 高露洁在中国取得了成功，最主要是因为：（　　）

    A. 高露洁强化产品品牌的同时强化公司品牌

    B. 高露洁富有开拓精神，大力开发各种护理品和宠物食品

    C. 高露洁既注意节约成本以增加利润，又注意增加品种以提高销售额

    D. 高露洁集中于口腔和个人护理产品市场的发展，没有开展多元化经营

3. 下列哪一种说法是正确的？（　　）

    A. 消费者很清楚，高露洁不属于宝洁公司

    B. 高露洁认为广告费用投在品牌建设方面，可以让消费者更好地了解产品

    C. 高露洁没有进入宠物食品、家居用品领域，是一个失误

    D. 10年前，高露洁就是"专业口腔护理"的代名词

第4课 佳洁士——迟到者的失败

记者：开源与节流哪一个更重要呢？

...

目，针对儿童有"甜美的微笑、光明的未来"口腔健康教育活动，针对西部有"口腔保健微笑工程西部行"等等。如今，一提起口腔护理，人们很自然想到的就是高露洁。

（选自2003年4月22日《中国经营报》，有删节）

1. 和"自几年宗校掌了高露洁CEO一职"中"掌管"意思差不多的词
   A. 接待　B. 掌握　C. 担任　D. 管理
2. 高露洁在中国取得了成功，最主要是因为（　）
   A. 高露洁强化产品宣传的同时强化企业宣传
   B. ...
   C. 高露洁很注意节约成本以省出预算开支，又注意增加销售以促销售额
   D. ...

   A. 消费者很清楚，高露洁不属于宝洁公司
   B. 高露洁认为广告费用投在品牌建设方面，可以让消费者更好地了解
   C. 高露洁没有进入宠物食品、家居用品领域，是一个失误
   D. 10年前，高露洁就是"专业口腔护理"的代名词

93

	注 音	词 性	释 义
7. 感叹	gǎntàn	动	因为对某事或某物有感想而发出叹息。

(1) 他感叹地说:"时间过得真快呀,五十年过去了。"
(2) 他看到兵马俑后一直感叹"不得了,不得了!"

8. 如数家珍	rúshǔjiāzhēn		像数家里很贵重的宝贝一样,形容对所说的事物或故事很熟悉。

(1) 他对中国非常熟悉,讲起中国的历史故事来如数家珍。
(2) 关于这个问题,他如数家珍,可以一连讲上数个小时。

9. 发掘	fājué	动	发现埋藏在地下的东西并显示出来,也可以指发现某人的才能。

(1) 一个偶然的机会,科学家们发掘出一个地下迷宫。
(2) 她的公关才能是她的老板发掘出来的。

10. 修复	xiūfù	动	经过修理、修补使某物和原来一样。

(1) 今年雨水很大,一部分河堤被冲坏了,政府正加紧修复。
(2) 由于历史的原因,两国已断交二十年,后来因为双方共同努力,两国关系终于得到修复。

11. 推算	tuīsuàn	动	根据已经知道的数据计算出有关的数据。

(1) 她根据实验得出的数据进行推算后,证明结论是可靠的。
(2) 她推算了一下,还有12天她的孩子就出生了。

12. 史	shǐ	名	历史。

(1) 很多外国同学都很喜欢中国的文化史。
(2) 他在加拿大是研究思想史的。

13. 清新	qīngxīn	形	让人感到清爽、舒服而新鲜。

(1) 刚下过雨,空气很清新。
(2) 他清新的写作风格受到了大多数读者的欢迎。

14. 技艺	jìyì	名	技术性很高的表演艺术或手工艺。

(1) 作为一个演员,她的表演技艺很高超。
(2) 他精湛的技艺赢得一阵阵掌声。

	注 音	词 性	释 义
15. 高低	gāodī	名	高和低的程度。
	(1) 唱歌时，要掌握好声音的高低。		
	(2) 这两幅画，表面上看不出什么不同，专家一看，就能看出水平的高低了。		
16. 突飞猛进	tūfēiměngjìn		形容事业、学习、感情等发展得很迅速，进步很快。
	(1) 由于有了正确的学习方法，他的汉语突飞猛进。几个月后，他就能和中国人进行流利的对话了。		
	(2) 虽然才认识几个月，但是他们的感情突飞猛进地发展，现在已经开始谈婚论嫁了。		
17. 描述	miáoshù	动	生动形象地描写或叙述。
	(1) 你能不能给我们描述一下你在中国的学习、生活情况？		
	(2) 他生动地描述了那件事的经过。		
18. 史实	shǐshí	名	历史事实。
	(1) 只有中国共产党才能救中国，这是经过史实证明的真理。		
	(2) 这部电影经过了编剧的加工，和史实有很大的差别。		
19. 谜	mí	名	还没有弄明白的或者很难理解的事物。
	(1) 这个问题到现在还是一个谜，谁也弄不明白。		
	(2) 他就是一个谜，大家都不了解他。		
20. 远远	yuǎnyuǎn	副	强调程度很高或数量很大，表示数量时相当于"大大"。
	(1) 他把大家远远地甩在了后面。		
	(2) 他远远地超过了你。		
21. 涉及	shèjí	动	关系到。
	(1) 这件贪污案错综复杂，涉及到许多人。		
	(2) 那件事涉及到很多问题，所以一下子说不清楚。		
22. 锋利	fēnglì	形	（工具、武器等）很尖，很薄，容易刺入或切入物体，也可以形容说话或写文章很深刻。
	(1) 这把刀很锋利，小心别割破了手。		
	(2) 他说话很锋利，几句话就能抓住事物的本质。		

第5课　世界第八大奇迹——兵马俑

	注　音	词　性	释　　义
23. 光亮	guāngliàng	形	干净明亮。

(1) 这是他们家新买的家具，油漆刷得很光亮。
(2) 一到家，你就能看到光亮的地板和透明的窗户。

24. 检测	jiǎncè	动	检验测定。

(1) 通过仪器检测，她确实得了肝癌。
(2) 这些食品在上市前，都经过了严格的检测，可以放心食用。

25. 以往	yǐwǎng	名	以前；过去。

(1) 这家商场的衣服质量比以往有了很大的提高。
(2) 根据以往的经验，我们最好不要做这件事。

26. 工艺	gōngyì	名	把某种材料加工成产品的工作、方法、技术等。

(1) 制作这个陶瓷的工艺很复杂。
(2) 一看就知道这是中国的特有工艺。

27. 模拟	mónǐ	动	模仿。

(1) 今天我们模拟考试，大家要像真正的考试一样认真对待。
(2) 小孩子总喜欢模拟大人的动作。

28. 加热	jiārè	离合	使物体的温度增高。

(1) 这种食品一定要加热以后再吃，要不，会生病的。
(2) 如果把酒精在火上加热，它就会蒸发得很快。

29. 摩擦	mócā	动、名	物体和物体紧紧接触，来回移动，也可指个人或团体之间的矛盾冲突。

(1) 摩擦可以产生热量。
(2) 两国之间的小摩擦是可以解决的。

30. 样品	yàngpǐn	名	做样子的东西，常用于商品。

(1) 本品非样品，非买勿摸。
(2) 展览室里摆放着许多样品。

31. 马车	mǎchē	名	马拉的车。

(1) 农民们用马车把新鲜的蔬菜运到城里。
(2) 小时候，我常常坐着马车到城里玩。

	注音	词性	释义
32. 组合	zǔhé	动、名	把东西或人组织起来成为一个整体；组合起来的一个整体。

(1) 这本书是由三部分组合而成的。
(2) 她们三人因为都喜欢唱歌走到了一起，被称为"三人组合"。

33. 千疮百孔	qiānchuāngbǎikǒng		形容破坏得很厉害。

(1) 由于战争的破坏，这个国家的经济已经千疮百孔。
(2) 几年来，她忍受了丈夫无尽的侮辱和伤害，身心已千疮百孔，现在终于结束了。

34. 软化	ruǎnhuà	动	由硬变软；使软化。

(1) 你的头发太硬了，需要先软化一下才能烫。
(2) 人老了，容易得骨质软化症。

35. 掺	chān	动	把一种东西混合到另一种东西中去。

(1) 这种油不好，里面掺着一些杂质。
(2) 别把这两种食品掺在一起吃，这样会中毒的。

36. 砂	shā	名	细而小的石粒，也指某些细而小的东西。

(1) 白砂糖营养丰富，受到了人们的喜爱。
(2) 那只是一个砂眼，不是什么大毛病。

37. 诸如此类	zhūrúcǐlèi		举例用语，指相似的种种事物。

(1) 一年来，学校领导为职工做了不少实事，美化校园、改善教师办公条件、建新食堂，诸如此类。
(2) 王大妈是居委会的主任，整天做一些调解邻里纠纷、夫妻矛盾，还有很多等诸如此类的小事，乐此不疲。

注释词表

生词	注音	释义
1. 兵马俑	bīngmǎyǒng	古代工匠制成的兵马形象的陶俑。
2. 陶俑	táoyǒng	课文中指兵马俑。俑,埋在地下的石头或土做的人像。
3. 宫廷	gōngtíng	皇帝居住的地方。
4. 英武	yīngwǔ	多形容男子长得很英俊,做事很勇敢。
5. 军阵	jūnzhèn	古代军队打仗排列的队形。
6. 阵型	zhènxíng	古代军队排列的形状。
7. 南北朝	Nánběicháo	中国古代的一个朝代。
8. 秦	Qín	中国古代的一个朝代。
9. 写实	xiěshí	真实地描绘事物,常用来指画画、写作等。
10. 秦俑	Qínyǒng	即秦兵马俑。
11. 写意	xiěyì	一种绘画技法,注重表现人的神态和情趣。
12. 生锈	shēng xiù	铜、铁等金属表面在潮湿的空气中被氧化形成的物质。
13. 规整	guīzhěng	整齐。
14. 铬	gè	一种金属。
15. 冶金	yějīn	把矿石中的金属提取出来。
16. 流程	liúchéng	工业品生产中,从原料到制成品所需要的程序的安排,也叫工艺流程,也可指水流的路程。
17. 浇铸	jiāozhù	把熔化了的金属等倒入模型,做成物件。
18. 锻造	duànzào	在很高的温度下用锤子打击,使金属的东西改变它的形状和大小等。
19. 火候	huǒhou	烧火时的火力大小和时间长短。

课文　世界第八奇迹——兵马俑

阅读提示

30年前,兵马俑博物馆所在地还是一片田地,1974年3月29日,临潼县西杨村的农民在打井时挖出了秦俑的陶片。

1979年10月,距西安市区42公里处的秦始皇兵马俑博物馆正式对外开放。开放前时任法国总理的希拉克访华,他说:"世界上有七大奇迹,秦俑坑的发现堪称第八大奇迹。"

如果把兵马俑和古希腊、古罗马的雕塑放在一起,可能看不出兵马俑在艺术方面的精美,兵马俑胜在"奇"上。它究竟是怎样的奇法?刚刚退休不久的兵马俑博物馆老馆长袁仲一先生,以一种非常自豪的口吻说——

"我也作过一些思考,为什么说兵马俑是个奇迹?我总结出了三个字:大、多、真。大就是陶俑像真人真马一样大小,过去我们在博物馆里经常看到一些陶俑,但都比较小,一般都二三十厘米,最多也就六七十厘米。兵马俑和真人一样大小,在感官上超过了人们的想象。量达到一定程度的时候在感官上发生一定变化,它会自然地产生一种力量和艺术上的崇高感。兵马俑1、2、3号坑出土的达到8000多件,仅1号坑就有6000多件,大气磅礴。

从兵马俑被发现开始,袁馆长就一直没离开过这个地方,别看挖出来的文物有8000多件,他都能如数家珍般

说得很具体。他介绍说:"兵马俑都是一个个雕出来的,不是用模子做出来的,雕塑的人很多。据我初步统计,发掘和修复过程中,发现制作者的名字有87个。这些人都是老师傅了,下面还有一些徒弟。我推算了一下,一个老师傅带着10个徒弟,就是870个人。我估计有上千人参加了这个工作,在中外雕塑艺术史上这都是奇迹。由于制作的人很多,一个人一个风格,有中央宫廷的工匠,也有来自全国各地的工匠。一般人看兵马俑觉得都差不多,由于我们搞的时间长,能看出是什么人做的。宫廷工匠制作的作品从形象来说都是大力士,非常英武;来自民间的工匠制作的风格比较清新活泼,高矮胖瘦都有,这跟他们的生活环境有关系。从整体看,宫廷工匠的技艺水平高一些,比较熟练一些;民间工匠水平有高有低,这主要体现在身体的比例上,比如胳膊的长短不一,手的大小不一样;另外从面部表情上也可以看出水平的高低。所以,希拉克提出了是世界第八大奇迹,全世界的人都接受了。"

兵马俑的发现使人们对秦代历史研究突飞猛进,比如对古代军阵的研究,在军事史上有很多参考价值。关于古代军阵的记载,古书上有各种各样的描述,可具体阵型怎么排列,史书上缺乏具体描述,兵马俑被发现以后,提供了很生动的具体例子。

当然,出土文物在证实一些史实的同时,也同样给专家学者带出更多的问题。兵马俑由于土量之大及其特殊的时代背景,它制造出的未解之谜远远多于任何其他出土文物。这些谜团涉及到政治、社会、科技、文化等方方面面。袁馆长说:"过去认为中国的雕塑艺术是在南北朝以后佛教传入中国才真正发展起来的。兵马俑被发现以后,可以看出中国的雕塑艺术远在秦代就已经达到了很高的成就。古代民间雕塑有六法:堆、塑、捏、贴、画、刻,兵马俑上都用到了。另外从雕塑风格上讲,秦俑的雕塑艺术与西方有所不同,西方是高度的写实,秦俑不是这样,它写实,但带着一定的写意。"

在兵马俑坑出土的青铜剑,出土的时候都非常锋利,基本上光

亮如新,有的根本没有生锈,制作得也非常规整。经过检测,它表面上经过了铬盐氧化处理。根据以往的记录,这种技术德国在1937年发明,美国在1950年发明,但两千多年以前,中国就掌握了这门技术,真是冶金史上的奇迹。"出土的青铜剑在古代到底是怎样的工艺流程?有人做过各种模拟性实验,北京冶金技术研究院做过一个实验,用老陈醋、土硝和铬矿石加在一起加热,加热到800度,变成液体,涂在剑的表面。他们的模拟实验我看过,但是古代是不是就是这样做的?不清楚。有人还用蓝宝石在剑的表面上摩擦,可以把铬涂在剑的表面上。这个样品我看到了,也不错,但古代是不是这样搞的,也很难说。"袁馆长说。另外,像出土的铜马车,一辆车有三千多个零部件,组合起来非常复杂。它的车盖有2平方米,厚度有2~4毫米,是浇铸成的,这对温度的要求非常严格,过高过低都会"千疮百孔"。还有车上的伞,首先浇铸成铜块,边上用锻造技术,这涉及到合金量的比例,如果含锡量过多或过少都不行。

　　袁馆长还介绍:"兵马俑的制作也是个问题,这么大是怎么制作出来的?现在做都是分节做的,烧出来之后堆在一起的。那时候是整个烧出来的,有两个问题不好掌握,泥巴从湿到干的收缩比例怎么掌握?烧制过程中软化到硬结的收缩比例怎么掌握?还有兵马俑有的地方厚,有的地方薄,薄厚同时放到窑里烧,怎么掌握火候?还有泥巴,掺的石英砂的比例怎么掌握?"诸如此类的技术问题,在当时都是怎么解决的?至今还没有搞清楚。

　　　　　　(选自2004年3月31日《三联生活周刊》,原题为
　　　　　　《兵马俑三十年》,作者:王晓峰,有删节)

第5课 世界第八大奇迹——兵马俑

课文练习

一、根据课文回答问题：

1. 为什么兵马俑被称为世界第八大奇迹？
2. 你认为兵马俑和世界其他七大奇迹相比有哪些地方相同，有哪些地方不同？
3. 兵马俑的发现在历史方面有哪些价值？
4. 兵马俑是如何制造出来的？你认为现在的人们能制造出兵马俑吗？
5. 古代的人们创造了世界八大奇迹，有些现在已经不能再重造了，你认为其中的原因是什么？古人比现在的人聪明吗？

二、词语辨析与练习：

制作　制造

"制作"和"制造"都可以表示用手工的方式把原材料变为可使用的物品。"制作"既是名词也是动词，其宾语一般为较小的物品；"制造"的宾语为手工业品或机械化产品，或抽象事物，"制造"还可表示因为某人的参与使某种气氛或局面更不好。

"制作"可以和"手工、飞机模型、家具、插图"等词语搭配。例如：

(1) 这所学校，从小学二年级起，老师就教学生们手工**制作**，培养学生动手的能力。
(2) 这个小伙子会**制作**家具。
(3) 这种工艺品，只有中国才能手工**制作**。
(4) 他在公司的工作就是**制作**插图。
(5) 就这样一个小玩具，**制作**的时间需要一个月。

"制造"可以和"机器、肥料、麻烦、纠纷、气氛、矛盾、舆论"等词语搭配。例如：

(1) 这儿已经够乱了，你就别再**制造**紧张气氛了。
(2) 经过几年的努力，爸爸和他的同事们**制造**出一种新型飞机。
(3) 这种新**制造**出来的电视机受到了大家的欢迎。
(4) 他的失踪给家人**制造**了巨大的难题。

(5) 人们的粗心大意给坏人**制造**了犯罪的机会。

提供　供给　供应

这三个词都表示把某物给某人，但意思各有不同。"提供"指给某人一些意见、资料、条件、经验等；"供给"指把生活中必需的东西给某人，让某人使用，可以作名词，也可以作动词；"供应"指以物资满足需要。

"提供"一般为提供经验、建议、援助、资料、意见等。例如：
(1) 海啸给印度尼西亚人民带来了巨大的损失，我们有必要对其**提供**人道主义的援助。
(2) 他把自己多年的养鸡经验免费**提供**给农民。
(3) 本饭店茶水免费**提供**。
(4) 他给我们**提供**了宝贵的意见。

"供给"一般为供给生活用品、粮食等。例如：
(5) 今年夏天南方各地受到大面积洪水侵袭，政府及时给当地人民**供给**了生活用品、粮食等。
(6) 师范院校学生的生活费用是由国家**供给**的。
(7) 大自然**供给**我们大量的水草。
(8) 灾区人民的生活用品是他们**供给**的。

"供应"则为军需供应、武器供应等。例如：
(9) 战争期间，军需**供应**充足是取得胜利的保证。
(10) 市场**供应**充足。
(11) 发展生产才能保证**供应**。
(12) 农业搞不好，粮食**供应**就紧张。

发掘　挖掘

二者都可表示使隐蔽的东西显示出来。"发掘"是发现埋藏在隐蔽的地方的东西并让它显示出来，这种东西一般是有价值的；"挖掘"是用工具或手把东西挖出来。

"发掘"一般是发掘宝藏、潜力、人才等。例如：
(1) 人的潜力是**发掘**不尽的。
(2) 近年来这一地方兴起一股**发掘**宝藏之风。

(3) 每年毕业生快毕业时,各个单位都争着到各高校去**发掘**人才。
(4) 为了得到第一手的材料,他到各地农村去**发掘**。
"挖掘"一般为挖掘坟墓、文物等。例如:
(5) 这座古墓曾经被人**挖掘**过,受到了严重的损坏。
(6) 他们从土里**挖掘**出来很多珍贵的历史文物。
(7) 他们使用的是最先进的**挖掘**工具。

清新　新鲜

"清新"指清爽而新鲜,可指空气也可指文章的风格;"新鲜"可以指没有变质的食物,也可指少见的、出现不久的东西或事情。
"清新"一般指空气、写作风格、色调、活泼等。例如:
(1) 他的画色调**清新**,给人一种独特的感受。
(2) 雨过天晴后,空气格外**清新**。
(3) 这里的环境给人一种**清新**的感觉。
(4) 这是一个青年作家写的作品,他的语言特别**清新**。
"新鲜"一般指水果、蔬菜、血液、事情等。例如:
(5) 自从新的领导班子上任以来,村子里发生了许多**新鲜**事。
(6) 老年人要常吃**新鲜**的水果,延年益寿。
(7) 电视现在已经不是什么**新鲜**东西了。
(8) 昨天的剩菜别吃了,已经不**新鲜**了。

精美　精彩　精致

"精美"指物品做得很细致,很漂亮;"精彩"则指表演、讲话、文章等很优美,出色;"精致"形容某种东西精巧细致。
"精美"可以指包装、礼品、工艺品等。例如:
(1) 这个商品的包装很**精美**。
(2) 我生日那天,男朋友送给我一份**精美**的礼物。
(3) 这件衣服设计得相当**精美**。
(4) 大厅里展出的都是**精美**的手工艺品。
"精彩"常指讲话、表演、节目等。例如:
(5) 他**精彩**的讲话赢得了一阵又一阵热烈的掌声。
(6) 杂技学校的同学们为我们表演了**精彩**的节目。

(7) 今天是我看到的最**精彩**的足球赛。
(8) 今晚的演出十分**精彩**。

"精致"多指花纹、做工等。例如：

(9) 这件衣服做工**精致**，美观大方，要1000元也值。
(10) 他送给太太的结婚礼物是一枚相当**精致**的戒指。
(11) 看，那件玉器上的花纹多**精致**呀。
(12) 他家客厅的摆设**精致**极了。

检测　检查　检验

三个都是动词，"检测"指通过检验而测定，一般指测量成分、含量等；"检查"是指为了发现问题而用心查看；"检验"指检查验看，一般和质量、产品等词搭配。例如：

(1) 通过雷达**检测**，有不明物体正高速向地球飞来。
(2) 汽车出厂时都要做一下尾气**检测**。
(3) 科学家每天都要**检测**一下水位。
(4) 学习汽车驾驶需要进行身体**检查**。
(5) 你去**检查**一下他们的卫生搞得怎么样。
(6) 你一件一件地**检查**一遍，东西肯定没有丢。
(7) 幼儿园的孩子们吃了午饭以后腹泻不止，医生们正对今天的午饭进行**检验**。
(8) 这批产品已经**检验**过了，没有问题。
(9) 他严格地**检验**了产品的质量。

辨析练习

选词填空：

制作　制造　提供　供给　供应　发掘　挖掘　清新
新鲜　精美　精彩　精致　检测　检查　检验

1. 这家工厂_____的家具真好，又大方又漂亮！

第5课 世界第八大奇迹——兵马俑

2. 一伙恐怖分子＿＿＿＿＿了这起爆炸事件。
3. 这些造型奇特、栩栩如生的小手工艺品都由当地人手工＿＿＿＿＿。
4. 我要回国了，小丽送给我一条她亲手＿＿＿＿＿的挂毯。
5. 这些研究经费由某一国际基金委员会＿＿＿＿＿。
6. 他总是为大家着想，时时为大家＿＿＿＿＿方便。
7. 我们对这儿的情况不太熟悉，你能给我们＿＿＿＿＿一些建议吗？
8. 虽然已经进入冬季，但市场上蔬菜、水果＿＿＿＿＿仍很充足。
9. 现在市场上的商品货源充足，一般都是＿＿＿＿＿大于需求。
10. 这个国家在战争期间，曾经实行过＿＿＿＿＿制。
11. 他的表演才能是导演＿＿＿＿＿出来的。
12. 他们欣喜若狂地高呼起来，因为在那儿他们＿＿＿＿＿出大批金币。
13. 只有不断＿＿＿＿＿人才，利用人才，才能立于不败之地。
14. 她的潜力不是一朝一夕＿＿＿＿＿出来的，需要各种因素的综合作用。
15. 这位作家一向以＿＿＿＿＿的写作风格著称。
16. 这个年轻人为这间本来沉闷的办公室注入了＿＿＿＿＿的气息。
17. 这儿的蔬菜又＿＿＿＿＿又便宜，真是不错！
18. 烦恼的时候，我常常去海边，让＿＿＿＿＿的空气去整理我烦乱的思绪。
19. 李连杰的电影真是＿＿＿＿＿。
20. 她的画很＿＿＿＿＿，每根头发都画得清清楚楚。
21. 玛丽要回国了，我送给她一份＿＿＿＿＿的有中国特色的手工艺品，希望她能喜欢。
22. 她＿＿＿＿＿的孔雀舞表演赢得了阵阵掌声。
23. 这只小木船做工很＿＿＿＿＿。
24. 实践是＿＿＿＿＿真理的唯一标准。
25. 他发烧很厉害，快带他去医院＿＿＿＿＿一下吧。
26. 请＿＿＿＿＿一下5号船的位置。

三、语法讲解：

1 以一种非常自豪的口吻说

"以"，介词，表示一种手段、方式、身份等，相当于"用、拿"，后常接名词性宾语，多用于书面语。例如：

（1）他**以**人格发誓他没偷那本书。

(2) 我是**以**朋友的身份来参加这个晚会的。

另外,"以"还有以下用法:

(1) 表示按照,根据。例如:
　　① 我们交朋友时不能**以**貌取人。
　　② 客观规律是不**以**人们的意志为转移的。
　　③ 我们要**以**高标准来严格要求自己。

(2) 连词,表示目的,相当于"为了"。连接两个分句,用在后一个分句开头。例如:
　　① 我们要迅速发展经济,**以**提高人民的生活水平。
　　② 我们一定要调动一切积极因素,**以**提高粮食产量。

(3) 表示原因,相当于"因为"。后面有时有"而"。例如:
　　① 我们**以**这样的英雄而自豪。
　　② 安徽祁门**以**盛产红茶而闻名。

2 量达到一定程度的时候在感官上发生一定变化

"达到",到某个目标或某种程度,后面可带名词、动词、形容词等作宾语,一般是比较抽象的东西。例如:

(1) 大家的意见最后**达到**了一致。

(2) 我们已经**达到**了我们的目的。

注意:

(1) 中间可以加入"得、不"等词,表示可能。例如:
　　① 这个目标我们完全**达得到**。
　　② 老板的要求太高了,恐怕**达不到**。

(2) 其近义词是"到达",二者都有"到"的意思,但有区别:"达到"是动补结构,"到达"是动词。"达到"中间可以加入"得、不",表示可能;"到达"中间不能加入任何成分。"达到"侧重指到了某个目标或某种程度,宾语常为"目的、水平、程度、标准、要求、理想"等;"到达"侧重指到了某一地点或某一阶段,宾语多为"学校、机场、目的地"等表示处所的名词或"共产主义、理想境界"等表示某一阶段、状态等的名词。

3 邓小平当年看到后一直感叹"不得了,不得了"

"不得了"可表示情况很严重,没法收拾。一般用于无主语的句子;有时前面可有说明情况的句子,"不得了"前常有副词"可、更、就、才"。例如:

(1) 天哪！**不得了**啦！出大事啦！
(2) 这可**不得了**，发这么高的烧，还不快送医院！
(3) 千万别让他知道，要是他知道了更**不得了**了。
(4) 幸亏发现得及时，不然着起火来才**不得了**呢。

也表示程度很深。常用于"得"字句，放在"得"的后边。

(1) 今年冬天冷得**不得了**。
(2) 妈妈病了，她急得**不得了**，快去劝劝她。
(3) 去四川旅游的时候，我把数码相机丢了，心疼得**不得了**。

比较："不得了"和"了不得"

① "了不得"的主语一般是名词性的，"不得了"一般没有名词性主语。

② "了不得"可作定语，在否定句或反问句中前面常有"什么"，"不得了"一般不作定语。例如：这又不是什么了不得的事，何必那么着急？（不能用"不得了"）

③ "了不得"可以作"有（没有）"的宾语，"不得了"不可以。例如：我看没有什么了不得的，不用大惊小怪。（不能用"不得了"）

④ 大多数形容词带"得"后，可带"不得了"或"了不得"，意思差不多。例如：他高兴得不得了。＝他高兴得了不得。

4 他都能如数家珍般说得很具体

"般"，指"像……一样"，常用在其他词后面表示两种事物有相似的地方。例如：

(1) 玛丽长得洋娃娃**般**可爱。
(2) 听说外面着火了，他像箭**般**地冲了出去。
(3) 表演结束了，学生们发出雷鸣**般**的掌声。

5 出土文物在证实一些史实的同时，也同样给专家学者带出更多的问题

"在……同时"，表示动作行为在同一个时间发生。整个格式在句中作状语，"在"可以省略。例如：

(1) **在**抓产品数量的**同时**，一定要注意产品的质量。
(2) 这次讲话**在**肯定成绩的**同时**，也指出了缺点和错误。
(3) 医生嘱咐他**在**吃药的**同时**，还要注意休息。
(4) 这篇文章**在**列举大量材料的**同时**，还作了精辟的分析。
(5) 他**在**搞好本职工作的**同时**，还搞些业余的文学创作。

6　至今还没有搞清楚

"搞",动词,相当于"做,干"等动词,常随着不同的宾语而有不同的意思。例如:

搞对象(找结婚对象)

搞关系(拉关系)

搞科学工作(从事科学工作)

(1) 后面可带名词宾语。例如:
　① 我们**搞**了一个初步方案,您看可行不可行?
　② 他是**搞**设计的,我是**搞**施工的。
　③ 你**搞**什么鬼?

(2) 后面可加表示结果的补语。例如:
　① 这道题你**搞**明白了吗?
　② 他不小心把钥匙**搞**丢了。

(3) 后面可加表示趋向的补语。例如:
　① 我们一定要把国民经济**搞**上去。
　② 试验要**搞**下去,不能半途而废,一定要**搞**出结果来。

语法练习

一、仔细辨析括号中的词语,并从中选择合适的填空:

(1) 为了(　)那个目标,他们夜以继日地工作着。(A.达到　B.到达)

(2) 一批来自加拿大的留学生于5月7日(　)了石家庄。
　　(A.达到　B.到达)

(3) 该产品已经(　)了国际先进水平。(A.达到　B.到达)

(4) 要(　)人人满意真是太难了。(A.达到　B.到达)

(5) (　)目的,我们绝不罢休。(A.达不到　B.到不达)

(6) 听到女朋友要来看他,他兴奋得(　)。(A.了不得　B.不得了)

(7) 她一天没吃饭,饿得(　)。(A.了不得　B.不得了)

(8) 他要是知道了这件事就更(　)了。(A.了不得　B.不得了)

(9) 他有什么(　),不要怕他。(A.了不得　B.不得了)

(10) 这不是什么(　)的事。(A.了不得　B.不得了)

110

二、多义词义项判断选择：

1. 以：A. 介词，表示一种手段，相当于"用、拿"。
   B. 介词，表示按照，根据。
   C. 连词，表示目的，相当于"为了"。
   D. 连词或介词，表示原因，相当于"因为"。

（　）（1）她以胜利者的姿态走了出去。
（　）（2）中国保险业将以高于GDP年均增长率两倍的速度增长。
（　）（3）我们要开展全民健身运动，以提高人民的健康水平。
（　）（4）以她现在学习的情况，考上名牌大学是没有问题的。
（　）（5）她以一种鄙夷的眼光看了她们一眼。
（　）（6）陕西以兵马俑而闻名全世界。
（　）（7）必须充分发挥市场机制的作用，以安排更多的下岗失业人员就业。

2. 搞：A. 找（结婚对象）　　B. 拉（关系）
   C. 从事　　　　　　　D. 制订

（　）（1）现在大龄青年搞对象真是个难题。
（　）（2）当今社会搞关系之风日益严重。
（　）（3）他搞科学工作已经50年了。
（　）（4）你们迅速搞一个方案，看看如何解决这个问题。

三、仿照例句完成句子：

1. 去四川旅游的时候，我把数码相机丢了，我心疼得不得了。
   她妈妈从英国来看她了，她高兴得不得了。
   小王的女儿_____，她_____，只好求助于公安局。

2. 他虽然快六十岁了，但干起活来，像小伙子般灵活。
   她又叫又闹，像疯了一般。
   他太高兴了，_____。

3. 出土文物在证实一些史实的同时，也同样给专家学者带出更多的问题。
   在抓产品数量的同时，一定要注意产品的质量。
   医生嘱咐他_____，还要注意休息。

111

四、按固定格式完成搭配：

胜在奇上　　　　　　　以一种自豪的口吻
胜在巧上　　　　　　　以主人的姿态
胜在_____　　　　　　以_____

据初步统计　　　　　　把铬涂在剑的表面
据可靠消息　　　　　　把名字写在本子上
据_____　　　　　　　把_____

五、写作：

来中国以后，你一定去过很多地方，请写一篇关于中国某处名胜古迹的小文章。谈谈你对它的历史及现在的了解，或者你知道的与它相关的有趣故事，字数在 200~600 字之间。

字词扩展练习

仿照例子组词，并从中选择 10 个词造句：

例				
过高	过____	过____	过____	过____
动物	____物	____物	____物	____物
世界	____界	____界	____界	____界
古代	古____	古____	古____	古____
崇高感	____感	____感	____感	
新型	____型	____型	____型	
有所不同	有所____	有所____	有所____	

第5课　世界第八大奇迹——兵马俑

阅读扩展及泛读练习

副课文 1

秦俑发现，农民发财

1998年，美国总统克林顿到临潼参观兵马俑博物馆时，专门到与博物馆有一墙之隔的下河村一趟，与那里的农民进行交流。

在兵马俑博物馆的西侧，有两个村子，一个是西杨村，一个是下河村。如今西杨村由于兵马俑的发现和兴建秦陵遗址公园，已经"缩水"得所剩无几，不少农民搬到了兵马俑博物馆的东侧居住。这里的耕地不多，据村民介绍，原来耕地有很多，虽然现在每家都有耕地，但面积比以前少多了，大部分农民都借助兵马俑和秦陵一带的旅游景点做起了生意，有开饭馆的，有开车的，有做建筑工的，有做导游的，有卖纪念品的。一位老太太说，她缝制手工艺品，一天能缝5个，一个可以卖5元钱，而且这种工艺品很好卖。总之，不管他们做什么，都跟当地的旅游有关。靠着旅游业，农民逐渐富裕了。

而30年前，这里很穷，当时外地姑娘都不肯嫁到这里，年年都没粮食吃，而且这里极度缺水。30年的旅游经济发展让这两个村子发生了巨变，有的农民买了两辆汽车，村里所有人都住上了两层小楼。

一位在兵马俑博物馆研究室工作的教授说，兵马俑的发现对临潼地区的经济发展起到了很大作用，当地农民都在外面做生意，卖旅游纪念品，挣了很多钱。1980年他刚来的时候，外面什么都没有，后来有一个农民，逛了一次乾陵，看到有卖背心（T恤衫）的，他拿回来卖了80块。大家听说一件背心卖了80块，都很惊奇。后来就有很多人都干这个事情。现在临潼有个纪念品公司，自己搞一些仿制的纪念品，很多农民确实靠它富起来了。

(选自2004年3月31日《三联生活周刊》，
原题为《兵马俑三十年》，有删改)

选择正确答案：

1. 下面哪句话是正确的：（　　）

　　A. 原来耕地不多，但每家都有耕地

　　B. 原来耕地很多，但不是每家都有耕地

C. 现在耕地很多，而且每家都有耕地

D. 现在耕地不多，每家都有耕地

2. "如今西杨村由于兵马俑的发现和兴建秦陵遗址公园，已经'缩水'得所剩无几"中"缩水"一词的意思是：（   ）

A. 水没有了   B. 水缩减了

C. 面积减少了   D. 面积增加了

3. 关于秦俑的发现，下列说法哪个是不正确的：（   ）

A. 临潼纪念品公司专门卖一些正版的纪念品，并因此而发财

B. 现在有许多外地姑娘嫁到这里

C. 做建筑工的是一种和兵马俑有关的工作

D. 兵马俑让这一地区的人们都富了

副课文2

秦始皇兵马俑

秦始皇兵马俑是在1974年被发现的，随后在这里建了一个规模宏大的博物馆，于1979年国庆节开放。

举世罕见的秦兵马俑博物馆开放后，很快就轰动了中外，被认为是古代的奇迹，是当代最重要的考古发现之一。

秦兵马俑以其巨大的规模，威武的场面和高超的科学、艺术水平，使观众们惊叹不已。古城西安由于有了秦兵马俑博物馆，很快就成了我国最重要的旅游城市之一，国内外游人纷纷慕名而来。来我国访问的外国元首和其他贵宾，多数都要把参观兵马俑列入日程。

兵马俑坑在秦始皇陵东侧约1公里半，先后发现一、二、三号三个坑。一号坑是当地农民打井时发现的，后经钻探先后发现二、三号坑。一号坑最大，东西长230米，宽612米。在这个坑内埋有约6000个真人大小的陶俑，目前已清理出的有1000多个。在地下发现形体这么大，数量这么多，造型如此逼真的陶俑，实在是一件令人难以置信的事。

走进博物馆的大厅，只见在地下5米深的地方，整齐地排列着上千个像真人大小的武士。全身呈古铜色，高1.8至1.97米，一个个威武雄壮，真是气象

森严，令人望而生畏。还有如真马大小的陶马32匹。陶马4匹一组，拖着木质战车。

兵马俑的排列是3列面向东的横队，每列有武士俑70个，共210个，似为军阵的前锋。后面紧接着是步兵与战车的38路纵队，每路长约180米，似为军阵主体。左右两侧各有一列分别面南和面北的横队，每队约有武士俑180个，似是军阵的两翼。西端有一列面向西的武士俑，似为军阵的后卫。武士俑有的身穿战袍，有的身披铠甲，手里拿的青铜兵器都是实物，组织严密，队伍整肃。几十匹战马昂首嘶鸣，攒蹄欲行。整个军阵处于整装待发之势。

威武雄壮的军阵，再现了秦始皇当年为完成统一中国的大业而展现出的军功和军威。

这批兵马俑在艺术史上具有很高的价值。兵马俑的塑造，是以现实生活为基础而创作的，艺术手法细腻、明快。陶俑装束、神态都不一样，光是发式就有许多种，手势也各不相同，脸部的表情更是神态各异。从它们的装束、表情和手势就可以判断出是官还是兵，是步兵还是骑兵。这里有长了胡子的久经沙场的老兵，也有初上战场的青年。身高达1.96米的将军俑，巍然直立，凝神沉思，表露出一种坚毅威武的神情。那个武士俑，头微微抬起，两眼直视前方，显得意气昂扬而又带有几分稚气。那个身披锹甲，右手执长矛，左手按车的武士，姿势动作显示出他是负责保卫的车士俑。

总之，陶俑具有鲜明的个性和强烈的时代特征。这批兵马俑是雕塑艺术的宝库，为中华民族灿烂的古老文化增添了光彩，也给世界艺术史补充了光辉的一页。

兵马俑坑内出土的青铜兵器有剑、矛、戟、弯刀以及大量的箭头等。据化验数据表明，这些铜锡合金兵器经过铬化处理，虽然埋在土里两千多年，依然锋刃锐利，闪闪发光，表明当时已经有了很高的冶金技术，可以视为世界冶金史上的奇迹。

在1991年以前，秦兵马俑博物馆开放的是一号坑。1991年9月，三号坑正式开放。三号坑面积只有一号坑的二十七分之一。但从这个坑出土的战车、武士俑和其他物品分析，这个坑可能是作为一、二号坑的统帅部。

（选自中青网，有删改）

判断下列说法是否正确：

1. 秦兵马俑博物馆是1979年10月1日开放的。（　　）
2. 许多外国元首和其他贵宾来中国后，多数都要把西安列入日程。（　　）
3. 兵马俑坑有三个，是同时发现的。（　　）
4. 兵马俑军阵再现了秦始皇当年为完成统一中国的大业而展现出的军功和军威。（　　）
5. 秦始皇时代已经有了很高的冶金技术。（　　）

补充练习

选词填空：

| 收缩 | 诸如此类 | 供应 | 涉及 | 到达 |
| 达到 | 千疮百孔 | 突飞猛进 | 精美 | 胜于 |

1. 这个城市存在许多问题，空气污染严重、交通堵塞，_____，问题很多。
2. 节日市场的年货_____很充足。
3. 厂长的讲话中_____了提高产品质量的问题。
4. 我们要努力使产品质量_____国际先进水平。
5. 那次感情失败后，他的心已_____，不能再经受任何打击了。
6. 由于经营得当，他成立不久的公司业务_____，一日千里。
7. 实际行动_____空洞的言辞。
8. 这种饼干不仅包装_____，而且味道独特，深受广大群众喜爱。
9. 这些模型都是按照实物_____一定比例制作的。

第6课　2004年世界体育屡创奇迹

生　词

注　音	词　性	释　义
1. 屡　　lǚ	副	多次，不止一次。
(1) 你这个人真是屡教不改。		
(2) 我看你是屡战屡败。		
2. 竞技　　jìngjì	动	竞赛技艺（多指体育竞赛）。
(1) 这一场比赛中他们父子俩同场竞技。		
(2) 我喜欢竞技体育项目。		
3. 不可思议　bùkěsīyì		不可想象，难以理解。
(1) 这么短的时间里能够翻译完这么厚一本书，真令人不可思议。		
(2) 让人不可思议的是他居然没参加这次竞争。		
4. 选手　　xuǎnshǒu	名	从众多人员里挑选出来的参赛者。
(1) 参赛的一共有四十多名选手。		
(2) 这名选手来自中国上海。		
5. 发昏　　fāhūn	动	神智不清，比喻思想糊涂，失去理智。
(1) 去那么危险的地方旅行，我看你是头脑发昏了。		
(2) 你发昏了不成？怎么做这种傻事？		
6. 全能　　quánnéng	形	在一定范围内具有多项技能的（多用于体育方面）。
(1) 他参加了十项全能比赛。		
(2) 她是一个全能妈妈。		

	注音	词性	释义
7. 金牌	jīnpái	名	体育等竞赛中奖给第一名的奖牌。

（1）这是她得到的第10枚金牌。
（2）这次比赛他一定要拿金牌。

	注音	词性	释义
8. 金牌榜	jīnpáibǎng	名	公布所得金牌（有时包括其他奖牌）数量的名单。

（1）他们国家高居金牌榜第一。
（2）他们的产品又上了金牌榜了。

	注音	词性	释义
9. 险胜	xiǎnshèng	动	比赛中以非常接近的比分取胜。

（1）他以0.01秒的优势险胜。
（2）这一局的比赛他以微弱的优势险胜。

	注音	词性	释义
10. 重返	chóngfǎn	动	重新回到。

（1）他什么时候能够重返赛场？
（2）他重返家园的时候已经是个大富翁了。

	注音	词性	释义
11. 赛场	sàichǎng	名	比赛的场地。

（1）赛场上你追我赶，赛得很激烈。
（2）下面我宣布赛场规则。

	注音	词性	释义
12. 一跃	yíyuè	动	比喻很短时间里前进了很多，跳跃式前进。

（1）他们企业一跃成为了行业领头军。
（2）经过两个月的刻苦努力，他一跃成为我们班最好的学生了。

	注音	词性	释义
13. 强国	qiángguó	名	强大的国家。

（1）强国不应该侵略弱国，应该帮助弱国。
（2）我们希望自己的国家能发展成一个强国。

	注音	词性	释义
14. 势头	shìtóu	名	事物发展的状况和趋势。

（1）看这个势头，今天的冠军你是势在必得。
（2）他们城市发展的势头很猛。

	注音	词性	释义
15. 警觉	jǐngjué	动	警醒、醒悟。

（1）这次比赛的失败使得他开始警觉起来。
（2）值得警觉的是我们有很多人对乱穿马路的危险性还没有足够的认识。

	注音	词性	释义
16. 大幅	dàfú	形	大面积的，变动大的。
	(1) 政府规定大幅削减职员必须向政府报告。 (2) 开放以后，沿海地区的经济利益大幅提高。		
17. 可望不可即	kěwàngbùkějí		可以看到却不能接近，形容好像有实现的希望，实际上却不能实现。
	(1) 虽然咱挣了一些钱，但是到国外去办公司仍然是可望不可即的事。 (2) 住豪华别墅对我们来说还是桩可望不可即的事。		
18. 强敌	qiángdí	名	强大的敌人，强劲的对手。
	(1) 他才是你真正的强敌。 (2) 这次比赛咱们是强敌如云啊。		
19. 决赛	juésài	名	竞技比赛中，为确定名次进行的最后一场或一轮比赛。
	(1) 我们进入了半决赛。 (2) 他们正在为争夺冠军进行决赛。		
20. 名次	míngcì	名	按照一定标准排列的姓名或名称的顺序。
	(1) 这次考试你取得了较好的名次。 (2) 他的名次比较靠前。		
21. 领奖台	lǐngjiǎngtái	名	领取奖品的台子。
	(1) 请获奖运动员到领奖台领奖。 (2) 他跳上了领奖台。		
22. 总数	zǒngshù	名	合在一起的数目。
	(1) 你看看总数对不对？ (2) 总数达到上千万哪。		
23. 展望	zhǎnwàng	动	对未来进行估计，对发展进行预测。
	(1) 展望未来，我们国家充满希望。 (2) 展望明年，咱们一定能再创辉煌。		
24. 不再	búzài	动	不重复出现。
	(1) 我们已经青春不再了。 (2) 机会不再。		

	注音	词性	释义
25. 遥不可及	yáobùkějí		非常遥远，无法到达。

(1) 他已经飞到你遥不可及的地方去了。
(2) 在那遥不可及的太空，有数不清的星球。

26. 世人	shìrén	名	世界上的人。

(1) 世人都知神仙好，只有功名忘不了。
(2) 他以一个全新的面貌展现在世人面前。

27. 爆	bào	动	出人意料地出现或发生。

(1) 今晚还真爆出了冷门，15岁的他居然击败了世界排名第一的选手。
(2) 这几天的比赛不断爆出新闻。

28. 冷门	lěngmén	名	比喻不引人注目的或不时兴的事物。

(1) 为了能够考上研究生，他报考了一个冷门的专业。
(2) 他们队爆了一个冷门，居然进入了决赛。

29. 据为己有	jùwéijǐyǒu		把不属于自己的东西占为自己所有。

(1) 那把伞他没还给失主，而是据为己有了。
(2) 你怎么把单位的东西据为己有了？

30. 实力	shílì	名	实际拥有的力量。

(1) 这些企业已经具有国际竞争实力。
(2) 对手有很强的实力。

31. 档次	dàngcì	名	根据某种标准排列的级别和等次。

(1) 这两种商品不属于同一个档次。
(2) 工资的档次拉开了。

32. 以弱敌强	yǐruòdíqiáng		用弱小的去攻击强大的。

(1) 你这是以弱敌强，很难获胜。
(2) 战争史上，以弱敌强，最后获胜的事是很多的。

33. 击败	jībài	动	打败。

(1) 在结束的刹那，他终于击败了对手。
(2) 你在精神上已经被他击败了。

34. 逼平	bīpíng	动	迫使对方承认打成平手。

(1) 他逼平了对手。
(2) 咱们的比分被他们逼平了。

	注音	词性	释义
35. 执教	zhí jiāo	动	当教师，当教练。
	(1) 我曾经执教于那所学校。 (2) 国家队今年打算请一个洋教练执教。		
36. 举荐	jǔ jiàn	动	推举、引荐。
	(1) 他被举荐进了国家队。 (2) 他是张教授举荐来的。		
37. 看好	kān hǎo	动	将要出现好的势头；认为（人或事物）将要出现好的势头。
	(1) 他们队普遍不被看好。 (2) 下半年房地产行情看好。		
38. 铁定	tiě dìng	形	确定无疑的、不可改变的。
	(1) 这是铁定的事实。 (2) 他铁定不会回来了。		
39. 替补	tì bǔ	动	替换别人、填补空缺。
	(1) 由你替补三号队员。 (2) 找不到替补队员。		
40. 投奔	tóu bèn	动	去某处寻找依靠。
	(1) 父母离了婚以后，谁也不要他，他只好去投奔奶奶。 (2) 我投奔你们公司，希望你能收留我，给碗饭吃就行。		
41. 刷新	shuā xīn	动	刷洗使变新，比喻以新的更好的成绩替代原有的成绩。
	(1) 墙壁已经刷新了。 (2) 他在这次奥运会比赛中刷新了世界纪录。		
42. 亮点	liàng diǎn	名	发出亮光的点，比喻美好的、值得称道的事物。
	(1) 这部电影有不少亮点。 (2) 他身上有很多亮点。		
43. 枚	méi	量	多用于较小的片状物或某些武器。
	(1) 这枚金币是假的。 (2) 他发现了两枚手榴弹。		

	注音	词性	释义
44. 称得上	chēngdeshàng		可以算是；符合某种称号、标准。
(1) 你称得上模范父亲。			
(2) 他称得上德高望重。			
45. 专利	zhuānlì	名	法律保护创造发明者在一定时期内由于创造发明而独自拥有的利益。
(1) 这是他们公司的专利。			
(2) 你申请了专利保护吗？			
46. 取胜	qǔshèng	动	取得胜利，获得胜利。
(1) 最后红队取胜。			
(2) 取胜的一方到我这儿领取奖品。			
47. 承办	chéngbàn	动	接受办理，负责办理。
(1) 这个国际学术研讨会由你们学院承办。			
(2) 我们国家将承办下一届奥运会。			
48. 东道主	dōngdàozhǔ	名	招待客人的主人。
(1) 按惯例，东道主可以不经选拔直接参加最后的比赛。			
(2) 这次请客，由我做东道主。			
49. 了却	liǎoquè	动	了结、完成（某种心愿）。
(1) 这次放假我们就带孩子去吧，也算了却他的一桩心愿。			
(2) 我打算退休后隐居山林，了却残生。			
50. 心愿	xīnyuàn	名	愿望，心里想做的事。
(1) 她的这个心愿终于实现了。			
(2) 你还有什么心愿，我们尽量满足你。			
51. 欢庆	huānqìng	动	高兴地庆祝。
(1) 大家拥抱在一起欢庆胜利。			
(2) 街头张灯结彩欢庆春节。			
52. 出众	chūzhòng	形	超出众人的。
(1) 这位先生人才出众。			
(2) 她有着出众的人品。			
53. 崛起	juéqǐ	动	兴起。
(1) 高楼大厦平地崛起。			
(2) 许多经济落后国家正在崛起。			

		注音	词性	释义
54.	足以	zúyǐ	副	完全可以。
	(1) 这些证据足以证明他是无罪的。			
	(2) 这些钱我足以吃一辈子。			
55.	开眼	kāi yǎn	离合	看到未曾见过的新奇事物而增长见识。
	(1) 这次出国访问真是让我开了眼了。			
	(2) 这次去旅行,我算开眼了。			
56.	过瘾	guòyǐn	形	癖好或爱好得到满足。
	(1) 你就让我吃个够吧,好久没这么过瘾了。			
	(2) 这场球赛看得真过瘾。			
57.	打造	dǎzào	动	创造、培育。
	(1) 我们要打造自己的名牌。			
	(2) 我们要努力打造更多合格的软件人才。			
58.	需求	xūqiú	名	因需要而产生的要求。
	(1) 咱们必须了解群众的需求。			
	(2) 公司应该根据市场的需求来制订明年的计划。			
59.	赶往	gǎnwǎng	动	加快前往。
	(1) 警察必须在第一时间赶往出事现场。			
	(2) 我得赶往公司去开会呢。			
60.	球迷	qiúmí	名	对某项球类运动或观看某项球类比赛着迷的人。
	(1) 他是铁杆球迷。			
	(2) 球迷都激动得跳起来了。			
61.	现场	xiànchǎng	名	发生案件或事故的场所以及当时的状况。
	(1) 案发时他不在现场。			
	(2) 作案现场被破坏了。			
62.	如痴如醉	rúchīrúzuì		像痴了、醉了一样。形容极度迷恋不能自制的神态。
	(1) 你都看得如痴如醉了。			
	(2) 瞧他那如痴如醉的样儿。			

	注音	词性	释义
63. 官员	guānyuán	名	具有一定级别的政府工作人员。

(1) 他妻子是政府官员。
(2) 随访官员有二十多名。

	注音	词性	释义
64. 冠名	guānmíng	动	在某项事物上加上某个名号。

(1) 这项成果以他的名字冠名。
(2) 他们公司获得了该项目的冠名权。

	注音	词性	释义
65. 回报	huíbào	动	报答。

(1) 他们以优异的成绩来回报人民的支持。
(2) 发展成熟的公司一般都懂得回报社会。

	注音	词性	释义
66. 互动	hùdòng	动	共同参与，互相推动。

(1) 演唱会现场，台上台下互动，十分热闹。
(2) 老师上课时要善于调动学生积极性，与学生互动。

	注音	词性	释义
67. 金钱	jīnqián	名	泛指货币。

(1) 金钱是身外之物，别看得太重。
(2) 她从不为金钱所动。

注释词表

生词	注音	释义
1. 体坛	tǐtán	体育界。
2. 奥运	Àoyùn	奥林匹克运动会的简称。
3. 聚会	jùhuì	集聚会合在一起。指聚会的活动。
4. 花剑	huājiàn	击剑比赛项目之一，跟别的击剑项目不同的是只准刺，不能劈。
5. 超级	chāojí	高出普通等级的。
6. 代表团	dàibiǎotuán	受委托或指派代替集体、政府办事的团体。
7. 栏	lán	本课指拦在跑道上供跳跃用的体育器材。

生词	注音	释义
8. 皮划艇	píhuátǐng	水上运动项目，包括皮艇和划艇两种。
9. 奥委会	Àowěihuì	奥林匹克委员会的简称。
10. 奖杯	jiǎngbēi	竞赛中发给优胜者的杯状奖品，多用金属制成。
11. 主帅	zhǔshuài	比喻主要领导人。
12. 前锋	qiánfēng	足球、篮球等球类比赛中以进攻为主要任务的队员。
13. 转会	zhuǎnhuì	指职业运动员从一家俱乐部转到另一家俱乐部效劳。
14. 欧元	ōuyuán	欧洲统一货币。
15. 田径	tiánjìng	体育运动项目的大类——田径运动的简称。包括竞走、跑、跳、投和全能运动等。
16. 举重	jǔzhòng	体育运动项目，要求运动员手举杠铃，杠铃重者获胜。分挺举和抓举两部分。
17. 年度	niándù	按照业务性质和实际需要而规定的有一定起讫日期的一年（12个月）。
18. 顶级	dǐngjí	最高级。
19. 大赛	dàsài	级别高、规模大的比赛，重大的赛事。
20. 足联	zúlián	足球联合协会。
21. 大洲	dàzhōu	海洋所包围的大陆及其附近的岛屿的统称。
22. 设施	shèshī	为进行某项工程或满足某种需要而配置的设备等。
23. 赢得	yíngdé	获得，争取到。
24. 受益者	shòuyìzhě	得到利益或好处的人。
25. 赛车	sàichē	竞技体育项目，比赛自行车、摩托车或汽车的行驶速度。
26. 驶	shǐ	车、船等行进。
27. 豪华	háohuá	十分铺张、华丽。
28. 赛事	sàishì	指比赛活动。
29. 赞助商	zànzhùshāng	（多指从经济上）提供支持帮助的企业。

生词	注音	释义
30. 品牌	pǐnpái	商品的牌子。有时专指著名的商品牌子。
31. 前后脚	qiánhòujiǎo	指两个或几个人来到或离去的时间很接近。
32. 季前赛	jìqiánsài	季度赛开赛前的比赛。
33. 火箭队	Huǒjiànduì	美国NBA球队之一。
34. 国王队	Guówángduì	美国NBA球队之一。
35. 秀	xiù	表演、表现。英语"show"的音译词。
36. 篮协	lánxié	篮球协会。
37. 总裁	zǒngcái	某些大型企业的主要负责人。
38. 覆盖面	fùgàimiàn	覆盖的范围；也指事物影响、涉及或传播的范围。
39. 抢滩	qiǎngtān	比喻抢占市场。

课文 2004年世界体育屡创奇迹

> **阅读提示**
>
> 2004年,是奥林匹克运动会百年纪念之年,我们把第25届奥运会放在了雅典——奥运会的发源地。奥运会是竞技体育中的最高赛事之一,也是世界参与国较多的赛事之一,可以称得上是全球人民的盛事。奥运会上的表现不仅能够体现一个国家的体育面貌,同时也能够体现这个国家的综合国力。赛场上你争我夺,斗争激烈,因此人们也把这种竞赛看成是一场没有硝烟的战争。我们希望世界各个国家都来支持和参与这场没有硝烟的战争,让世界爱好和平、爱好体育的人们能一饱眼福。

一、体坛奇迹一再发生

新世纪第一个奥运之年,人类在体育竞技方面最优秀的代表聚会希腊雅典,在这块具有悠久体育传统的土地上创造了不可思议的奇迹。

如果扣除美国选手保罗·哈姆利用裁判发昏之机拿去的体操个人全能冠军和意大利以同样不光彩的方式抢去的男子花剑团体金牌,那么,雅典奥运会金牌榜前两位的纪录将是美国以34∶33险胜中国,只有一金之差。自从1984年重返奥林匹克赛场,中国参加了6届夏季奥运会,只用20年的时间就一跃成为竞技体育的超级强国。

从悉尼到雅典,中国代表团不断增长的夺金势头虽然早已引起主要对手的警觉,但没人想到这么快就能大幅突破,将曾经可望不可即的强敌俄罗斯远远甩在身后。刘翔在110米栏决赛中,无论名次还是成绩都是世界第一,女子网球、男子皮划艇等项目上的突破,使中国代表团总共有50人先后登上领奖台最高层。中国奥运代表团团长袁伟民在会见美国奥委会主席尤伯罗斯时说:"我们一直想动摇你们金牌总数第一的位置。"展望2008年北京奥运会,中国夺金数目超过美国不再遥不可及。

实现突破不容易，要让世人承认这样的突破更难。希腊队在欧锦赛上大爆冷门，直至将那座沉重的冠军奖杯据为己有。按实力仅是第四档次的希腊队以弱敌强，坚持打防守反击，先后击败了葡萄牙、法国、捷克，逼平了西班牙。虽然德国籍主帅雷哈格尔的执教能力得到认可，但是他举荐的欧锦赛英雄查里斯特亚斯不被人看好，依然只能做德甲不来梅队铁定的替补前锋，投奔荷兰阿贾克斯队的转会费也不过500万欧元。

田径、游泳、举重等是以刷新纪录为荣的项目，2004年虽有亮点，却无奇迹。美国人菲尔普斯在雅典游泳池里捞走6枚金牌，刷新一项世界纪录，称得上是本年度最值得骄傲的个人成绩。

二、体育市场继续扩大

举办世界体育顶级大赛不再是少数发达国家的专利，发展中国家不仅要参与，也要取胜。2004年，国际足联主席布拉特实现了自己的承诺，由各大洲轮流承办世界杯赛。南非成为2010年世界杯足球赛的东道主。南非前总统曼德拉了却了自己的心愿，整个非洲为之欢庆，但是，南非并不是靠先进的体育设施和出众的组织能力赢得机会的，更像是"足球政治平衡"的受益者，那里要为世界杯做的事情还很多。

F1赛车驶入中国上海，这项世界上最豪华赛事的承办者与赞助商一起盯上了正在崛起的中国市场。虽然舒马赫的演出一点也不精彩，但足以让中国人开眼过瘾，也满足了上海人打造城市品牌的心理需求。

前后脚赶往中国的还有美国篮球NBA的季前赛，火箭队有了姚明可以走遍天下，国王队用刘炜则完全是为了到中国"秀"一把。中国球迷在现场如痴如醉，中国篮协的官

员们也有机会补了一课,总算搞明白NBA跟CBA具有本质的不同。没有冠名,却能给赞助商最大的回报,3个多小时场上场下始终处于互动状态。NBA总裁大卫·斯特恩说:"我们在中国赚到的不是金钱,而是市场。"竞技体育不但水平要更高、更快、更强,覆盖面也要更宽、更广、更大,抢滩是必然。

(选自2004年12月31日《环球时报》第13版,作者:汪大昭)

课文练习

一、根据课文回答问题:

1. 2004年奥运会是在哪儿举行的?
2. 2004年奥运会金牌榜排名第一的是哪个国家?获得了几块金牌?中国队获得了几块金牌?排名第几?
3. 2004年奥运会中国代表队有哪些突破?文中提到的2004年体育赛事的其他突破有哪些?
4. 为什么说国际足联主席2004年实现了自己的承诺,由各大洲轮流举办世界杯赛?
5. 南非是不是凭自己的实力获得了2010年世界杯足球赛的举办权?
6. 美国篮球职业联赛为什么录用中国球员姚明和刘玮?

二、熟读下列词语:

大幅突破	创造奇迹	据为己有	为之欢庆	以弱敌强
大幅增加	不可思议	刷新纪录	为之鼓舞	以一当十
大幅裁员	遥不可及	实现承诺	为之感动	以守为攻
大幅收购	大爆冷门	了却心愿	为之轰动	以刷新记录为荣

三、词语辨析与练习:

聚会　　聚集

"聚会"可以作动词,意思是人会合在一起,也可以作名词,指人会合在一起的活动。一般用在主动句中,后面一般不带宾语,带宾语的话要带处所宾语。"聚集"也是动词，意思是集合、凑在一起，既可用来指人，也可用来指物，有及物的用法，也有不及物的用法。

与同学**聚会**　　在上海**聚会**　　**聚会**在一起　　**聚会**雅典　　**聚会**北京2008奥运

聚集在一起　　**聚集**在广场上　　**聚集**在周围　　**聚集**在山上

聚集了（不少）游人　　**聚集**了（很多）学生　　**聚集**着（许多）蜜蜂

大幅　大力　大量

三个词都是主要用来修饰动词。"大幅"指的是大面积的、变动大的。"大力"表示用大的力量。"大量"表示数量多。

大幅突破　　**大幅**提高　　**大幅**改进　　**大幅**增长　　**大幅**裁员

大力协助　　**大力**援助　　**大力**推行　　**大力**推进

大量出现　　**大量**（地）流行　　**大量**生产　　**大量**繁殖

大量（地）播种

辨析练习

一、选词填空：

> 聚会　聚集　大幅　大力　大量

1. 他们约定今年8月回母校_____。
2. 昨天晚上的_____你去了吗？
3. 操场上一下子就_____了几百个来看电影的人。
4. 人民生活水平_____提高。
5. 当地群众_____协助警方侦破此案。
6. 今年有人进村子_____收购棉花。

二、在给定的词语中选择合适的填空：

> 悠久　奇迹　豪华　不可思议　承诺　大幅
> 动摇　骄傲　轮流　遥不可及

1. 这个孩子在海里漂流了三天居然能活着回来简直是个_____。
2. 企鹅生长在南极——一个_____的地方。

3. 我们已经提前完成了指标,老板为什么不履行自己的_____呢?
4. 我们的载人飞船也能飞天了,我们为此感到无比_____。
5. 你装修得太_____了,每一个房间都摆放着名牌家具。
6. 北京有着_____的文明历史,他们一定能举办好2008年奥运会的。
7. 我们总裁是一个德国人,他不但懂五国语言,而且能说一口流利的汉语,真令人_____。
8. 周末,我常和朋友们一起出去吃饭,大家_____做东。
9. 任何困难也_____不了我到中国大陆投资的愿望。
10. 由于股市大跌,他的资产_____缩水。

四、语法讲解:

1　表示转折关系的复句小结

表示转折关系的复句结构有:"虽然……但是/可是……","虽然……但……","虽然……然而……","虽然……却……","虽……却……","……虽然……","……然而……","……但是/可是……","……但……","……却……"。如:

(1) **虽然**德国籍主帅雷哈格尔的执教能力得到认可,**但是**他举荐的欧锦赛英雄查里斯特亚斯不被人看好,依然只能做德甲不来梅队铁定的替补前锋,投奔荷兰阿贾克斯队的转会费也不过500万欧元。
(2) **虽然**不太喜欢这种口味,**可是**他却不想让她失望,她为了准备这餐饭辛苦了那么长时间。
(3) 从悉尼到雅典,中国代表团不断增长的夺金势头**虽然**早已引起主要对手的警觉,**但**没人想到这么快就能大幅突破,将曾经可望不可即的强敌俄罗斯远远甩在身后。
(4) **虽然**舒马赫的演出一点也不精彩,**但**足以让中国人开眼过瘾,也满足了上海人打造城市品牌的心理需求。
(5) **虽然**他知道已经拿不到名次了,**然而**他却坚持跑了下来。
(6) 田径、游泳、举重等是以刷新纪录为荣的项目,2004年**虽**有亮点,**却**无奇迹。
(7) 他的身体还是那么硬朗,**虽然**他已经年近古稀了。
(8) 他知道她说错了,**然而**他不想纠正她。
(9) 南非成为2010年世界杯足球赛的东道主,南非前总统曼德拉了却了自己的心愿，整个非洲为之欢庆，**但是**，南非并不是靠先进的体育设施和出众的组织能力赢得机会的，更像是"足球政治平衡"的受益者，那里要为世界杯做的事情还很多。

(10) 没有冠名，**却**能给赞助商最大的回报。

2 美国选手保罗·哈姆**利用**裁判发昏**之机**拿去了体操个人全能冠军。

"利用……之机"表示利用某种机会，利用某种时机。如：
(1) 他**利用**大家背身**之机**，拿走了那份材料。
(2) 他**利用**跳舞**之机**，认识了他现在的女朋友。

3 意大利队**以**同样不光彩的**方式**抢去了男子花剑团体金牌。

"以/用……方式"表示做事情所采取的方式。如：
(1) 大家**以**讨论的**方式**来练习一下我们学过的内容。
(2) 你**以**借书的**方式**来靠近她。

4 **自从**1984年重返奥林匹克赛场，中国参加了六届夏季奥运会。

"自从……"表示从过去某个时间或某个事件开始。如：
(1) **自从**前年来到上海，他再也没有回去过。
(2) **自从**认识了他，她的生活就完全变了样了。

5 美国人菲尔普斯在雅典游泳池里捞走6枚金牌，刷新一项世界纪录，**称得上**是本年度最值得骄傲的个人成绩。

"……称得上（是）……"意思是可以说是，可以被认为是。如：
(1) 他们公司**称得上**是我们这个行业的老大。
(2) 你们这种做法**称得上**是舍己为人啊。

6 举办世界体育顶级大赛不再是少数发达国家的专利，发展中国家不仅要参与，也要取胜。

"不再是……的专利"，(以前是) 现在不是、以后也不会是某个人或某个部门专门享有的利益了。如：
(1) 住总统套房不再是总统的专利，普通民众只要出得起钱也可以享用。
(2) 在电视黄金时段播放广告不再是一两个国际知名品牌的专利，许多新兴的中小企业也知道通过这种渠道打开自己产品的销路。

7 A. 举办世界体育顶级大赛不再是少数发达国家的专利，发展中国家不仅要参与，也要取胜。
B. 竞技体育不但水平要更高、更快、更强，覆盖面也要更宽、更广、更大。

"不但/不仅……也/还……"表示除所说的意思之外,还包括别的意思。而"不但/不仅……而且/并且……"则还有更进一层的意思。如:

(1) 他**不但**会说英语,**也**会说法语。
(2) 我**不但**帮你邀请了她,**还**顺便把她带来了呢。
(3) 她**不仅**会唱歌,**并且**弹得一手好钢琴。
(4) 他**不仅**参加了比赛,**而且**获得了第一名的好成绩。

注意:"不仅"和"不但"同义,用法也基本相同,"不仅"也说"不仅仅",多用于书面。例:

(1) 他**不但**有钱读书了,也有钱改善生活了。
(2) 这**不仅**是你个人的事,也是我们大家的事。

语 法 练 习

一、将下列单句连接成复句:

例:A. 他会说英语。他也会说汉语。
　　　→ 他不仅会说英语,也会说汉语。
　　B. 他觉得很累。他一定得完成今天的作业啊。
　　　→ 虽然他觉得很累,但是他一定得完成今天的作业啊。

1. 他没有听懂老师的话。他回答对了这个问题。

2. 他们公司在中国开局失利了。他们公司没有撤离中国市场。

3. 他们公司赚了不少钱。他们公司赢得了民心。

4. 妈妈给我买了一盒生日蛋糕。妈妈给我买了一台电脑。

5. 他是我的同学。他是我的朋友。

二、用句子后面给定的词语完成句子:

1. _____,他回了一趟宿舍。(利用……之机)
2. _____,他去游览了长城。(利用……之机)
3. 咱们_____来确定谁的力气更大。(以……方式)
4. 请_____给我们发信息。(以……方式)

5. _____，我就再也没见过他。（自从……）
6. _____，我就迷上了这片神奇的土地。（自从……）
7. 他非常喜欢看电视，_____。（称得上……）
8. 计算机_____，越来越多的人能够体会到它的方便了。（不再是……的专利）

字词扩展练习

仿照例子组词，并从中选择10个词造句：

例词				
自从	自___	自___	自___	自___
自习	自___	自___	自___	自___
超级	超___	超___	超___	超___
互动	互___	互___	互___	互___
抢手	抢___	抢___	抢___	抢___
如痴如醉	如___如___		如___如___	
东道主	___主	___主	___主	___主
球迷	___迷	___迷	___迷	___迷
处于	___于	___于	___于	___于

阅读扩展及泛读练习

赚钱与赔钱

世人都说"商场如战场"，可是，没有亲身经历的人无论如何也掂量不出这句话的分量，总觉得商场没有硝烟，没有流血，再怎么惨，也不至于失掉性命。

是的，商场是没有硝烟，却有尔虞我诈；是没有流血，容易看到的皮肉流血可能所见不多，但不易看到的心的流血却是屡见不鲜，特别是我国的市场经济向规范化、正规化发展时期，更是如此。

然而，战场并不可怕。放下锄头拿起枪的农民，照样能在战争中学会打仗。同样，商场也没有什么可怕的，只要横下一条心，大不了掉几斤、十几斤、几十斤肉，来回折腾几个过儿，生手也会成为行家里手。这里很重要的一条是心理承受能力要强。

笔者有一位商界朋友，一下子损失了7个亿。这要在常人，说不定要死上几个来回了。可是，从这位朋友的言谈举止中丝毫没有觉察出有半点诧异。只见他重整旗鼓，照样谈笑风生，不几年的工夫，又神气了起来。

如果说"胜败乃兵家常事"，那么，赔赚就是商家的便饭了。赔赔赚赚，赚赚赔赔写就了商家的全部历史。赚了，高兴得要死；赔了，沮丧得要死。那您最好远离商海，去干点别的算了，否则，你那颗心脏实在是受不了。

一般地说，只想赚、不想赔的主儿，大多是商海里的初学乍练之辈，或者是小商小贩小本经营者，赔不起，赔了就只有收摊了。

只有输得起，才能赢得起。常胜将军不是一生中都不打一次败仗，而是打了败仗勤于总结、善于总结，很少再打败仗；百万富翁、亿万富翁，也不是笔笔都赚大钱，哪个不是几经周折、历经磨难方成大器的。如果你想成为一名商场宿将，那就要放下包袱，准备迎接赔钱的打击吧。

已经被账压得难以喘气，或者是由于各种原因负债累累的朋友们，完全不必自暴自弃。月有圆缺，天有阴晴，坚持住，开动脑筋想办法，迈开双脚走天下。总有一天，情况会好转的。你赔别人赚，你赚别人赔，从这个意义上说，你赔了也是对社会尽了一份情义。对社会多情的人，社会也会对他多情；对社会无情的人，社会对他更无情。

（选自《也品人生》新华出版社2000年6月，作者：赵学书）

判断下列说法是否正确：

1. "商场如战场"，因为商场也会让人皮肉流血，让人送命。（　）
2. 在商场里，放下锄头的农民也会打枪。（　）
3. 笔者的朋友做生意损失惨重，自杀了好几次，没死成才想开了。（　）
4. 做生意有赢有输是很正常的事。成功者心理承受能力都比较强。（　）
5. 欠很多债的人一般都没有出头之日。（　）
6. 赔钱从某种意义上说是为社会做贡献。（　）

第7课　老字号需要接班人

生　词

	注音	词性	释义
1. 名闻天下	míngwéntiānxià		在天下各地都有名。

（1）茅台酒名闻天下。
（2）黄山以其奇松怪石而名闻天下。

2. 精品	jīngpǐn	名	精美优良的物品或作品。

（1）有没有《红楼梦》精品版?
（2）这可是龙井茶中的精品。

3. 产地	chǎndì	名	物品出产的地方。

（1）这种产品的产地在南美。
（2）你买的这个包没注明产地。

4. 日前	rìqián	名	今天之前的几天，多用于新闻报道。

（1）我国国家主席日前访问了几个友好邻国。
（2）我公司日前成功开发了一种新产品。

5. 间隙	jiānxì	名	两个类似事物之间的空间或时间的距离。

（1）就在饭后休息的间隙，你打车回了一趟家，对吗?
（2）这个过道间隙太小，推着车走不过去。

6. 厂	chǎng	名	有宽敞的地面，能存货、加工并进行销售的简易场所。

（1）他们厂今年效益不太好。
（2）你进了哪个厂?

	注音	词性	释义
7. 庄	zhuāng	名	旧称规模较大的商店。
(1) 布庄的生意近来不太好。			
(2) 你开的那家饭庄怎么样?			
8. 坐落	zuòluò	动	（建筑物等的位置）处在（某处）。
(1) 那座大厦坐落在十字路口的北面。			
(2) "东方明珠"坐落在黄浦江东岸。			
9. 门市部	ménshìbù	名	商店零售货物的部门。
(1) 这个周末咱们门市部的生意很好。			
(2) 他在闹市区开了一家门市部。			
10. 创建	chuàngjiàn	动	首次建立，建设。
(1) 他们创建了该地区的第一所医院。			
(2) 政府提倡我们创建卫生城市、文明城市。			
11. 迄今	qìjīn	动	直到现在。
(1) 自从离开家乡，迄今已经十八年了。			
(2) 这座桥迄今已有1300多年的历史了。			
12. 相传	xiāngchuán	动	长期流传下来。
(1) 相传这是发生在清朝乾隆年间的事儿。			
(2) 相传这眼清泉就是神女流下的眼泪。			
13. 凑巧	còuqiǎo	形	碰巧，正是时候。
(1) 说也凑巧，居然碰上一位老同学。			
(2) 他认的干妈居然就是自己失散多年的亲妈妈，这事也太凑巧了。			
14. 轰动	hōngdòng	动	同时惊动很多人。
(1) 这件事轰动了全国。			
(2) 全场都轰动了。			
15. 尊	zūn	动	敬重、崇敬。
(1) 人们尊称他为范老。			
(2) 他被人们尊为行业老大。			
16. 命名	mìngmíng	动	起名，确定一个名称。
(1) 这条街被命名为平安大街。			
(2) 工厂召开了命名大会。			

	注音	词性	释义
17. 做工	zuògōng	名	制作的工艺。
	(1) 这套家具做工精巧。		
	(2) 他穿的鞋做工很讲究。		
18. 名气	míngqì	名	名声、知名度。
	(1) 这个学校的名气很大。		
	(2) 他的名气没有你的大。		
19. 见识	jiànshi	名	见闻、知识。
	(1) 让他出去走走，长长见识。		
	(2) 他见识广，一定有办法的。		
20. 尖端	jiānduān	形	发展水平最高的（指科学技术）。
	(1) 我们要学习国外的尖端技术。		
	(2) 他们在尖端科学方面已有所突破。		
21. 采集	cǎijí	动	搜集、收集。
	(1) 他去加拿大采集树种。		
	(2) 他把采集来的民歌进行了改编。		
22. 积	jī	动	增多，聚集。
	(1) 院子里积了很多水。		
	(2) 她积够了钱就可以买那个娃娃了。		
23. 功	gōng	名	功夫。
	(1) 台上十分钟，台下十年功。		
	(2) 写毛笔字要先练基本功。		
24. 甚	shèn	副	表示程度深，相当于"很、非常"，用于书面。
	(1) 他自视甚高。		
	(2) 今天宾客甚多。		
25. 加深	jiāshēn	动	加大深度，变得更深。
	(1) 你们之间应该加深了解。		
	(2) 他们之间的矛盾加深了。		
26. 长短	chángduǎn	名	长度、尺寸。
	(1) 这件衣服长短正合适。		
	(2) 绳子的粗细正好，长短怎么样？		

	注音	词性	释义
27. 持续	chíxù	动	保持并延续不断。
	（1）我们之间的交往持续了三年了。		
	（2）我国的GDP连续三年持续增长。		
28. 梳理	shūlǐ	动	用梳子整理（胡须、毛发等），也用来表示一般的整理。
	（1）妈妈帮孩子梳理头发。		
	（2）咱们得从理论上好好梳理一下新词的发展规律。		
29. 不时	bùshí	副	时时，常常。
	（1）他说话的时候，不时用眼睛扫视一下众人。		
	（2）不时从窗外传来一两句叫卖声。		
30. 剔除	tīchú	动	把不好的或不合适的东西去掉。
	（1）他把筐里的烂梨剔除干净了。		
	（2）鲁迅先生教导我们对外来的东西要吸取精华，剔除糟粕。		
31. 熬制	áozhì	动	用把物品放在锅里长时间煮的方法来制作。
	（1）阿胶是用驴皮熬制的。		
	（2）过去盐是用锅放在火上熬制而成的。		
32. 捻	niǎn	动	用手指转动。
	（1）母亲坐在门口捻线呢。		
	（2）你把蜡烛芯捻亮些。		
33. 匀称	yúnchèn	形	配合得合适，均匀相称。
	（1）她的身材很匀称。		
	（2）这些苹果长得又大又匀称。		
34. 混杂	hùnzá	动	混合掺杂。
	（1）豆子和麦子混杂在一块了，得把它们分开。		
	（2）这里的居民人员混杂。		
35. 女工	nǚgōng	名	女性工人。
	（1）她是那家工厂的女工。		
	（2）女工们下了班以后都喜欢在车间后面的水房冲个澡再回家。		
36. 细微	xìwēi	形	细小轻微、细小微弱。
	（1）两张图之间只有一些细微的差别。		
	（2）他的身上发生了一些细微的变化。		

	注音	词性	释义
37. 差异	chāyì	名	差别，不同之处。

(1) 由于两国文化的差异，双方有些事情无法沟通。
(2) 这里早晚气温有很大的差异。

38. 分辨	fēnbiàn	动	辨别。

(1) 这么小的差别计算机也分辨不出。
(2) 孩子们分辨不了好人和坏人。

39. 接班	jiē bān	动	接替上一班的工作。

(1) 我们下午三点接班。
(2) 这项工作找不到接班的了。

40. 不无	bùwú	动	不是没有，多少有一些。

(1) 他说的也不无道理。
(2) 从他留下的文字中可以看出，其实他心中对你不无感激之情。

41. 招收	zhāoshōu	动	用考试或其他手续接收学生、员工或其他人员。

(1) 他们学院也开始对外招收留学生了。
(2) 咱们厂今年招收的工人素质不太高。

42. 不辞而别	bùcí'érbié		没有告别就走。

(1) 昨天你为什么不辞而别？
(2) 请你原谅我的不辞而别。

43. 精湛	jīngzhàn	形	（技艺）高超，（学问）精深。

(1) 他的手艺非常精湛。
(2) 像这种精湛的技艺如今已不多见了。

44. 荣誉	róngyù	名	光荣的名誉。

(1) 我们要珍惜集体荣誉。
(2) 这是人民给予你的荣誉。

45. 翻阅	fānyuè	动	较快地翻看（书报等）。

(1) 吃了晚饭后他喜欢去阅览室翻阅一下当天的报纸。
(2) 他去图书馆翻阅资料了。

46. 小册子	xiǎocèzi	名	篇幅小、页码少的书。

(1) 这本小册子是介绍最新图书的。
(2) 咱们印一些小册子宣传宣传这种新产品吧。

	注音	词性	释义
47. 序言	xùyán	名	写在著作正文前面的文章。
	（1）他请了一位著名的教授为他的论文集写序言。 （2）这篇序言写得很有水平。		
48. 编者	biānzhě	名	编写的人，编辑的人。
	（1）你认识这本书的编者吗？ （2）我就是这本书的编者。		
49. 专辑	zhuānjí	名	专门辑录某一特定内容或文体的书刊、音像制品等。
	（1）为庆祝王教授七十寿辰，他的学生合作出了一本专辑。 （2）他又出了一张专辑。		
50. 撰写	zhuànxiě	动	写作。
	（1）他撰写了一篇书评。 （2）他撰写了这套史志的第二卷。		
51. 全貌	quánmào	名	整体面貌；全部情况。
	（1）从这座山的山顶往下看，你可以看到这座小镇的全貌。 （2）只看一两章，你不可能了解本书的全貌。		
52. 湮没	yānmò	动	埋没，不见了。
	（1）那些古堡已经被黄沙湮没了。 （2）自那以后他再也没出现过，从此湮没无闻了。		
53. 失传	shīchuán	动	没有流传下来。
	（1）治这种病的偏方已经失传了。 （2）因为后继无人，这种绝技也就随着这位老人的去世而失传了。		
54. 此时	cǐshí	名	这时，这个时候。
	（1）此时，他已说不出一句话了。 （2）就在此时，一名警察冲了上去，夺下了他手里的刀。		
55. 忧虑	yōulǜ	动	忧愁、担心。
	（1）他的病情令人忧虑。 （2）值得忧虑的是，在今天，一些人已渐渐忘记了过去血与火的斗争岁月。		

	注音	词性	释义
56. 宝贝	bǎobèi	名	珍稀的物品。

(1) 这幅古画是他家的宝贝。
(2) 你别碰那玩意儿，那是你爸的宝贝。

57. 后人	hòurén	名	子孙后代，或泛指后世的人。

(1) 前人栽树，后人乘凉。
(2) 张家的后人如今已分散到全国各地了。

58. 发扬光大	fāyángguāngdà		使在原有基础上更加发展壮大。

(1) 我们要将雷锋精神发扬光大。
(2) 我们要发扬光大艰苦朴素的革命传统。

59. 厄运	èyùn	名	不好的命运，不幸的遭遇。

(1) 遭此厄运，他再也不想出去闯了。
(2) 厄运就要降临到他头上了。

注释词表

生词	注音	释义
1. 老字号	lǎozìhào	指开设年代久远、有一定声誉的商店。
2. 接班人	jiēbānrén	指接替上一代人或前任的工作或事业的人。
3. 湖笔	Húbǐ	浙江湖州制作的毛笔。
4. 斋	zhāi	房屋，多用作书房、商店、学校宿舍等的名称。
5. 闹市区	nàoshìqū	城市中繁华热闹的区域。
6. 年间	niánjiān	指在某一个时期或年代之内。
7. 手艺人	shǒuyìrén	以手艺为业的人员。
8. 科举	kējǔ	中国古代一种设科取士、选拔后备官员的制度。

生词	注音	释义
9. 考生	kǎoshēng	参加考试的人。
10. 状元	zhuàngyuán	科举考试中成绩最好的人。现常用来比喻在某一行业中成绩最突出的人。
11. 羊毛	yángmáo	羊身上的毛，是纺织原料。
12. 山羊	shānyáng	羊的一种，有弯曲的角。
13. 部位	bùwèi	整体中某个局部所在的位置。
14. 荫蔽	yìnbì	树木遮蔽，阳光照不到。
15. 笔锋	bǐfēng	毛笔的尖端。
16. 锋	fēng	某些器物的尖端部分。
17. 毫	háo	动物身上细而尖的毛。
18. 技艺	jìyì	富于技巧性的艺术、手艺等。
19. 特意	tèyì	专为某件事，特地。
20. 镬子	huòzi	古代煮肉、鱼的无足器皿，某些地区指锅。
21. 笔头	bǐtóur	笔的用来写字的部分。
22. 成型	chéngxíng	把工件、产品加工成一定的形状。
23. 胶状	jiāozhuàng	粘稠的形状。
24. 食指	shízhǐ	拇指旁的指头。
25. 拇指	mǔzhǐ	手的第一个指头。也称大拇指。
26. 特制	tèzhì	特别制作。
27. 学徒	xuétú	在工厂、作坊或商店等处拜师学习技艺的人。
28. 文史	wénshǐ	文学和历史的合称，有时偏指历史。
29. 并非	bìngfēi	并不是。
30. 种种	zhǒngzhǒng	各种、样样。
31. 岁月	suìyuè	年月，泛指时间。

课文 老字号需要接班人

阅读提示

中国历史悠久,有着灿烂的文化艺术传统。然而随着全球现代化进程的推进,许多传统文化艺术或因秘藏不宣,或因落伍不屑逐渐淡出了社会舞台。其实,不但中国面临这种困境,世界上许多国家都遇到了这种难题。本文目的在于唤起人们的关注,就"如何合理处置现代速度和传统文化之间的矛盾"引发人们的深度思考。

中国的毛笔名闻天下,"湖笔"更是笔中精品,湖笔的产地就在浙江湖州。日前应邀到湖州开会,主人在会议间隙安排我去参观了一家制笔厂——"王一品斋笔庄"。笔庄在闹市区的一幢三层楼里,楼下是门市部,二楼办公,三楼是车间。王一品斋笔庄是家老字号,创建于乾隆六年(1741年),迄今已有250多年的历史。相传乾隆年间湖州一姓王的制笔手艺人,在一次科举考试时进京卖笔。事有凑巧,一名考生用他的笔考中了状元,一时为之轰动。人们尊他为"王一品",他制的笔也成了"一品笔"。以王一品命名的笔庄也一代又一代传了下来。王一品笔由于选料严格、做工精细、品质优良,至今还很有名气。

我从小就用毛笔写字,已经用了80多年,但是毛笔是怎样做出来的还真弄不清楚,这次参观笔庄使我大长见识。王一品笔的选料非常严格,用的羊毛要取自山羊身上背阴的部位,比如四条腿腿窝里的毛。这些地方因为荫蔽得好,毛不易碰伤,所以能够保证每根毛的尖端都有笔锋。在一只羊身上采集不到多少羊毛,特别是制作长锋笔的羊毛,一只羊一年积下来的毛只够做一两只笔。另外,制作一只笔要经过浸、拔、并、梳、连、合等近100道工序才能完成。白居易曾以"千万毛中拣一毫"和"毫虽轻,功甚重"来形容制笔技艺的精细和复杂。

为了加深印象,主人特意请了三位有20多年工龄的老工人为我们表演。只见一位工人一手握着一叠长短不同、按比例配好的羊毛,在一个盛满水的镲子里沾湿,另一手持续不断地梳理,并不时将手里的羊毛翻折,以使长长短短的羊毛能均匀地混合起来,同时还要把混在这一把羊毛中不合格的毛剔除出来。这样反复地翻折、沾水、梳理,直到手里的羊毛达到能够做笔头的标准。另一位工人则是将已经成型的笔,沾一些用海草熬制的胶状液体,然后用食指和拇指捏住笔头捻动,不时用特制的小刀,从笔头里削出一两根羊毛。经理告诉我,这是在进行最后的精加工,她要在这捻动当中,判断出笔头的哪个地方不够匀称,要剔除混杂在笔头里的少数几根不合适的毛,以保证每支笔都能达到质量要求。我惊奇地问这位女工,这样细微的差异你是怎样分辨出来的?她说一靠眼睛,二靠感觉。她还说,她的爷爷和爸爸都是制笔工人,到她已是第三代,干了25年了。我又问,你的孩子接班了吗?她不无遗憾地说:"孩子们不爱干这一行。"经理接着告诉我:"去年笔庄招收了十几名学徒,到现在已经有三四个不辞而别,又有四人参了军,剩下的几位不知能不能坚持下来。我们需要接班人。"我对经理说:"你的这几位老工人都是制笔的专家啊,厂里是不是可以给这些技艺精湛的专家一些特殊的待遇和荣誉?要采取办法吸引人们参加到你的队伍中来。"

回到宾馆,随手翻阅主人送我的《湖州文史》,这本小册子里记载了不下七八种湖州名特产品。在序言里编

者说:"本专辑收集撰写的名特产品并非全貌,由于历史上的种种原因,有的已经湮没,有的已经失传……"此时,笔庄经理说的"我们需要接班人"的话又在我耳边响起,这句话使我感到忧虑。我们中华民族在几千年的漫长岁月里创造了多少像"湖笔"这样的宝

贝。作为后人,我们不仅有责任继承,而且应该将其发扬光大。然而事情总不是那么简单,由于种种原因,有多少优秀的民族传统文化正面临着湮没和失传的厄运!

(选自《费孝通文化随笔》,群言出版社2000年3月
作者:费孝通)

课文练习

一、根据课文回答问题:

1. 书中介绍的老字号是哪一家?
2. 作者参观的笔庄的笔为什么叫"王一品笔"?
3. 制作一支长锋笔需要多少羊毛?制作一支笔需要多少工序?
4. 经理为什么说"我们需要接班人"?
5. 为什么现在的年轻人不愿干一些传统的技艺活?

二、熟读下列词语:

为之轰动	选料严格	名闻天下	不无遗憾
为之震撼	做工精细	大长见识	不无痛苦
为之动容	品质优良	达到要求	不无烦恼
为之心动	技艺精湛	继承传统	不无忧虑

三、词语辨析与练习。

精细　　精密　　精湛

都是形容词,都常充当定语、补语。"精细"既可以用来指人的性格或人做事的态度,也可以用来修饰事物,多指工艺细致。"精密"则强调精确度或准确性高,多形容仪器、机械、测量等事物。"精湛"主要指人的技艺。

精细的姑娘	精细的技师	精细的头脑	精细的做工	精细的花瓶
制作得精细	计算得精细	考虑得精细	打算得精细	
精细地比较	精细地分析	精细地挑选	精细地制作	

精密的仪器　　精密的刻度　　精密的计算
精湛的技艺　　精湛的工艺　　精湛的演技　　精湛的手法　　精湛的技术
技艺精湛　　　工艺精湛　　　演技精湛　　　手法精湛　　　技术精湛

特别　特殊

"特别"既是形容词，表示与众不同，不普通，又是副词，有非常、格外的意思，修饰形容词和感情类动词，还有着重、特意的意思，修饰一般动词。"特殊"是形容词，表示不同于同类事物或平常情况。"特别"修饰名词时强调与平时的、一般的情况不一样；"特殊"修饰名词时强调与普通的、一般的情况不一样，与"特别"有相同的一面。

身材**特别**　　样子**特别**　　打扮**特别**　　性格**特别**　　名字**特别**　　声音**特别**
表现得**特别**　做得**特别**　　画得**特别**　　老实得**特别**　小得**特别**
特别的原因　**特别**的风味　**特别**的关系　**特别**的用意
特别喜欢　　**特别**需要　　**特别**重视　　**特别**大　　　**特别**干净　　**特别**聪明
特别拜访　　**特别**参观　　**特别**询问　　**特别**购买

待遇**特殊**　　表情**特殊**　　身份**特殊**　　手法**特殊**　　笔迹**特殊**
特殊的外表　**特殊**的意义　**特殊**的装扮　**特殊**的作用　**特殊**的感觉
表现得**特殊**　变得**特殊**　　打扮得**特殊**

创建　创办　创立

都是动词，都可以带宾语。但搭配的宾语却有所不同。"创建"多搭配有建筑实体的单位；"创办"多搭配实业类的单位；"创立"则多搭配意识形态类的抽象组织机构。

创建学校　　**创建**医院　　**创建**学院　　**创建**根据地　　**创建**卫生城市
创办公司　　**创办**工厂　　**创办**商店　　**创办**书社　　　**创办**学报
创立军队　　**创立**政权　　**创立**机构　　**创立**组织　　　**创立**学说　　**创立**流派

混合　混杂

都是动词，都可以带宾语，但"混杂"含贬义。
混合得均匀　**混合**得不错　**混合**得顺利　**混合**得迅速　**混合**得好

混合的对象　混合的东西　混合的理由　混合的好处　混合的条件
混合编组　混合搭配　混合存放　混合处理　混合居住　混合比赛
花木混杂　牲畜混杂　人群混杂　鱼龙混杂　黑白混杂

采集　收集　搜集

都是动词，都可以带宾语。"采集"原指用手采摘聚集；"收集"主要指将分散的东西聚拢；"搜集"则表示多方仔细寻找后归拢，对象多是比较难得到的东西。

采集树种　采集民歌　采集民间故事　采集标本
收集资料　收集情报　收集证据　收集邮票　收集难民
搜集文物　搜集材料　搜集罪证　搜集人才　搜集药品

辨析练习

一、选词填空：

精细　精密　精湛　特别　特殊　特意　特地
创建　创办　创立　混合　混杂　采集　收集　搜集

1. 王一品笔由于选料严格，做工_____、品质优良，至今还很有名气。
2. 厂里是不是可以给这些技艺_____的专家一些特殊的待遇和荣誉？
3. 经过多次_____的计算终于得出了正确的结论。
4. 他思考问题非常_____。
5. 在一只羊身上采集不到多少羊毛，_____是制作长锋笔的羊毛。
6. 为了加深印象，主人_____请了三位有20多年工龄的老工人为我们表演。
7. 今天是什么_____的日子吗？
8. 他穿这件衣服_____精神。
9. 王一品斋笔庄_____于乾隆六年，迄今已有250多年的历史。

10. 这家工厂是由一群下岗工人 _____ 的。

11. 他 _____ 了一家敬老院。

12. 马克思 _____ 了共产主义理论。

13. 不时将手里的羊毛翻折，以使长长短短的羊毛能均匀地 _____ 起来，同时还要把混在这一把羊毛中不合格的毛剔除出来。

14. 她要在这捻动中，判断出笔头哪个地方不够匀称，要剔除 _____ 在笔头里的少数几根不合适的毛，以保证每支笔都能达到质量要求。

15. 这批蜜橘中 _____ 了一些一般的橘子。

16. 你把这两种酒 _____ 在一起，再加点冰糖和冰块。

17. 在一只羊身上 _____ 不到多少羊毛，特别是制作长锋笔的羊毛。

18. 本专辑 _____ 撰写的名特产品并非全貌。

19. 王洛宾为 _____ 民歌，一生走遍了西部的村村落落。

20. 他为写论文 _____ 了很多资料。

21. 他的祖父喜欢 _____ 古玩字画。

二、在给定的词中选择最合适的词代替句中画线的词：

1. 王一品斋笔庄<u>创建</u>于乾隆六年，迄今已有250多年的历史。
   A. 创办　　　B. 建立　　　C. 创立　　　D. 建造

2. 一名考生用他的笔考中了状元，一时为之<u>轰动</u>。
   A. 震动　　　B. 感动　　　C. 激动　　　D. 跳动

3. 她要在这捻动中，判断出笔头哪个地方不够匀称，要剔除混杂在笔头里的少数几根不合适的毛，以<u>保证</u>每支笔都能达到质量要求。
   A. 证明　　　B. 保护　　　C. 保存　　　D. 确保

4. 我惊奇地问这位女士，这样细微的差异你是怎样<u>分辨</u>出来的？
   A. 分析　　　B. 辨别　　　C. 分清　　　D. 分离

5. 王一品笔由于选料严格，做工<u>精细</u>、品质优良，至今还很有名气。
   A. 精确　　　B. 精美　　　C. 精通　　　D. 精致

6. 这本小册子里<u>记</u>载了不下七八种湖州名特产品。
   A. 记录　　　B. 记忆　　　C. 记号　　　D. 记取

149

四、语法讲解：

1 人们尊他为"王一品"，他制的笔也成了"一品笔"。

"V……为……"表示通过某种动作（V）使得某人成为具有某种身份的人。如：

1. 由于李白的诗歌豪放脱俗，人们尊他为"诗仙"。
2. 他学习好又乐于助人，同学们一致选他为班长。
3. 他发誓一定要拜一清和尚为师。
4. 我想娶玛丽为妻。

2 制作一支笔要经过浸、拔、并、梳、连、合等接近100道工序才能完成。

"……才能……"表示经过长期的多方面的努力才可以完成或实现预定的目标。如：

1. 你要反复模仿操练才能说一口纯正的汉语。
2. 你得画好了这一百个圆才能开始学习画画。

3 为了加深印象，主人特意请了三位有20多年工龄的老工人为我们表演。

"为了……"表示目的。如：

1. 为了能观看这场球赛，他上个星期就把时间给安排好了。
2. 为了引起她的注意，他不惜打翻了一瓶红酒。

4 她不无遗憾地说："孩子们不爱干这一行。"

"不无……"不是没有，多少有一些。如：

(1) 令人不无吃惊的是她竟然会为了一条丝巾而去杀人。
(2) 他不无感慨地说："如今的孩子心目中都只有自己啊。"

比较："不无"和"无不"："不无"意思是不是没有，含"不无"的词组多充当状语；"无不"意思是没有不，含"无不"的词组多充当谓语。如：

(1) 我不无遗憾地告诉你，你的计划被枪毙了。
(2) 得知了这个喜讯，人们无不欢欣鼓舞。

语 法 练 习

一、改写下列句子：

1. 由于他的作品非常杰出，大家都很尊敬他，他被大家称为大师。
（尊……为）

2. 政府发现他几十年如一日地默默奉献，他被当作普通劳动者的榜样。
（树……为）

3. 她有点儿伤心地告诉我，她失去了这次出国的机会。（不无）

4. 学校的决定一出，同学们没有一个人不拍手叫好的。（无不）

二、用给定的词语完成句子：

1. 只有不断地学习，＿＿＿＿＿＿＿＿＿＿＿＿＿＿＿＿＿＿。（才能……）

2. ＿＿＿＿＿＿＿＿＿＿＿，他常常向她借书或请她喝咖啡。（为了……）

字词扩展练习

仿照例子组词，并从中选择10个词造句：

本人	本＿＿	本＿＿	本＿＿	本＿＿
随手	随＿＿	随＿＿	随＿＿	随＿＿
创造	创＿＿	创＿＿	创＿＿	创＿＿
轰动	＿＿动	＿＿动	＿＿动	＿＿动
采集	＿＿集	＿＿集	＿＿集	＿＿集
精品	＿＿品	＿＿品	＿＿品	＿＿品

阅读扩展及泛读练习

唐 三 彩

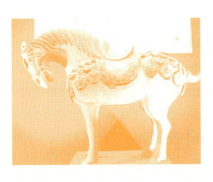

唐三彩指唐代烧制的一种低温多彩的铅釉陶器,它利用在铅釉陶中加进铁、铜等好几种不同的金属,从而烧制出集黄、赭、绿、白、蓝等一色至三色不等的釉陶。

唐三彩是陶瓷工艺对多种金属的呈色原理充分运用的结晶,它的美感正来自于釉色的交错与融汇,这在当时是一个了不起的创造。唐三彩制品分为器皿和俑两大类,充分体现了唐代艺术追求丰满、健硕的时代特征,最有名的有说唱俑、三彩骆驼俑等。骆驼是唐代中外经济文化交流的"使者",在与唐朝有过交往的国家间受到了极大的尊重。

唐三彩发展到明代,发展出了以黄、绿、白等素色为主的素三彩,传世之作有盘、碗、高足碗、洗等器物。至康熙年间,官窑民窑均大量烧制,传世佳作有以黑、绿、黄三色为地者,其中,黑地者因较少烧制而特别名贵。

一种烧陶技术经历了一千多年,却突然断代,其作品落得只在少数几个藏家手中转来转去,真是民族文化遗产之大不幸。

(改编自《正在消失的艺术》,上海远东出版社2002年3月,作者:古岩)

一、判断下列说法是否正确:

1. 唐三彩都是唐朝烧制的。(　　)
2. 唐三彩的美在于它的色彩是融汇在一起,而不是一种颜色一种颜色地描画在一起的。(　　)
3. 唐三彩中常见的代表作是骆驼俑,因为骆驼是当时对外交往的重要交通工具。(　　)

4. 唐三彩因其发明于唐代，且陶器上有三种颜色而得名。（　　）
5. 唐三彩既指陶器又指烧陶技术。（　　）
6. 唐三彩这种技术现在仍然存在，其传世作品却被少数人私藏把玩。
（　　）

二、扩展思考题：
1. 你知道为什么英语中把中国称为"CHINA"吗？
2. 你还知道中国的哪些传统技艺？哪些流传至今仍然深受人们的喜爱，哪些却可能正在消失？
3. 你们国家有哪些传统技艺？有没有遭遇像中国的毛笔制作和唐三彩一样的命运？你们国家对这些传统技艺有什么好的保护措施？

第8课
中式婚礼暗含中国哲学

生 词

	注音	词性	释义
1. 崇拜	chóngbài	动	尊敬钦佩。
	(1) 他非常崇拜英雄人物。		
	(2) 他从小就很崇拜他的爸爸。		
2. 喜庆	xǐqìng	形	值得高兴和庆贺的。
	(1) 今天他结婚,是一个喜庆的日子。		
	(2) 广州风情贺年大巡游活动今天在广州隆重举行,为广州新年第一天增添了喜庆的节日气氛。		
3. 感慨	gǎnkǎi	动	有所感触而慨叹。
	(1) 他整天感慨自己的生活不如以前。		
	(2) 温州人的工作精神,令记者感慨不已。		
4. 情感	qínggǎn	名	感情。
	(1) 钢琴与管弦乐队作品《东方之珠》,以其优美感人的旋律抒发了香港明天会更好的情感。		
	(2) 不知从什么时候起,我们渐渐学会掩藏自己的真实情感。		
5. 产业	chǎnyè	名	土地、房屋、工厂等财产;构成国民经济的行业和部门。
	(1) 活跃的商品流通,也带动了养殖业等其他产业的兴起。		
	(2) 如按产业区分,去年并购额最高的是通信业,共计963亿美元。		

	注 音	词 性	释 义
6. 游客	yóukè	名	游人，旅游的人。

(1) 首批到达杭州的日本游客与市民一起打年糕。
(2) 在工厂旁的商店里，游客可以品尝到三种味道不同的咖啡。

7. 泰斗	tàidǒu	名	泰山北斗，比喻德高望重或有卓越成就而为众人所敬仰的人。

(1) 他是中国的京剧泰斗。
(2) 他算得上音乐界的泰斗。

8. 策划	cèhuà	动	筹划；谋划。

(1) 这部影片怎么个拍法，请你来策划一下。
(2) 这部电视片由周恩来同志的后代亲属发起并策划，由著名导演邓在军担任总导演。

9. 魅力	mèilì	名	很能吸引人的力量。

(1) 一位知识分子看完演出后，给剧团写来一封长信，称赞这部戏使他真正感受到了话剧的魅力。
(2) 泰国旅游机构开展大规模宣传活动，展示泰国旅游的魅力。

10. 婚俗	hūnsú	名	有关婚姻的习俗。

(1) 不同的民族有不同的婚俗。
(2) 如今的婚俗跟古代的有很大的差别。

11. 体验	tǐyàn	动	通过实践来认识周围的事物；亲身经历。

(1) 作家要到群众中去体验生活。
(2) 他深深体验到了这种工作的艰辛。

12. 揭示	jiēshì	动	使人看见原来不容易看出的事物。

(1) 他的这篇文章揭示了一个客观规律。
(2) 我们不应当希望考古学能够将《史记》、《汉书》全面揭示在人们眼前。

13. 吉祥	jíxiáng	形	幸运；吉利。

(1) 这些天，埃及人正忙着采购过节食品，以便过一个吉祥如意的斋月。
(2) 印有法国世界杯标志和吉祥物图案的产品在世界各地已陆续上市。

	注音	词性	释义
14. 祝福	zhùfú	动	祝人平安和幸福。
	（1）祝福你一路平安！		
	（2）请你接受我真诚的祝福。		
15. 孝敬	xiàojìng	动	孝顺尊敬（长辈）。
	（1）她是个好媳妇，平日里非常孝敬公婆。		
	（2）他们对于事业的忠诚，对长辈的孝敬，都是传统文化心理的反映。		
16. 渗透	shèntòu	动	比喻一种事物或势力逐渐进入到其他方面（多用于抽象事物）。
	（1）在每一项建设工程中都渗透着设计人员和工人们的心血。		
	（2）思想障碍表现为旧的传统观念渗透于我们的日常行为、心理和思维中。		
17. 心目	xīnmù	名	内心；想法和看法。
	（1）在他的心目中，国家的利益高于一切。		
	（2）他是我心目中的偶像。		
18. 新娘	xīnniáng	名	结婚时的女子。
	（1）新娘是邻村的安玉莲，两家原定在14日为他们办喜事。		
	（2）半蒙着红纱的新娘小安一脸羞涩，红着脸说："今天我很高兴。"		
19. 袄	ǎo	名	有里子的上衣。
	（1）彭楚政眼圈红了，急忙解开上衣的扣子，把带有体温的军用棉袄裹在了老人身上。		
	（2）孙录打量着消瘦的金金和她穿的又小又薄且多处露出棉花的小花袄，心中一阵酸楚。		
20. 新郎	xīnláng	名	结婚时的男子。
	（1）如果有新郎新娘的喜车经过，这时前后车辆会按着喇叭表示祝贺。		
	（2）到了结婚的日子，新郎要是买不起新船，就租一条新船，好把新娘接过门。		

	注音	词性	释义
21. 暗示	ànshì	动	不明白表示意思，而用含蓄的言语或示意的举动使人领会。

(1) 他用眼睛暗示我，让我走开。
(2) 这是早已暗示过的，他说必须给他们留下一段自由活动时间。

22. 夫妇	fūfù	名	夫妻。

(1) 他们是一对新婚夫妻。
(2) 两位卖主是一对四川夫妻，他们代客对鱼进行粗加工，手活十分利落，令观者赞叹不已。

23. 向往	xiàngwǎng	动	因热爱、羡慕某种事物或境界而希望得到或达到。

(1) 由于他们的作品的传播，这里的山川风物为越来越多的人们所向往。
(2) 从跨出校门那天，他就向往着踏上南极。

24. 和谐	héxié	形	配合得适当和匀称。

(1) 这张画的颜色很和谐。
(2) 在这洒满阳光的大地上，自然界的一切显得和谐安然。

25. 当事人	dāngshìrén	名	跟事物有直接关系的人。

(1) 不久前，在张店法院主持调解下，双方当事人终于达成了协议。
(2) 政府部门价格工作人员不得泄露当事人的商业秘密。

26. 庄重	zhuāngzhòng	形	（言语、举止）不随便；不轻浮。

(1) 在严肃的场合你要放庄重点儿。
(2) 国家环保局局长庄重宣布：在淮河流域1562家污染企业中，已有1139家完成了治理任务。

27. 融合	rónghé	动	几种不同的事物合成一体。

(1) 不同的文化融合在一起，从而形成一种新的文化。
(2) 中国的船舶要打进国际市场，这深刻揭示了一个发展中国家只有与世界经济相融合，才能取得后发优势的客观规律。

	注音	词性	释义
28. 亲友	qīnyǒu	名	亲人和朋友。

(1) 他去世的时候没有一个亲友在旁边。
(2) 我的一位亲友由北京乘长途汽车来石家庄，在车上目睹了一起由一伙骗子操纵的"连环骗"。

29. 随意	suíyì	副	任凭自己的意思。

(1) 请大家随意点菜，不要客气。
(2) 开会的时候，随意出入会场不太好。

30. 敬	jìng	动	尊敬；恭敬。

(1) 这次活动是为了推动全社会进一步树立尊老敬老的观念，为老人办好事。
(2) 北京市东直门中学的两位女学生来到东直门敬老院帮助80多岁的许奶奶包饺子。

31. 鞭炮	biānpào	名	大小爆竹的统称。

(1) 谈话间，传来一阵阵鞭炮声，我们看到有两户农民高高兴兴地搬进了新居。
(2) 张北县大河乡的一个小山村里，鞭炮声、欢笑声不时传出，这是西胡同村24岁的青年贺如兵在举行婚礼。

32. 纽带	niǔdài	名	指能够起联系作用的人或事物。

(1) 批评和自我批评是团结的纽带，是进步的保证。
(2) 我们要打好这张"侨牌"，利用这些企业和侨属的纽带作用，让潮州产品打入海外。

33. 禁忌	jìnjì	名	犯忌讳的话或行动。

(1) 旧时的许多禁忌大都与迷信有关。
(2) 在那次招待会上，小王几杯酒下肚后，就忘却了妻子的禁忌，端着一杯美酒走到她跟前，当着那么多贵客的面对她喊道："喂，来，你也喝一杯！"

34. 庸俗	yōngsú	形	平庸粗俗。

(1) 这种单位间庸俗的拜年之风，造成了负面的社会影响。
(2) 只要有钱可赚，他们就批准，不管是否庸俗、是否无聊，不考虑对社会所造成的恶果。

	注音	词性	释义
35. 新人	xīnrén	名	指新娘和新郎。

(1) 新年前夕，在云南省昆明市体育馆举行了百对新人集体婚礼。
(2) 新人们正在等待婚礼开始的幸福时刻到来。

	注音	词性	释义
36. 天地	tiāndì	名	天和地。

(1) 炮声震动了天地。
(2) 走出了大山，来到了城里，我才知道我的渺小：山外的天地这般大，城里的好景这般多。

	注音	词性	释义
37. 响声	xiǎngshēng	名	声音。

(1) 在谈话过程中，他携带的录音机出了毛病，突然发出了"吱吱吱"的响声。
(2) 小王见了，用石块使劲敲击地板发出响声。

	注音	词性	释义
38. 文人	wénrén	名	指会做文章的读书人。

(1) 萧三与《国际歌》不仅仅是中国文人翻译法国革命诗作的关系。
(2) 从实际生活来看，这句话对于当今的文人学者实在是太正常了。

	注音	词性	释义
39. 隆重	lóngzhòng	形	盛大庄重。

(1) 今天学校举行了隆重的开学典礼。
(2) 今日清晨，在嘹亮的国歌声中，拉萨隆重举行了升国旗仪式。

	注音	词性	释义
40. 净化	jìnghuà	动	清除杂质使物体纯净。

(1) 对全村进行"净化、绿化、美化"。
(2) 提高这些行业职工的思想道德素质，推动社会风气的净化，主要是精神文明建设的课题。

	注音	词性	释义
41. 他人	tārén	名	别人。

(1) 关心他人，比关心自己为重。
(2) 这个区在青少年中开展教育，培育青少年"心中有他人，心中有集体，心中有祖国"的情操。

	注音	词性	释义
42. 隐藏	yǐncáng	动	藏起来不让发现。

（1）战士们隐藏在树林中。
（2）这一结果暴露出来很多原来被隐藏起来的问题。

	注音	词性	释义
43. 模式	móshì	名	某种事物的标准形式或使人可以照着做的标准样式。

（1）江西萍乡矿务局近年来改变了传统管理模式，建立了有效的管理机制。
（2）垦区每年划拨1500万元科研经费，专门用于农业新技术研究开发，组装高产模式，推广实用技术。

	注音	词性	释义
44. 符号	fúhào	名	记号；标记。

（1）文字是记录语言的符号。
（2）去年12月16日的《人民日报》第二版有篇连题目带标点符号不足250字的短消息。

	注音	词性	释义
45. 沟通	gōutōng	动	使双方能交流。

（1）如果说有些宴席可沟通情况、商定工作，但那也毕竟只是一种工作准备的形式。
（2）它能够发挥学生的主动性，使学生和教师之间平等、自由地沟通。

注释词表

生词	注音	释义
1. 中式	zhōngshì	中国式样。
2. 婚礼	hūnlǐ	结婚仪式。
3. 日神	rìshén	太阳神。
4. 西式	xīshì	西洋（一般指欧洲和美洲）式样。
5. 情人节	Qíngrén Jié	相爱中男女的节日，在每年的2月14日。

生词	注音	释义
6. 适逢	shìféng	恰好碰到。
7. 本土	běntǔ	课文中指本地，本国家。
8. 例证	lìzhèng	用来证明一个事实或理论的例子。
9. 吹吹打打	chuīchuīdǎdǎ	用管乐器和打击乐器合奏。
10. 驻足	zhùzú	停止脚步。
11. 民俗	mínsú	民间的风俗习惯。
12. 首次	shǒucì	第一次。
13. 穿越	chuānyuè	通过；穿过。
14. 皇家	huángjiā	皇室，皇帝的家族。
15. 花轿	huājiào	旧俗结婚时新娘所坐的装饰华丽的轿子。
16. 重放异彩	chóngfàng yìcǎi	重新发出光辉灿烂的光彩。
17. 烘托	hōngtuō	泛指陪衬，使明显突出。
18. 主旨	zhǔzhǐ	主要的意义、用意或目的。
19. 礼仪	lǐyí	礼节和仪式。
20. 吉利	jílì	吉祥顺利。
21. 兴旺发达	xīngwàng fādá	兴盛，旺盛，有充分发展。
22. 源于	yuányú	来源于。
23. 张贴	zhāngtiē	贴（布告、广告、标语等）。
24. 盖头	gàitou	旧式婚礼新娘蒙在头上遮住脸的红布。
25. 佩戴	pèidài	挂在胸前、臂上、肩上等部位。
26. 服饰	fúshì	衣着和装饰。
27. 红火	hónghuo	形容旺盛、兴隆、热闹。
28. 祈福迎祥	qífúyíngxiáng	祈祷幸福，迎接吉祥。
29. 家族	jiāzú	以血统关系为基础而形成的社会组织，包括同一血统的几辈人。
30. 蕴涵	yùnhán	包含。
31. 姻亲	yīnqīn	由婚姻而结成的亲戚。
32. 裱文	biǎowén	用纸或丝织品做衬托的字书。
33. 焚化	fénhuà	烧掉（尸骨、神像、纸钱等）。
34. 升腾	shēngténg	（火焰、气体等）向上升起。
35. 齐鸣	qímíng	一块儿发出声音。
36. 锣鼓喧天	luógǔ xuāntiān	锣鼓的声音很大。

生词	注音	释义
37. 丰衣足食	fēngyīzúshí	形容生活富裕。
38. 喜娘	xǐniáng	伴娘,举行婚礼时陪伴新娘的女子。
39. 伴郎	bànláng	举行婚礼时陪伴新郎的男子。
40. 鳏寡孤独	guānguǎ gūdú	泛指丧失劳动力而又无依无靠的人。
41. 初衷	chūzhōng	最初的心愿。
42. 唢呐	suǒnà	管乐器,管身正面有七孔,背面一孔。
43. 笙	shēng	管乐器,常见的有大小数种,用若干根装有簧的竹管和一根吹气管装在一个锅形的座子上制成。
44. 自娱自乐	zìyú zìlè	自己使自己快乐。
45. 本族群	běnzúqún	自己民族的一群人。
46. 红枣	hóngzǎo	一种植物的果实。
47. 桂圆	guìyuán	一种植物的果实,也叫龙眼。
48. 早生贵子	zǎoshēng guìzǐ	早日生下儿子(含祝福的意思)。

课文　中式婚礼暗含中国哲学

阅读提示　本文讲的是中国传统的婚礼仪式以大红色烘托出喜庆、热烈的气氛，同时也体现出中国人向往天地人和谐的哲学思想和追求幸福生活的文化心理。

记者亲历传统婚礼

刚刚过去的西式情人节适逢新春佳节，显得格外喜庆。不过，也许国人从此不必感慨本土节日比不上洋节了，因为在对待情感的态度上，中国人已经越来越喜爱传统的方式。近两年，传统婚礼仪式越办越多，甚至形成产业就是例证。

前不久，北京的北海公园内，出现了一队吹吹打打的迎亲队伍，吸引了众多游客驻足。这是由北京民俗泰斗常人春先生亲自策划并主持的老北京传统婚礼，也是新中国成立以来民间婚礼首次穿越皇家园林举行。这消失了半个多世纪的花轿接亲几乎同时出现在中国大江南北。到底是什么魅力使传统婚俗在中国这片土地上重放异彩呢？带着这个问题，记者亲自体验了一把中式传统婚礼，以揭示其中的魅力。

我国传统的婚礼仪式，总以大红色烘托着喜庆、热烈的气氛。吉祥、祝福和孝敬成为婚礼上的主旨。俗话说"礼乐和鸣"，几乎婚礼中的每一项礼仪都渗透着中国人的哲学思想。

爱红源于日神崇拜

"红"在中国人心目中是喜庆、成功、吉利、忠诚和兴旺发达等意义的象征。这源于古代对日神的崇拜。在传统婚礼上张贴大红喜字，给新娘遮脸的是红盖头，新娘穿的吉服是大红袄，新郎胸前佩戴的是大红花等等。这些红色服饰不但给婚礼带来喜庆的气氛，同时也暗示着新婚夫妇婚后的日子会越过越红火。

婚仪体现天地人和谐

著名民俗学家高巍认为，传统婚姻的很多仪式中都体现了中国人向往天地人和谐的哲学，以及人们祈福迎祥的文化心理。因为传统意义上的婚姻不仅仅关系到结婚的双方当事人，而且是两个家族和全社会的事，需要通过一系列仪式反映婚姻的庄重，引起当事人和亲属朋友对婚姻本身的重视。其背后蕴含着对天地人融合的观念。

请亲友来证明婚姻本身的正式和庄重，不是随意的，这和重视人与人的和谐结合在一起。由于婚姻的产生，使得二人的家庭形成姻亲关系。仪式可以体现家长在家庭中的地位。

仪式结束时，新郎新娘要把敬神的钱粮和裱文都放到钱粮盆中拿到院里焚化。随着火焰和纸灰的升腾，此时鞭炮齐鸣，锣鼓喧天，表示已经得到了"天"的认可。

国人敬天，这和农业社会生产水平有关。当时必须以家族为纽带，和自然形成共同生活的原则，因此只有天地人合一、关系和谐，人才能够丰衣足食。

再比如，传统婚礼中有很多装饰性的器物以及语言禁忌、参与人的禁忌，像喜娘伴郎不能由鳏寡孤独者担任，这并不像庸俗化解释中说的那样是担心"不吉利"影响新人，而是因为在传统观念中，鳏寡孤独恰恰表现了一种不和谐，不圆满，和仪式中向天地祈福的初衷是相反的，因此有了这样的禁忌。

传统婚礼中常用的乐器也反映了"和谐"的思想以及对"天"的重视。锣鼓、唢呐、笙都是以响声明亮为特点的，婚礼上的音乐也不是人们的自娱自乐，而是要表达人的声音，声音大才能让"天"知道，同时反映婚姻本身的隆重。参与者在四面大鼓，两面开道锣的巨大声响中能够感受到灵魂的净化作用。人在天地间生活，要与天地和谐，也要与人和谐。中国人的祈福迎祥，也就是这样一种社会文化心理的反映。

礼俗的文化意义

中国社会科学院民族研究所教授何星亮在《文化与文明》中写到：每一种文化都可分为外显的文化和内隐的文化两部分。外显的文化包括物质文化(或科技文化)、社会文化(或制度文化)和精神文化三部分。社会文化(或制度文化)是表现人与人之间关系的文化，主要是为了与他人和谐共处以维持集体生活而创造的。精神文化是表现人与自我之间关系的文化，它是人类为了克服自己在感情、心理和认知上的种种困难与挫折、忧虑和不安而创造的。而内隐的文化是隐藏在外显文化背后的结构或模式。象征符号是构成文化的重要部分，它是传达意义或信息的重要形式，是人与人、人与社会之间相互联系、相互沟通的重要手段，在人们的生活中起着十分重要的作用。每个民族都拥有大量的象征符号，而这些象征符号通常只有本族群的人才能理解。例如，汉族传统婚礼上，新娘一般都吃红枣、花生、桂圆、瓜子等，这四种食物象征"早生贵子"，而这种象征意义只有汉族和了解汉文化的人才能理解。

(选自 2005 年 2 月 15 日《北京科技报》，作者：余裕)

课文练习

一、根据课文回答问题：

1. 中国传统婚俗为什么在中国这片土地上重放异彩？
2. 大红色在中国人心目中为什么会成为喜庆、成功、吉利和兴旺发达等意义的象征？
3. 在中国传统婚礼上，为什么会有燃放鞭炮，敲锣打鼓等仪式？
4. 在中国传统婚礼上有参与人的禁忌，像喜娘伴郎不能由鳏寡孤独者担任，为什么？
5. 在汉族传统婚礼上，新娘为什么要吃红枣、花生、桂圆和瓜子这四种食品？

二、词语辨析与练习：

崇拜　崇敬

"崇拜"与"崇敬"都是动词，都有敬仰、钦佩的意思，多用于书面语，都可受程度副词修饰，都可以带指人的宾语。

"崇拜"指十分敬仰和钦佩，甚至达到过分的、迷信的程度，语义较重，中性词，适用范围较广，对象可以是人、神，也可以是某种事物，可受"盲目"修饰。例如：

(1) 我们不能盲目**崇拜**外国的产品和经验。
(2) 我在他的生活中只是个简单而快活，一味**崇拜**名人的现代派女孩。

"崇敬"指推崇尊敬，是褒义词，多用于对领袖、劳模、英雄等的推崇、尊敬，不能用于事物，不能受"盲目"修饰。例如：

(1) 科学家们一丝不苟的工作态度和不被困难所屈服的精神，受到人们**崇敬**。
(2) 金井严肃地说："半个世纪过去了，我一直**崇敬**杨将军。"

热烈　热闹

"热烈"与"热闹"都可作形容词，都有活跃、兴奋、不冷落的意思。

"热烈"着重形容人的情绪兴奋激动或场面、气氛活跃，适用范围较大，多用于积极方面，是褒义词，多用于书面语，没有重叠式，只用作形容词。例如：

(1) 辩论自始至终都很**热烈**。

(2) 孩子们在村道上，**热烈**迎接收工回来的父母亲。

"热闹"着重形容场面、景象喧闹、繁杂、活跃，不用于人，适用范围较小，中性词，多用于口语，可以重叠成AABB式，除作形容词外，还有动词和名词的意义和用法。用作动词，表示使场面活跃、使精神愉快，例如："唱支歌，热闹热闹"；用作名词，表示热闹的景象，例如："不要凑热闹"。"热烈"没有这些用法。例如：

(1) 晚上八九点钟，这条步行街上人山人海，十分**热闹**。

(2) 过去，北城最吸引人的地方是跃进道上的几家百货商店、副食店及家用电器商店，最**热闹**的是百货大楼。

(3) 江滨咖啡馆很冷清，咖啡馆总是到晚上才**热闹**起来。

(4) 他只顾着瞧**热闹**，忘了回家了。

忧虑　忧愁　忧伤

"忧虑"、"忧愁"和"忧伤"都表示不顺心、愁闷、担忧的意思，都可受程度副词的修饰，都能作谓语。

"忧虑"是动词，侧重指担心焦虑的状态，语义较"忧愁"重些，多用于书面语，常带对象宾语，例如："父亲整天忧虑着儿子的前途"。"忧愁"和"忧伤"没有这样的用法。例如：

(1) 女儿工作不理想，母亲心里十分**忧虑**。

(2) 你同时还要学会克制自己的**忧虑**、多思，学会放松，不能总是心事重重。

"忧愁"是形容词，指事情不顺心、不如意，心中烦闷愁苦，语义较轻，多用于口语，例如：

(1) 母亲的病久治不愈，她心里十分**忧愁**。

(2) 我是一个普通人，有欢乐也有**忧愁**。

"忧伤"是形容词，侧重指忧闷悲伤，语义很重，例如：

(1) 儿子得了不治之症，**忧伤**的父亲郁郁寡欢。

(2) 有时她还写首诗什么的，**忧伤**一番，但始终没上路。

辨析练习

选词填空：

崇拜　崇敬　热烈　热闹　忧虑　忧愁　忧伤

1. 墙太多，而且愈来愈多，然而树却愈来愈少，着实令人_____。
2. 英国国王乔治六世举行加冕典礼，各国祝贺的使节云集伦敦，一时间，伦敦街头车水马龙，好不_____。
3. 当我们在这个山岗上回望，绵延而去的是我们往昔的时光，或美丽，或_____，或者同世上所有平凡的人一样极其平淡，但那毕竟是归属我们两个人的，是我们极为珍贵的财富。
4. 屈原、鲁迅、吉鸿昌，这些都是我极为_____的勇士。
5. 表达出你的看法，不管它是好是坏，而不要抑制自己的怒气或是_____。
6. "因为我的母亲，我迟迟不能动身。从秋天到冬天，我一次一次推迟了行期。再推下去，法兰克福就要取消我的资格。"小伙子_____地说。
7. 这时在周围的两三位外国朋友争先回答，你一言，我一语，几乎展开了一场_____的讨论。
8. 凡是到这里来参观过的四方游客，无不为此而产生_____之情。
9. 一到夏天，坐落在美国海滨的美丽小城艾米蒂就_____非凡，从世界各地赶来的游客都仰慕这里的海滨浴场，纷纷来这里避暑消夏。
10. 作品出版后受到_____的欢迎，但同时也有点副作用——有的青年男女每因婚姻不圆满而即以自杀表示抗议，一时间形成"维特热"。
11. 宗教家创造出神来供自己_____。
12. 1992年春，寂寞了数十年的荒丘竟奇迹般地_____了几天。
13. 生命似乎永远是渺小和伟大的"混血儿"，由此我们也就没有理由产生绝对的_____或蔑视，再伟大的巨人也有他渺小的瞬间，再渺小的凡人也有他伟大的片刻。
14. 介绍两种驱除你生活中_____的办法：第一，勇敢地正视你担心的事情；第二，以行动、计划来代替担心。
15. 纳佳从小就认识了这位当时就显赫的革命英雄，对他十分_____。

16. 她不是不知_____伤感，但在生命里还有比伤感更强的东西。
17. 日本电影《追捕》在中国上映时，我去看了，深深地被男主角的气质所吸引：刚毅，勇敢，百折不挠，把感情埋得很深，又爱得那么_____。
18. 很多时候，她们为对方的人格力量和_____的眼睛所感动，泪水情不自禁地慢慢溢出来。
19. 最高的造出上帝，其次造出英雄之神，再其次造出财神、土地公、土地婆来供自己_____。
20. 每当这个时候，她便_____地摇摇头，因为那位她期待中的"白马王子"并不是我，只是我们相像。

三、语法讲解：

1 刚刚过去的西式情人节适逢新春佳节，显得格外喜庆。

"显得格外喜庆"是一个述宾短语，在这个句子中作谓语。在汉语中，有的动词后面必须带宾语，如："显得、懒得、赢得、免得、加以、善于、乐于、属于、从事、姓、意味着"等；有的动词能带宾语，但是在具体的句子中也可以不带，如："吃、看、打、说"等大多数动词。宾语按它的性质可以分为：

（1）体词性宾语。如：
① 小张买了一本杂志。
② 小王已经去上海了。

（2）谓词性宾语。如：
① 今天他穿这件衣服，显得很年轻。
② 我懒得回答这个问题。

2 到底是什么魅力使传统婚俗在中国这片土地上重放异彩呢？

这个句子是一种特殊的句式，叫做"兼语句"。兼语句是兼语短语作谓语的句子或由兼语短语构成的非主谓句。如：
（1）我们派小李去北京。
（2）别让小孩子进来！

一般认为兼语短语是一个述宾短语和一个主谓短语套在一起构成的短语，

169

其中述宾短语的宾语兼作主谓短语的主语。如"派小李去"这个兼语短语就是述宾短语"派小李"和主谓短语"小李去"套和而成的,其中"小李"就是宾语兼主语的"兼语"。注意:主谓短语作宾语句和兼语句是不同的,比较:

我们派小李去。

我们知道小李去。

"我们知道小李去"是主谓短语作宾语句,而"我们派小李去"是兼语句。带主谓短语作宾语的动词一般是认知、感知意义的动词,而兼语句的第一个动词往往是具有使令意义的动词,表示使令意义的兼语句是典型的兼语句,占兼语句中的大多数。表示使令意义的动词有"使、让、叫、请、催、逼、求、派、促使、强迫、号召、命令、禁止"等。

3 这是由北京民俗泰斗常人春先生亲自策划并主持的老北京传统婚礼,也是新中国成立以来民间婚礼首次穿越皇家园林举行。

量词"次"和"回"在不少情况下都可以互相替换,但是两者的用法也有一些区别。

"次"组成的量词短语可以用在"会议"、"战争"、"机会"、"事故"、"事件"等的前边,"回"一般不能这么用。

"次"与"列车"、"火车"之类的名词配合时,是名量词。"回"不能这么用。

"次"常与"多"组合成"多次",可以用在动词短语前边,如:"领导多次找他谈话。"但"多回"不常见。

单用"次次"作状语的情况不多,但"一次次"作状语却较常见,如:"一次次跌倒,一次次爬起来",而"回"的情况正好相反,"一回回"作状语不常见,"回回"作状语却较常见,如:"连续考了好几次大学,回回都考不上。""我回回去他家,他回回都不在。"

"次"组成的量词短语有时直接用在动词或动词短语前边作状语,如:"三次申请出国"。"次"较多用在正式场合和比较专门的用语中,如:"第一次浪潮"、"一日三次,一次两片(服药用量)"。这些短语中的"次"一般也不用"回"。

第8课　中式婚礼暗含中国哲学

语 法 练 习

一、选词填空：

> 显得　　懒得　　赢得　　免得　　进行
> 加以　　善于　　乐于　　属于　　从事

1. 他在大学里 _____ 科学研究。
2. 小王是个很热心的人，总是 _____ 帮助别人。
3. 经过九十分钟的激战，他们终于 _____ 这场足球比赛。
4. 对于这种不文明的现象，我们要 _____ 批评。
5. 小张是个好学的青年，他总是 _____ 学习别人的长处。
6. 下个星期我们要 _____ 考试，现在就要开始复习了。
7. 跟你说话简直是对牛弹琴，所以我 _____ 搭理你。
8. 你还是快点去吧，_____ 又迟到了。
9. 这个房子不是你个人的，是 _____ 公司的。
10. 玛丽这次考试考得很不错，所以今天她 _____ 很高兴。

二、仿照例子，用所给词语造兼语句：

例：让　　等

　　她让我等五分钟。

1. 叫　　　九点来
2. 让　　　教她汉语
3. 请　　　看中国电影
4. 催　　　还书
5. 托　　　带东西
6. 劝　　　别生气
7. 派　　　去
8. 使　　　不安
9. 组织　　游览
10. 强迫　　同意

三、在下列横线上填上量词"次"或"回"：

1. 这是我们第一_____见面。
2. 这_____事件引起了意大利历史上一_____规模最大的人质搜寻工作。
3. 还有一_____，我看见几个正经小伙去邀请一位小姐，都遭拒绝："对不起，我不会跳。"
4. 他是专门为了这_____会面被从监狱里提出来的。
5. 美国《史密森》杂志举行了一_____规模宏大的民意测验。
6. 科长说："这_____出了个天大的事情，天没亮我就跟厂长一起被叫到公安局去了。"
7. 我们每个月结一_____账，从中扣除房钱、伙食费和服装费。
8. 1980年厂里出了一_____事故，一名工人被漏出的毒气毒死了。
9. 这个年轻人在谈及楚霸王项羽时，充满了激情——想不想当将军是另一_____事。
10. 更重要的是，他们不再以童声高唱"爱你就没有商量"、"潇洒走一_____"，而终于有了自己的语言和自己的世界。
11. 在他戒烟以后，他的战友第一_____去看他时，他既高兴又自豪地对战友说，他已经很多天没有抽烟了。
12. 他已经读过了两_____大学课程，竟得不到一纸文凭。
13. 小陈怪他们俩都太认真了，试做一_____夫妻也未尝不可嘛。
14. 在这段时间里，他没有抽过一_____烟。
15. 我再朝她看看，她正对我微笑，这_____，她以爽朗的声音说："你快选吧。"
16. 为了思考和融化读过的东西，不知有多少_____他来回地踱着、踱着……这时，什么象棋和任何娱乐，都不能使他分心。
17. 在一_____象棋晚会上，有两个胖子在下棋。
18. 这一_____我画好了设计图，买来了制作工具，不过五年过去了，我至今也没拿到这项专利。
19. 这些年来，公安部门花了不少力气，每_____收容之后，街面上就会干净几天，但基层干警的任务很多，每天都有许多比清理乞丐更重要的事情等着他们。

第8课　中式婚礼暗含中国哲学

字词扩展练习

仿照例子组词，并从中选择10个词造句：

庸俗化	____化	____化	____化	____化
民俗学家	____家	____家	____家	____家
情人节	____节	____节	____节	____节
哲学	____学	____学	____学	____学

阅读扩展及泛读练习

副课文 1

新风尚和传统习俗完美结合——福州婚俗"迎新"不"辞旧"

又是一年春来早，趁着明媚的春光，榕城福州的不少年轻人踏上了"红地毯"。中式、西式或中西合璧的婚礼，花样层出不穷，令人眼花缭乱，却有一个共同的特点——"迎新"不"辞旧"。新风不断演绎，传统习俗依旧承传。

以往福州人结婚，都是在自家的大院里摆上几桌喜宴招待客人，如今的婚宴大都在大中型酒店举办，一碗"太平燕"无论如何少不了。太平燕即肉燕，是福州特色小吃，因其形状四平八稳，美其名曰"太平燕"。而且每人必须吃两个，取其寓意"吉祥太平、成双成对"。

"闹洞房"是婚礼喜庆气氛的最高潮，如今福州的婚庆典礼上这一重任更多的由主持人承担。主持人可说是婚庆典礼上的灵魂人物。一位姓陈的先生说，主持人需要透彻了解婚俗文化，并具有把持、调动婚礼现场气氛的能力。他曾参加过一个朋友的婚礼，主持人言语诙谐幽默，还设计了一些有趣又不落俗套的游戏，整场婚礼的气氛轻松愉快，令人印象深刻，甚至有宾客当场打听主持人的姓名，希望自己结婚时可以请他帮忙。

分发喜糖喜饼的婚俗由来已久，如今的新人亦不能免俗。可是众口难调，买哪种糖果、买多少糖果,令不少新人犯难。送饼券的新风应运而生。送上几张向阳坊等知名糕饼店的饼券,宾客们可以随时去取,还能挑选最适合个人口味的糕点,对新人来说更是省心省力,可谓一举两得。

"留住自己最美丽的一刻"——一家婚纱影楼的广告词说出了众多新娘的心声。据一位姓刘的摄影师介绍,福州拍婚纱照的地方很多:寿山瀑布、长乐海边、郊区的原野等。不同的新人有不同的选择,只有古老的三坊七巷是必不可少的。他说,夕阳的余晖下,穿一身旗袍,撑着油纸伞,走在三坊七巷幽长深远的巷子里,不需要任何修饰就是一幅极具福州风情的绝美图画,而且很有纪念意义。

福州婚俗"迎新"而不"辞旧",新风尚和传统习俗完美地结合在一起,正如这个有着两千多年历史的沿海城市,走在时尚潮流的前端,却又眷恋着传统的习俗。

(选自2004年3月12日《深圳侨报》)

根据文章的内容判断下列说法是否正确:

1. 如今福州人结婚,都是在自家的大院里摆上几桌喜宴招待客人。(　　)
2. 太平燕是福州的特色小吃,每人必须吃两个,取其寓意"吉祥太平、成双成对"。(　　)
3. 婚礼主持人需要透彻了解婚俗文化,并具有把持、调动婚礼现场气氛的能力。(　　)
4. 分发喜糖喜饼的婚俗由来已久,但如今的新人已取消这种婚俗。(　　)
5. 福州的新人总是会选择在古老的三坊七巷拍婚纱照。(　　)

副课文 2

烦琐婚俗悄然改变　津城渐兴简约婚礼

上周末不仅天儿好,还是不少新人的好日子,津城花车流动,拉开了2005年结婚第一高峰月的序幕。有关部门预计,4月16日、24日将成为2005年的

第8课　中式婚礼暗含中国哲学

结婚高峰日。现在越来越多的新人的结婚过程较以前悄然"缩水"，简约派婚礼也成为近几年天津市凸显的新趋势。

据市民政局的统计数据表明，2004年全市共76000余对新人登记结婚。预计2005年登记结婚的总人数会与去年基本持平。据民政部门、多家酒楼饭店、婚庆公司和旅行社的"摸底"，2005年4、5月份和9、10月份，将成为新人扎堆结婚的高峰时段。初步预计，4月里全市结婚的新人总数将接近1万对。

照婚纱、结婚登记、举行典礼仪式和旅游度蜜月，被业内人士戏称为现代青年的结婚四部曲。与以前相比，这结婚的整个过程正悄然趋于整体提速和简化。在机关工作的刘先生和就职外企的爱侣小李，相恋两年后，仅用了不到两个月时间，即将"四部曲"一气呵成。还有的新人在登记当天就举行典礼仪式，有的则选择集体婚礼和旅游结婚，或干脆亲戚好友聚在一起吃个饭就结了。

市民政局婚姻处负责人称，由于新婚姻登记条例更简单、更具人性化，使得结婚过程变得简单，移风易俗举行婚礼的新人越来越多。加之工作的紧张繁忙、青年一代对传统婚俗的淡漠，也使得双方不愿把结婚的"表面文章"做大。新人则更趋向整个结婚过程的简约，从登记手续的简化，延伸到操作婚礼全过程的简单。

社会学者表示，如今新人结婚比以前趋向于简单，是社会进步和百姓婚俗改变的体现。简化成亲过程，不仅不是敷衍一辈子的"大事"，而且会让新人双方甚至两个家庭（特别是双方父母）从烦琐的准备和不必要的麻烦中解脱出来。整体过程缩水，简约派婚礼很可能成为今后都市结婚族的流行趋势。

（选自2005年4月11日《今晚报》，作者：刘滨）

请简要回答下列问题：

1. 在天津，现在越来越多的新人的结婚过程较以前悄然"缩水"。其中"缩水"一词在文中是什么意思？
2. 根据课文，现代青年的结婚四部曲是指哪些？
3. 什么原因促使新人趋向整个结婚过程的简约？
4. 社会学者对新人婚礼过程简化的态度是什么？
5. 谈谈你们国家最有特色的婚俗文化。

第 9 课　　婚姻鞋

生　词

	注　音	词性	释　义
1. 幼小	yòuxiǎo	形	还没有成熟。
	(1) 几年前,它还是一棵幼小的果树,今年却已经开花结果了。		
	(2) 父母离婚了,他那幼小的心灵受到了伤害。		
2. 无拘无束	wújūwúshù		形容非常自由,没有什么限制。
	(1) 我非常想念童年时无拘无束的生活。		
	(2) 他过着一种无拘无束的生活。		
3. 洒脱	sǎtuō	形	形容说话、做事非常自然。
	(1) 他做事非常洒脱。		
	(2) 见到人说话洒脱点,不要害羞。		
4. 唤醒	huànxǐng	动	叫醒。
	(1) 我正在熟睡,突然一阵铃声唤醒了我。		
	(2) 他把我从睡梦中唤醒。		
5. 跋涉	báshè	动	爬高山,在水里走,形容路上很辛苦。
	(1) 长途跋涉之后,大家都累得走不动了。		
	(2) 经过数十天的跋涉,我们终于到了井冈山。		
6. 炎热	yánrè	形	指天气非常热。
	(1) 我们过了一个炎热的夏天。		
	(2) 中国夏天最炎热的城市之一是武汉。		

注音	词性	释义
7. 沼泽 zhǎozé	名	低洼积水，杂草丛生的泥地。

（1）要到那个地方，必须经过一片沼泽地。
（2）一定要小心，走进了沼泽，我们可就危险了。

8. 人生 rénshēng	名	人的生存和生活。

（1）人生有两件宝贝：双手和大脑。
（2）她很喜欢听爷爷给她讲人生的经验。

9. 无涯 wúyá	形	无边。

（1）人的智慧是无涯的。
（2）人生也有涯而知也无涯。（人的生命是有限的，但知识是无限的。）

10. 赶路 gǎnlù	离合	为了早点到目的地而很快地走路。

（1）今天好好睡一觉，明天还赶路呢。
（2）赶了一天路，我的脚都走疼了。

11. 千难万险 qiānnánwànxiǎn		有很多的困难和危险。

（1）经过千难万险，我们终于到了目的地。
（2）经历了千难万险，他们依旧没有停下前进的脚步。

12. 尚 shàng	副	还。

（1）他下学期还学不学汉语尚不清楚。
（2）谈论这个问题尚早，还是等两天吧。

13. 祖祖辈辈 zǔzǔbèibèi		世世代代。

（1）我们家祖祖辈辈都是农民。
（2）乐于助人是中国人祖祖辈辈流传下来的美德。

14. 话题 huàtí	名	说话的中心。

（1）今天我们的话题是：你在中国的生活。
（2）什么衣服流行是女孩子们的话题。

15. 简陋 jiǎnlòu	形	（房屋、设备等）不完备，简单，不细致。

（1）用简陋的设备，很难生产出高质量的产品。
（2）建筑工人常常住在很简陋的房子里，条件很艰苦。

	注音	词性	释义
16. 昂贵	ánguì	形	非常贵。

(1) 这件珠宝价格昂贵,一般人是买不起的。
(2) 为了得到那件宝物,她付出了昂贵的代价。

	注音	词性	释义
17. 仙女	xiānnǚ	名	传说中年轻美丽的女神仙。

(1) 女孩子们都想像仙女一样美丽。
(2) 演员们打扮成仙女,轻扬起舞。

	注音	词性	释义
18. 姻缘	yīnyuán	名	婚姻的缘分。

(1) 在同学们的帮助下,他们终于结成了美满的姻缘。
(2) 我们促成了一对好姻缘。

	注音	词性	释义
19. 美妙	měimiào	形	美好,奇妙。

(1) 马路对面传来美妙的歌声。
(2) 收音机里正播放着美妙的音乐。

	注音	词性	释义
20. 莫	mò	副	不要,别。常表示劝告或禁止。

(1) 那儿危险,莫去。
(2) 这两种药差不多,你莫吃错了。

	注音	词性	释义
21. 贪图	tāntú	动	特别希望得到(某种东西或好处)。

(1) 买东西不要贪图便宜,要买物美价廉的东西。
(2) 他只贪图自己舒服,而不管他的父母。

	注音	词性	释义
22. 华贵	huáguì	形	华丽珍贵。

(1) 那个妇女衣着华贵,举止傲慢。
(2) 玛丽家的地上铺着华贵的地毯。

	注音	词性	释义
23. 鲜血淋淋	xiānxuèlínlín		血流得很多的样子。

(1) 那里出了车祸,地上鲜血淋淋,让人很害怕。
(2) 那个电影鲜血淋淋的,别看了。

	注音	词性	释义
24. 雪白	xuěbái	形	像雪一样白的颜色。

(1) 他总是穿一件雪白的衬衫。
(2) 梨花开放的时候,远远望去,一片雪白。

	注音	词性	释义
25. 光洁	guāngjié	形	有光亮而且很干净。

(1) 她新家的地板很光洁。
(2) 她穿着一双光洁的丝袜。

	注音	词性	释义
26. 袅袅	niǎoniǎo	形	细长柔软的东西随风摆动，烟气缭绕上升，声音延长不绝。本课形容女子身材苗条柔弱的样子。

(1) 她袅袅地走来了。
(2) 现在是做晚饭的时间，村子里炊烟袅袅。

27. 翩翩起舞	piānpiānqǐwǔ		形容轻快地跳舞。

(1) 早晨的芦苇荡旁，几只丹顶鹤在翩翩起舞。
(2) 随着音乐声响起，那些漂亮的姑娘翩翩起舞。

28. 冷不防	lěngbùfáng	副	没有想到，突然。

(1) 他冷不防碰了我一下，把我吓得大叫起来。
(2) 下雪了，路上很滑，我冷不防摔了一跤。

29. 无辜	wúgū	形	没有过错。

(1) 事实证明那个人是无辜的。
(2) 小孩子是无辜的，你不能伤害他。

30. 功臣	gōngchén	名	对某件事情有很大贡献的人。

(1) 杨利伟是中国航天事业的功臣。
(2) 他是我们家的功臣：因为在我们最困难的时候，他给了我们最大的帮助。

31. 丑恶	chǒu'è	形	样子难看，让人讨厌。

(1) 她是一个丑恶的老太婆，我不想再看她第二眼。
(2) 他们那些丑恶的嘴脸让人讨厌。

32. 铸造	zhùzào	动	把金属加热熔化后倒入模子里，冷却后成为器物。

(1) 为了纪念她，人们铸造了一座青铜雕像。
(2) 这个工厂有5个车间，其中包括铸造车间。

33. 畸形	jīxíng	形	人或动植物生长发育中形成的不正常的形状，比喻事物发展得不正常。

(1) 他是一个畸形儿。
(2) 那个地区的经济有点畸形繁荣。

	注音	词性	释义
34. 天性	tiānxìng	名	人生来就具有的品质或性情。

(1) 她天性聪明,你一说她就明白了。
(2) 善良是他的天性。

	注音	词性	释义
35. 每当	měidāng	连	表示同一个动作反复出现。

(1) 每当过元旦时,我们都举行联欢晚会。
(2) 每当提起小刘,大家都说他好。

	注音	词性	释义
36. 包办	bāobàn	动	不和有关的人商量,自己作主做事。

(1) 她的婚姻是父母包办的,没有一点幸福,因此她一直生活在痛苦之中。
(2) 现在独生子女生活能力太差了,什么事都要靠父母包办。

	注音	词性	释义
37. 蒙昧	méngmèi	动	没有文化,不懂事理。

(1) 现在一些偏远农村里还有许多蒙昧的人。
(2) 我就是在那里结束了孩提式的蒙昧,走向通往知识的大门的。

	注音	词性	释义
38. 潜伏	qiánfú	动	藏起来,不让人看见。

(1) 美丽的青海湖就像潜伏在青藏高原上的一颗蓝宝石。
(2) 为了不让别人找到自己,他潜伏在草丛中。

	注音	词性	释义
39. 权	quán	名	权利。

(1) 没有调查研究就没有发言权。
(2) 领导手中的权是群众给的,当然要给群众办事。

	注音	词性	释义
40. 大千世界	dàqiānshìjiè		非常广大的世界。

(1) 大千世界,无奇不有。
(2) 在这大千世界,你可以做你喜欢做的事情。

	注音	词性	释义
41. 如虎添翼	rúhǔtiānyì		比喻强大的得到帮助后更加强大。

(1) 有了小明的帮助,我如虎添翼,很快完成了工作任务。
(2) 自从他来到班组后,杨炉长把他在大学的全套教材都借来,系统地看了一遍,更是如虎添翼了。

	注音	词性	释义
42. 褪	tuì	动	脱(衣服、羽毛、颜色等)。

(1) 春天快到了,人们渐渐褪去了冬天厚厚的衣服。
(2) 小鸭褪去了黄毛。

	注音	词性	释义
43. 平日	píngrì	名	平时；一般的日子。

(1) 爷爷身体不太好，平日很少出门。
(2) 小王工作很忙，平日很少休息。

	注音	词性	释义
44. 跑道	pǎodào	名	操场上跑步用的路或飞机起飞和降落时用的路。

(1) 我喜欢在操场的跑道上跑步。
(2) 一架飞机慢慢降落在跑道上。

	注音	词性	释义
45. 悬挂	xuánguà	动	用绳子、钉子等把东西的一头固定在某处。

(1) 屋顶上悬挂着一盏美丽的灯。
(2) 八月十五那天，一轮圆月悬挂在夜空中。

	注音	词性	释义
46. 劝说	quànshuō	动	说服某人做某种事情。

(1) 同学们要去喝酒，在他的劝说下，大家才回到教室上课。
(2) 小李耐心地劝说我不要生气。

	注音	词性	释义
47. 无济于事	wújìyúshì		对于某事没有什么帮助。

(1) 他感冒两个星期了，一直咳嗽，吃了多少药都无济于事。
(2) 小王从来不听别人的意见，他爸爸妈妈说他都无济于事。

	注音	词性	释义
48. 倾听	qīngtīng	动	很注意地听；很认真地听。

(1) 一个好领导常常注意倾听大家的意见。
(2) 下雨的日子，我喜欢坐在窗前倾听雨的声音。

	注音	词性	释义
49. 风采	fēngcǎi	名	美好的仪表举止；神采。

(1) 八年以后和她见面，她还是一样的风采。
(2) 虽然她已经六十岁了，但是仍然有当年明星的风采。

	注音	词性	释义
50. 绝不	juébù	副	表示强烈地完全否定。

(1) 这件事不是我不对，我绝不向他道歉。
(2) 这道题我做不出来绝不去吃饭。

	注音	词性	释义
51. 抛弃	pāoqì	动	扔掉。

(1) 为了和他结婚，她抛弃了一切。
(2) 他来到城里后不久，就抛弃了家里的妻子和孩子。

	注音	词性	释义
52. 贵重	guìzhòng	形	价钱高；值得重视。
	(1) 车上人多，请看好您的贵重物品。 (2) 这条项链是我最贵重的东西。		
53. 不妨	bùfáng	副	表示可以这样做。
	(1) 这个方法不错，你不妨试试。 (2) 我们不妨举几个例子来说明这个问题。		

注释词表

生词	注音	释义
1. 润凉	rùnliáng	湿润凉爽。
2. 炙	zhì	烤，形容天气很热。
3. 鸵鸟	tuóniǎo	最大的鸟，善于奔跑。
4. 水蛭	shuǐzhì	生活在水中的一种动物，吸人或别的动物的血液。
5. 芭蕉	bājiāo	一种植物，叶子很大，花白色，果实和香蕉差不多。
6. 鞋帮	xiébāng	鞋的鞋底以外的部分，有时只指鞋的两个侧面。
7. 脚踝	jiǎohuái	小腿和脚之间左右两边突出的部分。
8. 抽搐	chōuchù	肌肉不随意地收缩。
9. 秽物	huìwù	很脏的东西。
10. 残害	cánhài	没有人性的伤害或杀害。

生词	注音	释义
11. 三寸金莲	sāncùnjīnlián	三寸金莲是中国古代的一种习俗，因为中国古代女子以脚小为美。女子到了一定年龄，用布带把双足紧紧缠起来，最后形成尖弯瘦小的形状。双脚缠好后，再穿上绣花的尖形小鞋（弓鞋），这就是"三寸金莲"。
12. 锲	qì	刻。
13. 蹄子	tízi	马、牛、羊等动物脚趾上很硬的东西。
14. 冲刺	chōngcì	跑步、滑冰、游泳等体育比赛中到终点时全力向前冲。
15. 削足适履	xuēzúshìlǚ	因为鞋不合适，把脚去掉一些，使脚和鞋合适了。
16. 愚	yū	不聪明，笨。
17. 郑人买履	zhèngrénmǎilǚ	郑国一个人要买鞋，他先用小绳量好自己脚的尺寸，然后来到买鞋的地方。但是他发现自己忘了带小绳，马上回去拿，等他再回来时，卖鞋的人早走了。有人问他，为什么不用自己的脚试穿一下？他说，量的尺寸才可靠，他的脚是不可靠的。含义：用于讽刺只信教条不顾实际的人。
18. 智	zhì	聪明。
19. 迂腐	yūfǔ	说话、做事按照旧的规矩，不适应新时代。
20. 步履维艰	bùlǚwéijiān	走路很困难。
21. 精诚团结	jīngchéngtuánjié	真诚地团结在一起。
22. 平步青云	píngbùqīngyún	比喻一下子达到很高的地位。
23. 赤脚	chìjiǎo	光着脚。

课文　婚姻鞋

阅读提示　鞋是我们日常生活中的必需品。世上有很多很好的鞋,但要看适不适合你的脚。本文看起来是在讨论鞋及与鞋相关的人和事,其实更多地是在讨论与鞋有关的深刻哲理,尤其是鞋与婚姻的关系。它告诉我们:要选择一双适合自己的鞋,要寻找一个适合自己的婚姻。

婚姻是一双鞋。先有了脚,然后才有了鞋。幼小的时候光着脚在地上走,感受沙的温热,草的润凉,那种无拘无束的洒脱与快乐,一生中会将我们从梦中反复唤醒。

走的路远了,便有了跋涉的痛苦。在炎热的沙漠被炙得像鸵鸟一般奔跑,在深陷的沼泽被水蛭蜇出肿痛……

人生是一条无涯的路,于是人们创造了鞋。

穿鞋是为了赶路,但路上的千难万险,有时尚不如鞋中的一粒砂石令人感到难言的苦痛。鞋,就成了文明人类祖祖辈辈流传的话题。

鞋可由各式各样的原料制成。最简陋的是一片新鲜的芭蕉叶,最昂贵的是仙女留给灰姑娘的那双水晶鞋。

不论什么鞋,最重要的是合脚;不论什么样的姻缘,最美妙的是和谐。

切莫只贪图鞋的华贵,而委屈了自己的脚。别人看到的是鞋,自己感受到的是脚。脚比鞋重要,这是一条真理,许许多多的人却常常忘记。

我做过许多年医生,常给年轻的女孩子包脚,锋利的鞋帮将她们的脚踝砍得鲜血淋淋。粘上雪白的纱布,套好光洁的丝袜,她们袅袅地走了。但我知道,当翩翩起舞之时,也许会有人冷不防地抽

搞嘴角：那是因为她的鞋。

看到过祖母的鞋，没有看到过祖母的脚。她从不让我们看她的脚，好像那是一件秽物。脚驮着我们站立行走。脚是无辜的，脚是功臣。丑恶的是那鞋，那是一副刑具，一套铸造畸形、残害天性的模型。

每当我看到包办而蒙昧的婚姻，就想到祖母的三寸金莲。

幼时我有一双美丽的红皮鞋，但鞋窝里潜伏着一只夹脚趾的虫。每当我不愿穿红皮鞋时，大人们总把手伸进去胡乱一探，然后说："多么好的鞋，快穿上吧！"为了不穿这双鞋，我进行了一个孩子所能爆发的最激烈的反抗。我始终不明白：一双鞋好不好，为什么不是穿鞋的人具有最后决定权？

滑冰要穿冰鞋，雪地要着雪靴，下雨要有雨鞋，旅游要有旅游鞋。大千世界，有无数种可供我们挑选的鞋，脚却只有一双。朋友，你可要慎重！

少时参加运动会，临赛的前一天，老师突然给我提来一双橘红色的带钉跑鞋，祝愿我在田径比赛中如虎添翼。我褪下平日训练的白网球鞋，穿上像橘皮一样柔软的跑鞋，心中的自信突然溜掉了。鞋钉将跑道锲出一溜齿痕，我觉得自己的脚被人换成了蹄子。我说我不穿跑鞋，所有的人都说我太傻。发令枪响了，我穿着跑鞋跑完全程。当我习惯性地挺起前胸去撞冲刺线的时候，那根线早已像授带似的悬挂在别人的胸前。

橘红色的跑鞋无罪，该负责任的是那些劝说我的人。世上有很多很好的鞋，但要看适不适合你的脚。在这里，所有的经验之谈都无济于事，你只需在半夜时分，倾听你脚的感觉。

看到好几位赤着脚参加世界田径大赛的南非女子的风采，我报以会心一笑：没有鞋也一样能破世界纪录！脚会长，鞋却不变，于是鞋与脚，就成为一对永恒的矛盾。鞋与脚的力量，究竟谁的更大些？我想是脚。只见有磨穿了的鞋，没有磨薄了的脚。鞋要束缚脚

的时候,脚趾就把鞋面挑开一个洞,到外面去凉快。

　　脚终有不长的时候,那就是我们开始成熟的年龄。认真地选择一种适合自己的鞋吧!一只脚是男人,一只脚是女人,鞋把他们联结为相似而又绝不相同的一双。从此,世人在人生的旅途上,看到的就不再是脚印,而是鞋印了。

　　削足适履是一种愚人的残酷,郑人买履是一种智者的迂腐;步履维艰时,鞋与脚要精诚团结;平步青云时切不要将鞋儿抛弃……

　　当然,脚比鞋贵重。当鞋确实伤害了脚,我们不妨赤脚赶路!

(选自《中国散文排行榜》,北京工业大学出版社2005年1月

作者:毕淑敏)

第9课　婚姻鞋

课 文 练 习

一、根据课文回答问题：

1. 作者幼小的时候，光着脚在地上走的感觉是怎样的？
2. 作者为什么说鞋是"丑恶的"，"是一副刑具，一套铸造畸形，残害天性的模型"？
3. "包办而蒙昧的婚姻"和"祖母的三寸金莲"有什么共同点？
4. 为什么作者穿了跑鞋却输了比赛？
5. 读完这篇文章，你认为本文的题目"婚姻鞋"是什么意思？

二、词语辨析与练习。

感觉　　感受

两个词都和心理有关，它们都有一个共同的语素"感"；二者都既可以是动词，也可以是名词。

"感觉"，意思是觉得或感觉到东西。如：

(1) 一场秋雨过后，就**感觉**有点冷了。（动词）
(2) 这幅画，你**感觉**如何？（动词）
(3) 现在病人的**感觉**不错，看来手术的效果很好。（名词）
(4) 第一次和她见面，她便给人一种耳目一新的**感觉**。（名词）

"感受"，作动词意为受到……影响；作名词意为想到的，因接触外界的事物而受到的影响。如：

(5) 今年的冬天很反常，气温时高时低，很多人得了风寒，学校对我们很关心，派专人给我们送饭送药，使我们**感受**到春天般的温暖。（动词）
(6) 我在中国的这几年，让我**感受**到了中国人的纯朴和善良。（动词）
(7) 我对这种状况有深刻的**感受**，这个问题必须尽快解决。（名词）
(8) 在毕业典礼上，玛丽深情地回顾了在中国学习汉语的**感受**。（名词）

痛苦　　苦痛

汉语中有很多词是这样的，正着说是一个词，反过来也是一个词，这类词叫同素异序词。这类词有时意思一样（此时称为同素异形词），有时意思不一样。例如："法语"和"语法"，意思完全不一样；而"喜欢"和"欢喜"，意思基本上是一样的。"痛苦"和"苦痛"基本意思是一样的,但也有不同点。

"痛苦"为常用词,指身体或精神上非常难受,可以用作名词,也可以用作形容词。如:

(1) 得了这种病非常**痛苦**。
(2) 她为将要和一个不爱的人结婚而感到**痛苦**。
(3) 为了能生存,农民们**痛苦**地离开了家乡到外地打工。
(4) 疾病使他**痛苦**了好几个月。

"苦痛"只有名词用法,用于书面。有些作者有时因为语音的和谐在诗文中常喜欢用"苦痛"。如:

(5) 人生最大的**苦痛**是什么?(也可以用"痛苦")
(6) 妈妈去世那天,他忍着巨大的**苦痛**去参加毕业考试。

创造　创作

二者都是动词,后面常常接名词。有时"创作"也可作名词用。

"创造"指想出新方法,建立新的理论,做出新的成绩或东西等,如:

(1) 刘翔在奥运会上**创造**了新的世界纪录,为中国赢得了荣誉。
(2) 西方人认为是上帝**创造**了人,而中国在这方面有很多美丽的传说。
(3) 根据中国古代的传说,汉字是仓颉(Cāngjié)**创造**的。
(4) 为了建设好我们的国家,我们必须**创造**一个良好的和平环境。

"创作"指创造文艺作品,如:

(5) 没有生活体验,作家就**创作**不出好的作品来。
(6) 毕淑敏**创作**了大量的文学作品。

作名词时指文艺作品。如:

(7) 他从事文艺**创作**已经三十年了。
(8) 小杨是搞**创作**的。

原料　材料

两个词都是名词。

"原料"是没有经过加工制造的材料,如用来冶金的矿砂,用来纺织的棉花。例如:

(1) 这种东西的**原料**是很少见的,所以非常贵。
(2) 这种食品的**原料**需要从外国进口。

（3）**原料**不能及时供应，我们只好停止生产。

（4）中国是很大的**原料**进口国。

"材料"则指可以直接制成成品的东西，如建筑用的砖瓦，纺织用的棉纱等。如：

（5）这种建筑**材料**外形美观，坚实耐用，很受顾客欢迎。

（6）这些金属**材料**比较便宜。

（7）棉纱是纺织业的重要**材料**。

"材料"也可指资料，可供参考或作为素材的事物。如：

（8）他打算写一篇小说，现在正收集**材料**。

（9）根据已有的**材料**，这是一起重大的杀人案。

（10）他掌握的**材料**非常丰富。

简陋　简单

"简陋"多形容房屋、设备等简单、粗糙，外表不好看，有一定的危险性。如：

（1）有些建筑工人的住房非常**简陋**，政府下令一定要限期整改，保证工人的安全。

（2）这家工厂之所以破产，主要原因在于设备**简陋**，思想落后。

（3）那时他们一家五口就住在一间**简陋**的屋子里。

（4）他长期在这样**简陋**的条件下工作，怪不得生病了。

"简单"指结构单一，组成部分少，容易理解、使用。如：

（5）这种机器很**简单**，使用起来很方便。

（6）有些汉字很**简单**，一看就能知道它的意思。

（7）我**简单**介绍一下自己。

（8）这篇文章你写得太**简单**了。

昂贵　华贵

二者都有一个相同的语素"贵"，所以都有"价格高"的意思，但二者的搭配对象不一样。

"昂贵"指价格、代价很高；多用于书面语，常和双音节词连用。如：

(1) 她为此而付出了**昂贵**的代价。

(2) 这儿的物价太**昂贵**了,一般人是消费不起的。

(3) 纸张价格**昂贵**,所以书价也提高了。

"华贵"指因为很有钱,穿的或用的东西很华丽珍贵,一般可形容衣服、地毯等。例如:

(4) 她所有的衣服都很**华贵**,一看就知道是个有钱人。

(5) 小刘家的地上铺着**华贵**的地毯。

(6) 她不追求**华贵**的外表。

辨 析 练 习

选择填空:

| 感受 | 感觉 | 痛苦 | 苦痛 | 创造 | 创作 | 原料 |
| 材料 | 简陋 | 简单 | 昂贵 | 华贵 | 袅袅 | 翩翩 |

1. 他_____工作还顺利。

2. 这次考试_____还可以,估计考得不会太差。

3. 第一次见面我对她就有一种特殊的_____,后来我们果然成了知己。

4. 看到中国近几年经济的全面迅速发展,我_____很深。

5. 对于这件事,我和他有同样的_____。

6. 沙发一买回家,我就坐在上面,_____一下儿它的舒适。

7. 我真的无法再忍受如此_____的生活。

8. 他给我造成的_____是永远无法忘记的。

9. 制作这种食品的_____是什么?

10. 这篇论文选取的_____都很有说服力。

11. 目前一些生产_____日益紧张。

12. 他的日常工作就是整理_____。

13. 经过三年的时间,他走了五个省进行调查,取得了大量的第一手____。

14. 这家工厂设备_____,肯定生产不出好的产品来。

15. 老板让他把事情的经过 _____ 地说一下。
16. 这台机器看起来很复杂，实际操作起来很 _____ 。
17. 她一向很讲究，地上铺着 _____ 的地毯，家具都是古色古香的。
18. 为了能考上研究生，她付出了 _____ 的代价。
19. _____ 飞鸟飞向远方。
20. 一阵微风吹来，河边的杨柳 _____ 随风摇摆。

三、语法讲解：

1 那种无拘无束的洒脱与快乐，一生中会将我们从梦中反复唤醒。

这里"种"是个量词，多用于抽象事物，比较强调与同类事物有区别。如：
(1) **一种**现象两**种**思想。
(2) 这**种**花有很多种颜色。
(3) 医生给他开了四**种**药。
(4) 他那**种**思想要不得。

"样"有时和"种"一样。这两个量词的共同点是强调与别的同类事物有区别，说"一种"就意味着有别的一种或几种；说"一样"就意味着有别的一样或几样。所以有时二者可以通用。例如：商店里有很多种（样）商品。

但"种"强调一种内在的性质或作用，而"样"则强调表面的、形式的方面。这时二者是不能互换的。例如：两种（不能用"样"）人／两样（不能用"种"）菜都是豆腐。

2 穿鞋是为了赶路，但路上的千难万险，有时尚不如鞋中的一粒砂石令人感到难言的苦痛。

"尚"是副词，"还"的意思，用于书面语。
表示动作或状态持续不变，有"仍然"的意思。多用于作谓语的动词、形容词前。如：
(1) 他们俩目前**尚**未离婚，但估计在一起的可能性不大。
(2) 我虽然年纪大了，**尚**能做一些力所能及的工作。
(3) 情况**尚**未弄清楚，有待进一步调查。

"尚"表示程度不高,语气较委婉。常用于表示积极意义的单音节形容词或助动词前。如:

(4) 至于他,办事态度**尚**可,只是能力不足。

(5) 我的话他**尚**能听得进去。

"尚"表示把事情往大里、高里、重里说,程度增加,常用于比较句。如:

(6) 他**尚**不如孩子聪明。

3 不论什么鞋,最重要的是合脚;不论什么样的姻缘,最美妙的是和谐。

"不论",用法和"无论"相同。用于有表示任指的疑问代词或有表示选择关系的并列成分的句子中,表示在任何情况下结果或结论都不会改变。后常有"都"或"也"呼应。如:

(1) **不论**做什么工作,他都非常认真。

(2) **不论**困难有多大,也吓不倒他们。

(3) **不论**是工厂还是农村,到处都呈现出一片繁荣昌盛的景象。

(4) **不论**什么人,他都不见。

4 切莫只贪图鞋的华贵,而委屈了自己的脚。

"莫"表示劝阻或禁止,相当于"不要,别",但语气要重一些。如:

(1) 这两种药样子差不多,你**莫**把它们弄错了。

(2) **莫**说十块钱,就是一千块钱我也拿得出来。

(3) 小孩子不懂事,请**莫**见怪。

固定用法:

"切莫":"切"表示强调,一定不要。如:

(4) 这种药是致命的,**切莫**叫小孩子拿到了。

"莫不":双重否定,表示肯定。如:

(5) 北京2008年要举办奥运会了,中国人**莫不**欢欣鼓舞。

"莫非、莫不是":表示猜测或反问。如:

(6) 我们约好七点半见面,现在八点了,小王还没来,**莫非**他忘了时间?

5 当翩翩起舞之时,也许会有人冷不防地抽搐嘴角:那是因为她的鞋。

"冷不防",副词,没有想到,没有预料到。用于动词前。如:

(1) 下雨了，路太滑，突然，我**冷不防**摔了一跤。

(2) 我正走着，他**冷不防**喊了我一声，吓了我一跳。

6 我进行了一个孩子所能爆发的最激烈的反抗。

"所"用在及物动词之前，使"所+动"成为名词性短语，作用相当于一个名词。多用于书面语。

固定用法：

"所+动词+的"。如：

(1) 这是我们**所**要考虑**的**实际问题。

(2) 他们**所**希望**的**就是这些。

"所+动词"。动词一般是单音节动词，多用于固定短语。如：

(3) 以上介绍的就是我在西藏的**所**见**所**闻。

(4) 综上**所**述，我们可以得出一个结论：这种产品的质量是可靠的。

"有/无+所+动词"。动词多为双音节的。如：

(5) 今年的粮食产量比去年又**有所**增长。

(6) 他是个电脑通，关于电脑，他真是**无所**不知，**无所**不晓。

"为/被+名词+所+动词"。如：

(7) 所有人都**被**她那悲惨的故事**所**感染。

7 大千世界，有无数种可供我们挑选的鞋，脚却只有一双。朋友，你可要慎重！

"可"，可以是助动词，可以是副词，也可以是前缀。

1. 助动词。表示许可或可能。例如：可大可小／可有可无。还表示值得。多用于"可+动+的"，例如：我没什么可说的了，就说到这儿吧。文章中的句子第一个"可"就是这个意思。

2. 副词。主要起加强语气的作用。

(1) 用于陈述句中的谓语动词、形容词前。如：

① 这**可**不能怪我。

② 你**可**真够厉害的。

③ 他的房间**可**不干净了。

(2) 用于感叹句中的形容词前，后面常有"了、呢、啦"搭配使用，表达一种轻松的夸张语气。如：

④ 他女朋友**可**漂亮了!

(3) 用于疑问句。多用于反问。如:

⑤ 这**可**怎么办呢?

⑥ 这么多行李,你自己一个人**可**怎么拿上飞机呢?

3. 前缀。"可+动词"表示可以,应该,构成一个心理形容词。如:

⑦ **可怕 / 可惜 / 可喜 / 可笑**

"可+名词"表示适合,构成形容词。如:

⑧ **可口 / 可人 / 可体**

8 当鞋确实伤害了脚,我们不妨赤脚赶路!

"不妨",表示可以这样做,没什么关系。暗含这样做比较好的意思,语气较委婉。如:

(1) 做菜时,如果不知道放多少盐,**不妨**先少放一点,淡了再加。

(2) 如果你不放心,**不妨**去找他一趟。

(3) 有什么困难,**不妨**找朋友说说。

(4) 有时间的话,**不妨**多看看书。

固定用法:

"不妨+动词(重叠或短语)":如:

(5) 你**不妨**先试试看,做错了也没关系。

(6) 你对他**不妨**要求严格一些。

"……+也+不妨":如:

(7) 给孩子买衣服,大一点儿**也不妨**。

9 一只脚是男人,一只脚是女人,鞋把他们联结为相似而又绝不相同的一双。

"而",连词。可连接形容词、动词、词组或句子等,多用于书面语。

(1) 表示转折,连接意思相反或相对的两件事,"而"用在后一分句的句首。如:

① 这里已经是春暖花开,**而**北方还是大雪纷飞的季节。

还可以连接一肯定一否定,对比说明一件事。如:

② 你不能不去,**而**是必须去。

③ 看问题不能只看一面,**而**要看全部。

(2) 表示并列。如：

④ 孩子的歌声清脆**而**响亮。

⑤ 他的房间干净**而**整洁。

⑥ 大**而**黑的眼睛

(3) 表示递进。如：

⑦ 在我的朋友中，小王善良、聪明，**而**又最有幽默感。

(4) 前用动词、形容词表示方式、状态。如：

⑧ 江水滚滚**而**来

⑨ 不战**而**胜

固定用法：

为……而。如：

⑩ **为**实现理想**而**努力奋斗。

由……而。如：

⑪ **由**春**而**夏，**由**秋**而**冬

语 法 练 习

一、多义词义项选择：

可：A. 助动词，表示许可或可能　　B. 副词，加强语气

　　C. 前缀　　　　　　　　　　D. 助动词，表示值得

1. 这些人我不熟悉，所以那个联欢会我可去可不去。
2. 鱼和水是不可分离的，没有水鱼只能死。
3. 这本书没什么可看的，都是些无聊的爱情故事。
4. 军人的妻子是可敬的，为了让自己的丈夫安心守边防，她们任劳任怨，主动承担起照顾父母和孩子的责任。
5. 我的西瓜可甜了，多买几个吧。
6. 你可回来了，咱们的孩子丢了，快去哪找找吧。
7. 太可怕了，听说印度尼西亚发生了海啸，数十万人受到了严重的损失。

8. 你这件衣服真可体,在哪做的?

而:A. 表示并列　　　　　　B. 表示递进

　　C. 表示转折　　　　　　D. 表示方式

9. 小李二十几岁了,而说话、做事幼稚得还像个小孩子。

10. 今天是除夕,而他家却冷冷清清的,没一点过年的气氛。

11. 外事无小事,我们对待这个工作要严肃而认真,一点儿也不能马虎。

12. 在学校食堂吃饭简单而方便。

13. 中国各地的小吃各具特色,而山西是以面食闻名天下。

14. 各班都取得了优异成绩,而以初级班的成绩最好。

15. 江水滚滚而来。

二、用画横线的词,仿照例句造句:

1. 路上的千难万险,有时<u>尚</u>不如鞋中的一粒砂石令人感到难言的苦痛。

　新政策<u>尚</u>未出台,请先按旧政策办理。

　_____。

2. <u>与其</u>花这么多时间打电话,<u>不如</u>骑车去一趟。

　<u>与其</u>他去,<u>不如</u>我去。

　与其 _____, 不如 _____。

3. <u>不论</u>做什么工作,他<u>都</u>非常认真。

　<u>不论</u>困难有多大,<u>也</u>吓不倒他们。

　不论 _____, _____。

4. <u>切莫</u>只贪图鞋的华贵,而委屈了自己的脚。

　<u>切莫</u>白了少年头,空悲切。

　切莫 _____。

5. 当翩翩起舞之时,也许会有人<u>冷不防</u>地抽搐嘴角:那是因为她的鞋。

　雪下得很大,我小心翼翼地走在马路上,还是<u>冷不防</u>摔了一跤。

　_____。

6. 我进行了一个孩子<u>所</u>能爆发的最激烈的反抗。

　我<u>所</u>能做到的就这些了,我已经尽了全力了。

　我 _____。

196

7. 当鞋确实伤害了脚，我们<u>不妨</u>赤脚赶路！
   有什么意见，<u>不妨</u>当面提出来。
   _____。

三、在下列横线上填上量词"种"或"样"：

1. 这是一____情感，一____思念。
2. 他的功课____ ____儿都很好。
3. 市场里有许多____菜，爱买什么买什么。
4. 他们是两____性格的人，分手是迟早的事。
5. 我点的两____菜都是豆腐，你再点点儿别的吧。
6. 他那____思想现在已经过时了。
7. 这孩子干活____ ____儿都能拿得起来。
8. 动物园里有许多____动物。
9. 谁也不愿意和这____人打交道。
10. 她克服了____ ____困难，终于来到了中国。

四、熟读下列词语：

无拘无束	平步青云	鲜血淋淋	会心一笑	一副刑具
千难万险	如虎添翼	翩翩起舞	精诚团结	一套模型
各式各样	残害天性	祖祖辈辈	削足适履	一溜齿痕
郑人买履				

五、写作：

本文是一篇散文，作者拿鞋比作婚姻，用了比喻的手法，字里行间蕴含着作者真挚的情感。请根据本文的写法，试写一篇小散文，字数在200～600字之间。

字词扩展练习

仿照例子组词，并从中选择10个词造句：

无拘无束	无__无__	无__无__	无__无__	无__无__
千难万险	千__万__	千__万__	千__万__	千__万__
各式各样	各__各__	各__各__	各__各__	
鲜血淋淋	____淋淋	____淋淋	____淋淋	
决定权	____权	____权	____权	____权
经验之谈	____之谈	____之谈		

阅读扩展及泛读练习

副课文1

婚姻如咖啡

我是个平时不太爱喝咖啡的人，想喝的时候，就随便翻出个杯子来用。我的杯子没配专用的小勺儿，要把"伴侣"、糖和咖啡搅和在一起，是件很费时间的事。就算是拿根筷子搅两下，也还是总有一堆白色的粉末漂在上面。

近日去参加一个朋友的婚礼，但却在婚礼上目睹了一场闹剧。这个朋友结婚，但新郎却不是我们所熟悉的与她相恋多年的B君。婚礼上，B君痛苦地在前女友的婚宴上喝醉了，一边哭一边说："我那天迟到，其实就是因为开车超速，被警察扣住耽误了时间。本想让你安慰一下，可还没张嘴，就让你给顶了回来！……"

当年二人的恋爱故事闻名全校，成为我们羡慕的楷模，今日怎会……

随后从朋友口中才得知，原来年前，两人相约到一家咖啡屋会面。B君迟到了20分钟，女朋友等得急了，见到B君时，审问B君干什么去了。B君本来心情就不佳，这时更来了脾气："凭什么你审问我呀？我是有自由的，干吗什么事都得向你汇报？"她一气之下，泼了B君一身咖啡，转身就走了。B君火冒三丈，也没追。之后，她一直在家等着B君前来道歉。可B君就是好几天不露面，往他家打电话，也没人接。她心里担心，可还是因为矜持，没好意思去。其实B君出差去了上海，本来临走之前想给女朋友打个电话，可也是没咽下胸中的气，所以一赌气走人了。

B君走了两个月，在外地工作特忙，加上心火未下，总想回来再说。可等B君回来，一切竟然已经发生了变化。女朋友赌气另交了个男朋友。B君听了这个消息，二话没说给姑娘写了封绝交信，转身又去了上海。这一去就是半年，当他再次出现在姑娘面前的时候……

记不起是谁，曾以饮食男女比之咖啡。男人是咖啡粉末，女人是咖啡伴侣，两个人搅和在一起就成了婚姻。冲得好了，完全融合在一起，就会散发出香味；搭配出了问题，总有些东西漂在上面，不好看，喝起来也略带着点儿苦味。爱情就是个杯子，提供个容器，让男人和女人重新活一回。不过这个杯子也没配小勺，谁都不可能非把两个人搅在一起，别人看着着急也没有办法，只能靠相互的渗透，让这本来很苦的生活散出点香味来。

如果把两个人放进爱情的杯子要靠缘分的话，那能够让两个人融合到一起的水，就叫"宽容"。如果当初两个人都宽容一点的话，这场婚礼，唉……

(选自2003年6月4日《张掖日报》，作者：张晓琴)

判断下列说法是否正确：

1. 作者不太爱喝咖啡是因为她觉得那太浪费时间。（ ）
2. 作者的朋友结婚，新郎是朋友的初恋情人。（ ）
3. 作者之所以以饮食男女比之咖啡是因为咖啡是一种食品，而人需要每天吃饭。（ ）
4. 作者写这篇文章的目的是希望人们要宽容地对待一切，包括婚姻。（ ）

副课文 2

向日葵和太阳的爱情

田埂上，有一大片向日葵，绿绿的大叶子，圆圆的脸，嫩黄的花瓣。每天，他们在晨曦中醒来，舒展他们的身子，然后和太阳打招呼："好啊，太阳！"太阳用他那充满热情的声音说："嗨！大家好啊！"太阳发出强烈的光，他要让整个世界都能感受他如火的热情。向日葵们非常喜欢太阳，所以，他们总是把头转向太阳，带着崇拜的眼神注视着他，他们喜欢伴着阳光，在微风中舞蹈和歌唱。呵，生活真美好啊！

有一株向日葵，慢慢地爱上了太阳。她爱太阳的热情、爽朗与善良。他总是那么充满活力，即便是每天不得不离开时，也会蹦跳几下，然后洒脱地与大家告别，再轻盈地一跃，回家去了！她爱太阳的善良，他努力地让自己照顾更多地方的生命，让他们在阳光下享受生命，让他们在阳光下享受生命赐予他们的时光。她爱太阳，可是她又很害羞。她只会默默地看着他，偶尔也会和大家跳跳舞。那时候，她会尽情地跳着，把自己对太阳的爱融入这曼妙的舞姿中。有时候，她也会涌起淡淡的忧伤：也许太阳永远都不会知道，有这样一株向日葵会这样地爱着他。但她很快就会快乐起来，只要能天天看到他，就算是他不知道又有什么关系呢？于是，她依旧以这样的方式来爱着太阳。

只是，也不是每天都能见到太阳。有那么几天，这株向日葵已不记得到底有多少天，她只记得有好多天好多天，太阳都没有来。她担心着他，牵挂着他，她垂下头，低低地哭泣着，但转儿又倔强地挺起来，向着太阳经常出现的地方，痴痴地望着，望着，这一刻她才明白：原来想念一个人是如此地痛苦。

太阳终于来了，他依旧那么热情，他和往常一样，和大家打着招呼。这时，他看到这株向日葵苍白的脸和一样苍白的唇，关心地

说："你看起来好像不太好，要注意身体啊！"听了这话，向日葵觉得有一股暖流涌进心里。乘着别人在游戏，她鼓起勇气，红着脸，轻轻地对太阳说："太阳，我爱上了你！你爱我吗？"太阳愣了一下，随即展开灿烂的笑脸："我太高兴了，我也爱你啊！"向日葵笑了，太阳也笑了，幸福地伴着这笑声在空中起舞！

　　爱情真是伟大，太阳更热情，更活跃了，他总是早早地来，陪着向日葵说着永远也说不完的话，又依依不舍地离去。向日葵呢？她变得更美了，叶儿更绿了，脸儿更饱满了。她常常含羞地和太阳说话，含羞着给太阳跳舞，只是他们只能远远地看着，远远地爱着。有一次，向日葵抑不住心中的渴望，对太阳说："你能抱我一下吗？就一下！"太阳沉默了一会儿，深深地看了向日葵一眼："我爱你，但我不能靠近你，我怕我的热情对你是一种伤害。"

　　太阳每天还会升起，可向日葵渐渐老了，再过几天，她就要永远地离开了。想到这个，向日葵心如刀绞，她是多么地舍不得走啊，她爱太阳。太阳也发现了，他有时候会躲进云层里，好一阵才出来。谁都可以看出他心里很难过。向日葵又一次问太阳："你爱我吗？太阳！""我当然爱你，永远，我真希望我们能永远在一起……"太阳哽咽了。向日葵止住眼泪，突然她用力地摇摆自己的身体，抖落下一颗颗的种子。太阳惊讶地看着向日葵。向日葵用尽了所有的力气，但她还是抬起头，给了太阳一个微笑，说："太阳，快乐些，我很幸福！我相信我们的爱是不会消失的。一定要相信！"

　　第二年的春天，在田埂上又长出了一大片向日葵，太阳仔细地看着，他突然叫了起来，在那儿微笑地看着自己的，不正是自己深爱的那株向日葵吗？他终于明白向日葵所说的话了。

　　原来真正的爱情，是不会消逝的，它会一直延续下去，一直……

（选自女生网，有删改）

判断下列说法是否正确：

1. 向日葵总是把头转向太阳，是因为它们怕冷。　　　　（　　）
2. 太阳只能远远地爱着向日葵，因为他发出的光太强了，离向日葵太近了，向日葵可能会死掉。　　　　（　　）
3. 向日葵每天都能见到太阳。　　　　（　　）
4. 爱着太阳的向日葵没有死。　　　　（　　）

现代汉语语法常识

第一部分　汉语的字和语素

一、汉字

（一）什么是文字？什么是汉字？

文字是记录语言的一套符号。汉字就是记录汉语的一套符号。注意：文字不是语言，汉字也不等于汉语，"文"和"语"是有区别的（比如：英文≠英语，中文≠汉语）。中文除了指汉语的书面语外，有时还可以指汉语和中国境内少数民族语言的书面语。

（二）汉字的性质是什么？

汉字的性质：汉字是记录汉语中的音节的。一般来说，一个汉字记录一个音节，并且表示一定的意义；个别音节是由两个汉字来记录的。

（三）汉字的结构

1. 组成汉字的最小单位是笔画。
2. 组成汉字的常用单位是部件。
3. 什么是部件？

部件就是汉字的基本构字单位，如"一乙亻冖丬"等偏旁部首都是部件。学习掌握了汉字的部件知识，就会对学习汉字，尤其是对学习汉字的计算机输入知识有帮助（比如用五笔字型输入汉字就要用到汉字的部件知识）。

4. 汉字的结构方式有哪些？

汉字的结构方式除独体字（如"日"字）外，有上下结构（如"学、字"字）、左右结构（如"结、构"字）、上中下结构（如"意、章"字）、左中右结构（如"树、做"字）、包围结构（如"围、国"字）和半包围结构（如"造、问"字）共六种。

5. 汉字的结构方法（造字法）有哪些？

汉字的结构方法，也说造字法，一般有所谓的"六书"说：象形、指事、会意、形声、转注、假借。这里只简单介绍一下前面四种造字法。象形字，如日、月、山、竹、水等，是通过描画事物的形状来表示意义的；指事字，如本、末等，主要是通过在象形字的基础上添加一些笔画来表示意义的；会意字，如从、众、休等，是通过把两个或多个象形字组合成一个汉字来表示意的；形声字，如肤、喂、萝、运、扒等，是通过一个表示意义类别的形旁和一个表示读音的声旁组合成一个汉字来表示意义的。

6. 形声字是怎样构成的？

形声字是由形旁和声旁组成的。形旁表示字的意义的类别，如"扒"字中的"扌"就是形旁；声旁表示字的读音，如"扒"字中的"八"就是声旁。在所有汉字中，形声字占绝大多数，因此掌握汉字形声字中形旁所表示的意义和声旁所代表的读音，对于学习掌握汉字是非常有用的。

二、语素

（一）语素的含义

语素是最小的语音语义结合体，是最小的语法单位。

如在英语中"I/we/my/our"是四个不同的语素，而"ours"是两个语素"our/-s"。在汉语中"语/素"是两个不同的语素，而"玫瑰"是一个语素。这里关键的问题是：必须同时具有语音和语义，而且必须是不能再分割了(最小的)。

语素的主要作用是构词，是构词单位，但有时也直接用来构语（构成短语），如汉语中的后缀"者"就可以附着在一个很长的短语后面构成一个新的名词短语，如"经常酒后驾车者"。

（二）语素的分类

1. 自由语素、半自由语素和黏（nián）着语素

语素主要是用来构词的，所以根据其构词能力与特点可以对语素进行分类。汉语语素可以分为自由语素、半自由语素和黏着语素。

自由语素：可独立成词，也可和别的语素组合成词。这种语素又称为词根，如"人、我、大"等，它们独立组成的词被称为单纯词或根词。

半自由语素：一般不能独立成词，只能和别的语素组合成词，但在特定的情况下也可独立成词。这种语素也称为词根，如"院、讯、民"等。

黏着语素：不能独立成词，只能和别的语素组合成词。这种语素又称为词缀，如"－第、－阿、－子、－儿"等。

2. 单音节语素和复音节语素

从语素的音节数来分，汉语语素可以分为单音节语素和复音节语素(包括双音节语素和多音节语素)。

单音节语素：一个音节的语素，一字一音。

如：人、脚、去、大、冷等。它们的构词能力一般比较强。

双音节语素：两个音节两个汉字表示一个意义，大多数是所谓的联绵字，

也说联绵词，少数是音译的外来语素。如：

　　双声联绵字：仿佛、吩咐、枇杷、忐忑、蜘蛛

　　叠韵联绵字：肮脏、葫芦、玫瑰、蜻蜓、徘徊

　　其他联绵字：鹌鹑、蝙蝠、珊瑚、妯娌

　　音译的外来语素，也就是音译的外来词：葡萄、菩萨

　　多音节语素，全部都是音译的外来语素（外来词）：巧克力、菲律宾

3. 定位和不定位语素

大多数语素在构词时，位置是自由的，既可以在前，也可以在后，这样的语素是不定位语素；也有些语素在构词时，位置是不自由的，只能在前，或只能在后，这样的语素是定位语素，所有的词缀都是定位语素。

汉语中大多数语素都是不定位语素，如：

　　人：人民、人工、人群、人为、工人、军人

　　电：电子、电灯、电影、电视、发电、导电

汉语中少数语素是定位语素，如：

　　第—：第一、第二

　　阿—：阿姨、阿爸

　　老—：老师、老板、老虎

　　—子：桌子、鞋子、脑子

　　—头：手头、风头、看头

　　—化：绿化、同化、现代化

（三）语素的鉴定

要鉴定多音节语言单位是一个语素还是几个语素，可使用替代法。

可双向替代的是两个语素，如：汉语　科学家

只能单向替代的是一个语素，如：啤酒　蝴蝶

汉语	汉语	啤酒	啤酒
英语	汉字	黄酒	啤？
日语	汉民	白酒	啤？
俄语	汉族	红酒	啤？
德语	汉剧		

这里"汉语"中的"汉"和"语"都能被替代，所以"汉语"是两个语素。而"啤酒"只有"酒"能被替代，"啤"不能被替代，所以"啤酒"是一个语素。

（四）语素的组合

前面说过，自由语素可以单独构成一个词，这样的词被称为单纯词。由于汉语中的语素按音节可以分为单音节语素、双音节语素和多音节语素，因此单纯词可以分为单音节单纯词、双音节单纯词、多音节单纯词。例如：

单音节单纯词：人、大、学、我、更、一、个

双音节单纯词：吩咐、玫瑰、沙发、克隆

多音节单纯词：巧克力、菲律宾

除了自由语素可以单独构成一个词外，其他语素（也包括自由语素）需要与别的语素组合起来，一起构成一个新的词，这样的词被称为合成词。合成词的组合方式有三种：复合、派生、重叠。

复合就是由词根和词根组合而成为一个合成词，这样组合而成的词就是复合式合成词（简称复合词），在现代汉语中，复合词是最多的，如：

人民、语言、学习、组合、成为

派生就是由词根和词缀或词缀和词根组合而成为一个合成词，这样组合而成的词就是派生式合成词（简称派生词），如：

第一、阿姨、老师、桌子、看头、绿化

重叠就是由同一个词根组合（即重叠）后而成为一个合成词，这样组合而成的词就是重叠式合成词（简称重叠词），如：

刚刚、慢慢、好好、一一、妈妈

（五）语素与汉字的关系

语素与汉字的关系共有3种情况：

1. 一个语素一个汉字，这是大多数情况，如：

工、人、民、语、言、学、习

2. 一个语素多个汉字，这是少数情况，如：

A. 圆、元（人民币单位）

  这是异体字或称异形字。

B. 仿佛、坦克、巧克力

  这些是多音节语素。

3. 多个语素一个汉字，如：

米（一个是单位长度的"米"、一个是"大米"的"米"）

这是同形字，它们的字形完全相同，但却表示两个完全不同的意义，所以是一个汉字表示两个语素。

三、练习

1. 请仿照例子把下列汉字填入下表（可以自己补充，写得越多越好）：

学、字、结、意、树、街、围、国、造、问、日、月、激、运、熟、证、绮、万、微、密、匠、算、耕、粮、堆、呼、荣、难、区、最、惭、仪、式、匹、因、撒、茅、假、英、附、管、受、衡、肯、爱、斤、之、入、莫

结构方式	例字	练 习							
独体字结构	日								
上下结构	学								
左右结构	结								
上中下结构	意								
左中右结构	树								
全包围结构	围								
半包围结构	造								

2. 请仿照例子把下列汉字填入下表（可以自己补充，写得越多越好）：

日、月、休、末、从、众、熟、证、绮、喂、萝、本、山、竹、水、扒、激、运、字、结、构、围、造、问、至、斤、人、森、晶、囚、耕、粮、堆、呼、附、管、受、衡、尖、泪

结构方式	例字	练 习							
象形字	日								
指事字	末								
会意字	休								
形声字	肤								

3. 请注意区分形声字的形符和声符，并仿照例子填写下表：

形声字	形 旁	声 旁	形声字	形 旁	声 旁
结	纟	吉	努		
浪			蜜		
粮			蜂		
蜘			肿		
蛛			肤		
纹			愧		
茅			懂		
笠			战		
放			闷		
想			请		
符			清		
问			城		

4. 任意写出一个15个字以上的完整句子，分析它由几个语素组成。

5. 任意写出一个15个字以上的完整句子，分析它由几个词组成。

6. 请任意写出单音节单纯词、双音节单纯词、多音节单纯词及复合式合成词、派生式合成词、重叠式合成词各5～10个。

第二部分　汉语的词（上）

一、汉语中的词

词是最小的能够自由运用的语言单位。比如"词"、"汉语"、"汉字"等都是词。

在现代汉语中，由两个字（音节）组成的词越来越多。比如："注意"、"文字"、"语言"、"等于"、"汉语""桌子"、"黑板"等都是由两个音节组成的。当然也有少数词是由一个音节或不止两个音节组成的，如"人"、"我"、"鱼"和"电视机"、"洗衣机"、"共和国"等也都是词。

二、复合词的结构类型

前面在讲语素的组合时说过，现代汉语中复合词是最多的，下面就来看看复合词有哪些结构类型。

在现代汉语中，按结构类型来分，复合词主要有五种：偏正式复合词、联合式复合词、动宾式复合词、动补式复合词、主谓式复合词。

偏正式复合词，就是组成复合词的两个语素有主次的差别，一个是主要的，一个是次要的，如：黑板、汽车、小看、微笑、深红、大力。

联合式复合词，就是组成复合词的两个语素没有主次的差别，两个语素的关系是并列的，如：语言、学习、高大、干净、大小、反正。

动宾式复合词，就是组成复合词的两个语素构成一种动宾关系，前一个语素表示一个动作，后一个语素表示动作的对象，如：注意、留心、得意、动员、开心、理发。

动补式复合词，就是组成复合词的两个语素构成一种动补关系，前一个语素表示一个动作，后一个语素表示动作的结果，如：提高、说明、放大、缩小、改正、认清。

主谓式复合词，就是组成复合词的两个语素构成一种主谓关系，前一个语素表示一个事物对象，后一个语素表示这个事物对象怎么样，如：心细、胆小、眼花、眼红、性急、头疼。

三、同义词（近义词）与反义词

1.同义词（近义词）就是表示相近的意义的一组词。如"肥"与"胖"、

"低"与"矮"、"伟大"与"高大"等分别构成了同义词。

2.反义词就是表示相反或相对的意义的一组词。如"大"与"小"、"高"与"低"、"快乐"与"痛苦"等分别构成了反义词。

四、练习

1. 请按要求填写下表：

复合词的结构类型	例　词
偏正式复合词	
联合式复合词	
动宾式复合词	
动补式复合词	
主谓式复合词	

2. 请写出下列词的同义词和/或反义词：

原词	同义词	反义词
生		
高		
老		
大		
长		
幸福		
细心		

第三部分 汉语的词(下)

在具体学习各类词之前,这里先介绍一下句法成分和语法功能这两个基本的语法概念。

句法结构内部的组成成分之间的关系一般也像复合词的结构类型那样,可以归为主谓、动宾、偏正、补充等关系,充当这些结构关系的组成成分就叫做句法结构成分,简称句法成分。主谓关系的组成成分(即句法成分)有主语和谓语,动宾关系的组成成分有动词性成分和宾语,偏正关系的组成成分有定语和定语中心语、状语和状语中心语,补充关系的组成成分有补语和补语中心语。严格地说,句法成分有上述十种,分别组成一种句法结构。但为了简化关于句法成分的内容,通常只提主语、谓语、宾语、定语、状语和补语。这六种句法成分,在短语里是短语成分,在句子里是句子成分。这六种句法成分更详细的讲解可以参看后面"汉语的短语"和"汉语的句子"部分。

语法功能就是一个词或短语能充当什么样的句法成分。就汉语的词而言,这可以从两个方面看:一是看一个词能否单独充当句法成分;一是看一个词的组合能力(包括能和哪类词组合,组合后可以构成什么样的结构关系)。

正是从语法功能的这两个方面,我们可以把汉语中的词分成一个个不同的词类。

现代汉语中的词从语法功能上首先可以分成两大类:实词和虚词。实词是能单独充当句法成分的词,虚词是不能单独充当句法成分的词。

实词有名词、动词、形容词、副词、代词、数词、量词七类。实词一般都有实在的词汇意义,当然也有语法意义。

虚词有介词、连词、助词、叹词、象声词五类。虚词一般都没有实在的词汇意义,而只有语法意义,起附着或连接的作用。

一、实词

(一) 名词

名词是表示人或事物的名称的词,如"人"、"猫"、"中国"、"上海"等就是名词。

名词的主要语法特点:

1. 经常做主语、宾语和定语,一般不做谓语、状语和补语。例如:

(1) 北京是中国的首都。("北京"是主语,"中国"是定语,"首都"是宾语)

(2) 上海已经成为中国最大的城市。("上海"是主语,"城市"是宾语)

(3) 在全世界,说汉语的人最多。("人"是主语,"汉语"、"世界"是宾语)

(4) 张三中国人。("张三"是主语,"中国人"是谓语)

(5) 今天星期三。("今天"是主语,"星期三"是谓语)

例(3)中,"汉语"是动词"说"的宾语,"世界"是介词"在"的宾语。例(4)、(5)是比较特殊的句子,一般的名词不能做谓语。

2. 多数的名词能用数量短语修饰。例如:

三个人　五个国家　一本书　一所学校

但也有一些名词不能用数量短语修饰。例如,不能说:

＊一个上面　＊一个远处　＊三个外头　＊两个从前

3. 一般不能用"不"、"很"等副词修饰。例如,不能说:

＊不学校　＊不国家　＊很学校　＊很国家

名词按照它们所表示的意义以及用法的差别可以分出比较特殊的小类,这些小类主要有:

1. 时间名词:表示时间的名词。如:现在、刚才、今天、星期天、冬天、前年。

2. 处所名词:表示地点的名词。如:北京、上海、远处、东门、里屋。

3. 方位名词:表示方位的名词。方位名词又可分为两类:

(1) 单纯方位名词:前、后、左、右、上、下、东、南、西、北、里、外、中、内、间、旁。单纯方位名词一般不能单独使用,需要附着在别的词的前面或后面才可以表示时间或处所。

(2) 合成方位名词:合成方位名词一般能单独使用,表示时间或处所,不需要附着在别的词的前面或后面,当然也可以附着在别的词的前面或后面表示时间或处所。合成方位名词是"单纯方位名词＋单纯方位名词"、"以＋单纯方位名词"、"之＋单纯方位名词"、"单纯方位名词＋边、面、头"组合起来的。具体组合见下表:

单纯方位名词	+单纯方位名词	以+	之+	+边	+面	+头
前	前后	以前	之前	前边	前面	前头
后		以后	之后	后边	后面	后头
左	左右			左边	左面	
右				右边	右面	
上	上下	以上	之上	上边	上面	上头
下		以下	之下	下边	下面	下头
东	东南、东西、东北	以东		东边	东面	东头
南	南北	以南		南边	南面	南头
西	西南、西北	以西		西边	西面	西头
北		以北		北边	北面	北头
里	里外			里边	里面	里头
外		以外	之外	外边	外面	外头
中	中间		之中			
内	内外	以内	之内			
间			之间			
旁				旁边		

方位名词经常和普通名词或动词等一起组合起来表示时间或处所，如：上课前、放学后、围墙外面、房间里面。

(二) 动词

动词是表示人或事物的动作或人的心理活动等的词，如"写"、"做"、"喜欢"、"想"等就是动词。

动词的主要语法特点：

1. 经常做谓语，也可以做定语、状语、补语或宾语，一般不做主语。例如：

(1) 北京是中国的首都。（"是"是谓语）

(2) 王老师教我们汉语。（"教"是谓语）

(3) 到中国学汉语的人越来越多。（"到中国学汉语"是定语）

(4) 他抱歉地笑了笑。（"抱歉"是状语）

(5) 他高兴得跳起来。（"跳起来"是补语）

(6) 他就喜欢看中国电影。（"喜欢"是谓语，"看中国电影"是宾语）

例（3）中"到中国学汉语"和例（6）中"看中国电影"都是是动词短

语，例（6）中是动词短语做宾语，例（3）中是动词短语做定语，注意做定语时必须要用助词"的"。例（4）、（5）中的"地"、"得"一般也是必须要用的。

2. 动词能用副词"不、没有"等修饰，但大多数不能用程度副词"很"等修饰，只有表示心理活动的动词和一些能愿动词能够用程度副词"很"等修饰。例如：

不去　没有看　忽然听见　刚刚出去　很怕　很羡慕　很应该

3. 大多数动词可以后加"着、了、过、起来、下去"或重叠表示"时态"。例如：

说了（完成态）　　　说着（进行态）　　　说过（经验态）
说起来（开始态）　　说下去（继续态）　　说说（尝试态）

动词按照它们所表示的意义以及用法的差别可以分出比较特殊的小类，这些小类主要有：

1. 趋向动词：表示趋向的动词。趋向动词又分为三类：

（1）来　去
（2）上　下　进　出　过　回　开　起
（3）上来　上去　下来　下去　进来　进去　出来　出去　过来　过去
　　　回来　回去　开来　开去　起来

第（1）组是以人的位置为着眼点，第（2）组是以人以外的事物或位置为着眼点，第（3）组兼有（1）（2）两组的特点。

趋向动词除了具有一般动词的特点，还经常用在别的动词或形容词后充当补语。

2. 能愿动词：表示可能、意愿的动词。能愿动词又分为三类：

（1）能　能够　可　可能　可以　会
（2）应　该　应该　应当　该当　要
（3）要　敢　肯　愿

第（1）组表示可能，第（2）组表示必要，第（3）组表示意愿。

能愿动词又叫助动词，常用来修饰动词或形容词，有时也单独充当谓语，能用副词"不"否定，大多数能用"不X不"格式，表示强调或委婉。例如："不应该不去"（表示委婉），"不能不相信"（表示强调）

3. 判断动词：表示判断的动词。典型的判断动词只有一个"是"。判断动词"是"在主语宾语间有多种作用：

（1）表示事物等于什么或属于什么。如"蛙是两栖动物。"
（2）表示事物的特征、质地、情况。如"她是长头发。"

(3) 表示事物的存在。如"食堂里都是学生"。

(三) 形容词

形容词是表示人或事物的性质或状态的，如"高"、"大"、"长"、"优秀"、"聪明"是性质形容词，"雪白"、"笔直"等是状态形容词。

形容词的主要语法特点：

1. 经常做谓语和定语、也可以做状语、补语，一般不做主语、宾语。
2. 大多数形容词能直接修饰名词。如：

  太阳红 环境很优美 观点模糊

  红太阳 很优美的环境 模糊的观点

3. 少数形容词能直接修饰动词。如：

  老实说 大叫大嚷 快去快回

4. 大多数形容词能用副词"不、很"修饰，少数不能。如：

  不正确 很漂亮 *不冰凉 *很雪白

5．形容词的重叠

(1) 单音节：AA、AA 的、AA 儿。如：

  早早 高高的 慢慢儿

(2) 双音节：性质形容词是 AABB、AABB 的、AABB 儿；状态形容词是 ABAB。如：

  清清楚楚 高高兴兴的 痛痛快快儿

  雪白雪白 碧绿碧绿 冰凉冰凉

(四) 副词

副词常修饰、限制动词和形容词，表示程度、情状、时间、频率、范围等意义。如："很、十分、非常"是表示程度的；"亲自、互相、大力"是表示情状的；"立刻、正在、再三"是表示时间、频率的；"都、只、全部"是表示范围的；"不、没有、别"是表示否定的；"难道、莫非、大概"是表示语气的。

副词的主要语法特点：

1. 副词的基本功能是做状语，程度副词"很""极"还可以做补语。
2. 副词可以修饰动词或形容词，但不能修饰做主语和宾语的名词。
3. 情状副词用来修饰动词，不修饰形容词。如：

  亲自落实 互相吹捧 大肆宣扬

4. 语气副词常作为全句的修饰语。如：

  难道事实情况不是这样吗？

5. 有些副词有关联作用。如：

又酸又甜　　越做越好　　打得过就打

（五）代词

代词就是用来指示或者代替别的实词或短语的词，如"我（们）"、"你（们）"、"他/她/它（们）"、"谁""自己"、"每"、"各"、"这（里/儿）"、"那（里/儿）""哪（里/儿）"、"这样"、"那样""怎（么）样"、"什么"等都是代词。这类词虽然不多，但是在写作中却很有用，它们可以避免重复，并且使文章连贯起来。

代词可分为三类：代替人或事物的叫人称代词，如"我、你、他、自己、别人、大家、人家"；表示疑问的叫疑问代词，如"谁、哪、哪儿、多会儿、几、几时、多少、怎么、怎样"；指称或区别人、事物、情况的叫指示代词，如"这、那、那儿、这会儿、那么些、这样、这么样"。

三类代词的关系如下表所示：

	疑问代词	指示代词		人称代词
人或事物	谁、什么、哪	这、那	各	我、你、他…
处所	哪儿、什么（地方）	这儿、那儿		
时间	多会儿、几时、什么（时候）	这会儿、那会儿、这（时候）、那（时候）	某	
数量	几、多少	这么些、那么些		
性质状态方式程度	怎么、怎样、怎么样	这么、那么、这样、那样、这么样、那么样		

三类代词的都有虚指用法：

(1) 人称代词的虚指用法："你一言、我一语"；"你看看我，我看看你"。

(2) 指示代词的虚指用法："看看这儿，瞧瞧那儿"。

(3) 疑问代词的虚指用法："有了朋友的帮助，什么也难不倒我们。""这些话，我记得谁说过来着。""哪儿都可以去吗？"

此外，诸如"跳他一个痛快"，"吃他一个饱"中的"他"也是虚指，已经无所指称，只留下增强语气的作用。

（六）数词

数词用来表示数目和次序，如"零、半、一、二、两、四、六、十、百、千、万、亿"都是数词。数目可以用一个数词表示，如"一、二"；也可以用数词短语表示，如"一百二十三"、"五分之二"。数词或数词短语前边可以加上助词"第"、"初"表示次序，如"第十五"、"初一"，其中"初"后面的数词限于"一"至"十"。数词或数词短语后边可以加上助词"来"、"多"、"把"或方位词"以上"、"以下"等表示概数。如"一百来（块）"、"五十多（个）"、"一千以上"。

数词的主要语法特点：

1. 数词一般不能单独做句法成分，在数学计算时或文言格式中可单用。例如"一加一等于二"、"四面八方"。

2. 数词通常要跟量词组合成数量短语，才能做句法成分，例如"一支铅笔"、"来一次"。

3. 数量短语通常用作定语或补语、状语。例如"一片云"，"做了一遍"、"一把拉住"。

4. 数词一般不直接跟名词组合，但古汉语中数词名词直接组合很常见，现代汉语中也有所遗留，例如"一草一木"。

（七）量词

量词表示计算单位。下面所列举的都是量词：

1. 尺、斤、克、亩、公顷、点、些（用在名词或形容词前面，例如"一尺布"、"一尺长"）

2. 个、只、件、条、根、架、队（用在名词前面）

3. 下、次、遍、趟、场、回、番、阵（用在动词后面）

其中1、2类是物量词，3类是动量词。

量词的主要语法特点：

1. 量词同名词和动词的搭配有一定习惯，并且不止一种搭配。例如"解释一番"不同于"解释一下"，解释的内容有多少之别；"解释一番"也不同于"解释一遍"，"一遍"含有"从头到尾"的意思，"一番"不包含这个意思。

2. 量词总是出现在数词后面，同数词一起组成数量短语，做定语、状语或补语等，例如"一片云"、"一把拉住"、"做了一遍"。

3. 单音节量词大多可以重叠，重叠后能单独充当定语、状语、主语、谓语，不能做补语。例如：

条条大路通罗马。（做定语，表示"每一"）
芝麻开花节节高。（做状语，表示"逐一"）
个个都是好样的。（做主语，表示"每一"）
微风阵阵。（做谓语，表示"多"）

4. 数量短语也可以重叠，组成"一AA"或"一A一A"式。例如：

一个个身强力壮。（做主语，表示"每一"）

一本本看过来。(做状语,表示"逐一")

收到一批一批来信。(做定语,表示"多")

5. 量词不能单独做句法成分,例如"带份礼物给他。"

二、虚词

(一) 介词

介词起标记作用,依附在实词或短语前面共同构成介词短语,整体主要修饰、补充谓词性词语,标明跟动作、性状有关的时间、处所、方式、原因、目的、施事、受事、对象等。例如:

自、从、当、往、朝、向、于、沿着、由(表示时间、处所)

因为、由于、为、为了(表示原因、目的)

按、按照、以、通过(表示方式)

根据、遵照、凭(表示依据)

对、对于、关于、让、教、比、同、给(表示对象、范围)

介词的主要语法特点:

1. 不能单独充当句法成分,必须要构成介词短语做状语和定语,少数也可以构成介词短语做补语。例如,"为人民服务"中介词短语"为人民"做状语,"关于放假的通知"中介词短语"关于放假"做定语,"从早上工作到晚上"中介词短语"从早上"做状语,介词短语"到晚上"做补语。

2. 现代汉语中的介词大多由古代汉语中的动词演变而来,有些到现在还兼有介词和动词的功能,它们的区别是介词不能单独充当谓语,即使带上名词也不能充当谓语。例如:

例词	动词	介词
在	他今天不在家。	我在黑板上写了几个字。
为	我为谁?为大家。	大家为此表示高兴。
比	我们比比看。	你比我高。
到	火车到站了。	他到半夜才睡觉。

3. 介词常附着在名词、代词、动词前面组成介词短语。介词短语主要修饰动词或形容词,修饰名词时要用助词"的"。例如:"为人民服务"(修饰动词)、"对于天体的认识"(修饰名词)。

4. "在、向、于、到、给、自"可以直接附着在动词或其他词语后面,相当于一个动词。例如,"落在地上"、"走向胜利"、"勇于实践"、"来自远方"。

(二) 连词

连词起连接作用,从连接成分来看,有词、短语、分句和句子;从连接方式来看,有的表示联合关系,有的表示偏正关系。

连词的主要语法特点:

1. 连词的分类如下所示:

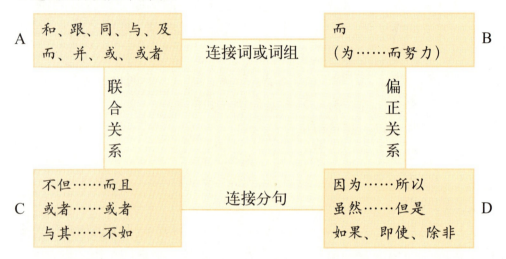

2. 同一组中的连词,用法上也有不同,以A组为例:

(1) 连接词性不同:

"和、跟、同、与、及"——名词。

"并、并且"——动词。

"而、而且"——形容词或动词。

"或、或者"——各类词,表示联合成分之间有选择关系。

(2) 使用场合不同:

"和、跟、同"——口语色彩浓。

"与"——带文言色彩,用于比较郑重的场合。

"而"——连接形容词表示单纯的联合,连接动词可含先后的意味。例如:"简单而朴素","分而食之"。

(三) 助词

助词的作用是附着在实词、短语或句子上面表示结构关系或时态等语法意义。可以分为结构助词(的、地、得)、时态助词(着、了、过)、比况助词(似的、一样、(一)般)和其他助词等。下面分别说明各类助词的语法特征。

1. 结构助词：主要表示附加成分和中心语之间的结构关系。结构助词"的、地、得"在口语中都读轻声"de"。"的"附着在词或短语之后，表示前面的词或短语是定语；"地"附着在词或短语之后，表示前面的词或短语是状语；"得"附着在动词或形容词之后，表示后面的词或短语是补语。此外，"的"也可以附着在词或短语之后，成为具有名词功能的"的"字短语；还可以附着在联合词组之后，表示"等等、之类"的意思，例如，"（弄点）糖儿豆儿的"。

2. 时态助词：时态指动作或性状在变化过程中的情况，是处于哪一点或哪一段上。"着"用在动词、形容词后面，表示动作在进行或状态在持续；"了"用在动词、形容词后面，表示动作或性状的实现或变化，即已经成为事实或发生变化；"过"用在动词、形容词后面，表示曾经发生这样的动作或曾经具有这样的性状。

3. 比况助词：附着在名词性、动词性、形容词性词语后面，表示比喻。例如"苹果似的小脸儿"、"泥菩萨一般端坐着"。

4. 其他助词："们、所、来、把、初、第"。"们"附着在人称名词、人称代词之后，表示"群"的意义，例如"同志们"。"所"附着在动词之前，成为"所"字短语，相当于名词，例如"所见""所读"。"来、把、多"附着在数词或量词之后，表示概数，例如"十来人"、"斤把米"。"第"附着在数词或数词词组之前，"初"附着在数词一至十之前，表示次序。"第"和"初"也有人认为不是词，而只是词缀。

（四）叹词

用来应答和感叹的词，如"唉、呀、哎呦、喂、嗯、唔"。

叹词的主要语法特点：在句子中位置灵活，不与其他实词发生结构关系，也不充当一般句法成分，但能独立成句，是一种特殊的词类。

（五）拟声词

用来模拟声音的词，如"丁冬"、"哗啦"，可以做定语、谓语、状语等。

三、练习

请把下列词填入表格，另外请补充一些：

蜜蜂、阿姨、批评、背诵、哭、困难、戴、有、离开、粗心、观察、知识、走、说、回来、奇怪、语调、回声、坐、倒影、高兴、游泳、问、小、高、学习、汉字、树林、你们、他、国家、做、日、月、运动、谁、自己、证明、绿油油、微笑、秘密、计算、计算机、笑容、我、她、快乐、它们、那里、哪儿、这样

词的类别	例 词
名 词	日
动 词	学习
形容词	高兴
副 词	
代 词	我
数 词	
量 词	
介 词	
连 词	
助 词	
叹 词	
象声词	

第四部分　汉语的短语

一、基本短语

短语是意义上和语法上能搭配而没有句调的一组词,所以又叫词组。它是大于词而又不成句的语法单位。

短语内的词语依靠一定的语法手段组成一定的语法形式,表现出一定的语法(关系)意义。汉语组成短语的语法手段是语序和虚词。语序是各类词语排列的前后顺序。直接组合的,主要靠语序,语序不同,语法意义往往不一样,例如"意义重大——重大意义"(主谓短语——偏正短语),是名词和形容词组合时语序不同。非直接组合的靠虚词,例如"猎人和狗——猎人的狗"(联合短语——偏正短语),是虚词的不同形成不同的语法形式和语法意义。

以下五种短语跟句子和词的基本结构类型相同,可以叫做基本短语。

1. 主谓短语

由主语和谓语两个成分组成。主语在前,谓语在后,用语序和词类表明它们之间的陈述关系而不用虚词表示。例如:

```
粮食‖丰收          （名‖动）
阳光‖灿烂          （名‖形）
明天‖星期三        （名‖名）
明天‖是星期三      （名‖是|名）
```

2. 述宾短语

由述语和宾语两个成分组成。述语在前，宾语在后，述宾之间的支配、关涉关系用语序表示而不用虚词表示。例如：

```
想|她              （动|代）
盖|被子            （动|名）
下|馆子            （动|名）
买|三碗            （动|数量）
接受|批评          （动|动）
喜欢|清静          （动|形）
```

3. 述补短语

由述语和补语两个成分组成，补语附加在中心语的后面，它们之间是补充关系。有的补语之前有"得"。例如：

```
打〈死〉           （动·动）
学得〈好〉         （动·形）
看了〈一次〉       （动·数量短语）
走〈到天涯海角〉   （动·介词短语）
高兴〈极了〉       （形·副）
```

4. 偏正短语

由修饰语和中心语两部分组成，修饰语在前面，描写或限制后面的中心语，它们之间的关系是修饰关系。可再分为两类：

（1）定中短语

由定语和名词性中心语组成，它们之间有修饰关系，有时用"的"表示。例如：

```
（他）的马         （代·名）
（江苏）人         （名·名）
（昨天）的事       （名·名）
（前进）的步伐     （动·名）
（新）书           （形·名）
（野生）动物       （形·名）
```

　　　　（十吨）钢材　　　　（数量·名）

　（2）状中短语

由状语和动词性或形容词性中心语组成，它们之间有修饰关系，有时用"地"表示。例如：

　　　　[马上]回来　　　　（副·名）
　　　　[今天]回来　　　　（名·名）
　　　　[花园里]谈　　　　（方位·动）
　　　　[这么]走　　　　　（代·动）
　　　　[绕道]走　　　　　（动·动）
　　　　[慢]走　　　　　　（形·动）
　　　　[一步一步地]走　　（数量·动）
　　　　[共同]奋斗　　　　（副·动）
　　　　[吱吱]地叫　　　　（象声·动）
　　　　[为人民]服务　　　（介词·动）
　　　　[非常]宽　　　　　（副·形）
　　　　[这么]宽　　　　　（代·形）
　　　　[三尺]宽　　　　　（数量·形）

5.联合短语

由语法地位平等的两个或几个部分组成，它们之间是联合关系，可细分为并列、递进、选择等关系。一般是同一种词性的词语相连，整体功能同组成部分的功能一致。例如：

　　　　今天和明天　　　　（名+名，并列）
　　　　小张或者你　　　　（名+代，选择）
　　　　一个或两个　　　　（数量+数量，选择）
　　　　人和书籍　　　　　（名+名，并列）
　　　　辱骂和恐吓　　　　（动+动，并列）
　　　　讨论并且通过　　　（动+动，递进）
　　　　伟大而质朴　　　　（形+形，并列）

二、其他短语

1.兼语短语

由前一动词的宾语兼做后一动词或形容词的主语，即动宾短语的宾语和主谓短语的主语套叠，形成一个宾语兼主语的兼语。有兼语的短语叫兼语短语。

例如：

  请他进来 叫你去公司 有人支持 派我出差

2. 连动短语

  又叫连谓短语，不止一个谓词性成分连用，谓词性成分之间没有语音停顿，没有主谓、述宾、述补、偏正、联合等结构关系，也不用任何关联词语。例如：

  上山采药（动·动） 看着高兴（动·形）

3. 量词短语

  由数词或指示代词加上量词组成。由数词加量词组成的短语叫数量短语（见下面1组），由指示代词加量词组成的短语叫指量短语（见下面2组），统称量词短语。如：

（1）（两个）人 [一拳]打去 拉〈三次〉

    一打是十二个 小孩三岁

（2）这件好 [那次]他没去

三、练习

（一）请分别用五种基本短语各造两个句子。

（二）请分别用三种其他短语各造两个句子。

第五部分 汉语的句子

一、句子

句子是能够表达一个比较完整的意思,并且有一定语调的语言单位。比如"我七岁上小学。""你吃饭了吗?""快走!""今天的天气多好哇!"等都是句子。一个句子可以只有一个词,也可以有好几个词,只要能表达一个完整的意思就行。

句子的特点就是:句子是人们用来交流思想感情的语言的基本使用单位。也就是说,我们要交流思想感情,就必须要使用句子,不管我们说话或者写文章都是这样。只有我们说的或者写的是一个句子,人家才能懂得我们说的或者写的是什么意思。

二、句子的语气

现代汉语中的句子,按照它的语气可以分为四类:陈述句、疑问句、祈使句和感叹句。一般说来,陈述句是陈述一件事情的句子,语调平稳,末尾一般稍微下降,以句号(。)结尾,如上面说的"我七岁上小学。"就是一个陈述句。疑问句是提出问题的句子,末尾语调往往升高,以问号(?)结尾,如上面说的"你吃饭了吗?"就是一个疑问句。祈使句是表示命令或请求的句子,语调逐渐下降,一般以句号(。)或感叹号(!)结尾,如上面说的"快走!"就是一个祈使句。感叹句是表达某种强烈感情的句子,语调先上升后下降,以感叹号(!)结尾,如上面说的"今天的天气多好哇!"就是一个感叹句。

三、句子的类型

句子按照结构可以分为单句、复句,单句又可分为主谓句、非主谓句等,一般称之为句型。请参见下表。

句子	单句	主谓句	名词性谓语句
			动词性谓语句
			形容词性谓语句
			主谓谓语句
		非主谓句	名词性非主谓句
			动词性非主谓句
			形容词性非主谓句
			叹词句
			拟声词句
	复句		并列复句
			承接复句
			递进复句
			条件复句
			选择复句
			解说复句
			因果复句
			目的复句
			转折复句
			假设复句
			让步复句
			紧缩复句

（一）单句

单句分为主谓句和非主谓句。

1. 主谓句

由主语、谓语两个成分构成的单句叫主谓句。从谓语的构成看，主谓句可以分为以下四类：

(1) 名词性谓语句：名词性词语充当谓语的句子。

  A. 明天‖晴天。　　　　　（谓语是名词）
  B. 这个人‖好本领。　　　（谓语是名词为中心的偏正短语）
  C. 这些书‖图书馆的。　　（谓语是"的"字短语）
  D. 每人‖一本。　　　　　（谓语是数量短语）

名词性谓语主要对主语进行说明或判断，如（A）（C）（D），有时也描写主语，如（B）。

（2）动词性谓语句：动词性词语充当谓语的句子。

  A. 大会‖开始了。　　　　　　　　（谓语是动词）
  B. 主席‖作工作报告。　　　　　　（谓语是述宾短语）
  C. 同志们‖举手表决。　　　　　　（谓语是连动短语）
  D. 大家‖选他当代表。　　　　　　（谓语是兼语短语）
  E. 会议‖进行得十分顺利。　　　　（谓语是述补短语）
  F. 任务‖能够完成。　　　　　　　（谓语是能愿动词＋普通动词）
  G. 冬至‖是北半球最短的一天。　　（谓语和主语是同一事物）
  H. 熊猫‖是熊。　　　　　　　　　（谓语和主语是同类事物）
  I. 阳历七月‖是最热的天气。　　　（谓语是主语的一些特征）

动词性谓语主要对主语进行叙述，如（A）（B）（C）（D），也有描写主语的，如（E）（F），用动词"是"及其宾语组成的谓语，对主语起到说明或判断的作用，如（G）（H）（I）。

（3）形容词性谓语句：形容词性词语充当谓语的句子。

  A. 他的学问‖比我好。（谓语是以形容词为中心的偏正短语）
  B. 灯光‖亮得使人们的眼睛都睁不开了。（谓语是述补短语）

形容词性谓语主要对主语进行描述，在多数句子里，形容词前带有状语。

（4）主谓谓语句：主谓短语充当谓语的句子。由普通主谓句转换而成，有三种类型：

 A. 把主谓句中某一动词的宾语或宾语的某一部分提到句首。例如：
  我没有听过这个故事。　　——　这个故事我没有听过。
  知道这件事的人不多。　　——　这件事知道的人不多。
  我认为这个问题可以讨论。——　这个问题我认为可以讨论。
  （左边句子的谓语是陈述性的，右边句子的谓语是说明判断性的。）

 B. 把形容词性谓语句变为主谓谓语句。
  大家的斗志很昂扬。　　——　大家斗志很昂扬。
  他的身体很健康。　　——　他身体很健康。
  （左边句子和右边句子的谓语都是描写性的。）

 C. 由普通主谓句中全句的修饰语省略介词"关于"、"对于"后构成。
  关于田间管理，他的经验很丰富。——　田间管理，他的经验很丰富。
  对于这个问题，我们有不同看法。——　这个问题，我们有不同看法。

由上述例句可知，主谓谓语句的主语大都是说话的起点，即"话题主语"。

2.非主谓句

分不出主语和谓语的单句叫非主谓句。它是由主谓短语以外的短语或词加语调形成的。这类句子大多要在一定语境中才能成立。非主谓句可以分为下面五类：

（1）名词性非主谓句

  A. 小王！   （称呼）

  B. 票！   （售票员向乘客打的招呼）

  C. 好热的天气！   （感受）

  D. 一九七九年的春天。 （文艺作品的背景说明）

（2）动词性非主谓句

  A. 出太阳了。   （说明自然现象）

  B. 忽然响起了钟声。 （说明出现的情况）

  C. 不许攀折花木。   （表示一般的要求）

（3）形容词性非主谓句

  A. 好极了！

  B. 真热！

（4）叹词非主谓句

  A. 啊！

  B. 喂！

（5）象声词非主谓句

  A. 轰！

  B. 哗啦！

（二）复句

复句至少包含两个分句，这些分句可以是主谓句，也可以是非主谓句。下面就是根据前后两个分句间语义的逻辑关系划分出来的一些常用复句类型。

1. 并列复句

前后分句分别说明或描写有关联的几件事情、几种情况或同一事物的几个方面。关联词语有在前后分句成对使用的，有只在后一分句单独使用的，也可以没有关联词语。常用的关联词语如：合用的有"既A又（也）B，又（也）A又（也）B，有时A有时B，一方面A（另、又）一方面B，一边A一边B，一会儿A一会儿B，不是A而是B，是A不是B"（这里的A、B分别表示两个不同的分句，后面谈到复句时的A、B也是这个意思）；单用的有"也，又，同时，同样，另外，而，而是"。例如：

（1）她的讲话**既**简明扼要，**又**大方得体。

(2) 这件衣服式样**又**不好,颜色**又**难看。
(3) **有时**他来看我,**有时**我去看他。
(4) **一方面**必须节约资金,**另一方面**必须保证质量。
(5) 妈妈**一边**看电视,**一边**打毛衣。
(6) 我**不是**要惩罚他,**而是**要他晓得利害。
(7) 这**是**番茄,**不是**柿子。
(8) 我们热爱祖国,**也**热爱人民。
(9) 她讲得那么流畅,**又**记得那么准确。
(10) 他是高校的教授,**同时**是公司的总经理。
(11) 我去买酱油,**另外**交这个月的水电费。
(12) 选择朋友,不在其地位高低,**而**在其人品好坏。
(13) 悲观的人虽生犹死,乐观的人永生不老。

2. 承接复句

前后分句按时间、空间或逻辑事理上的顺序叙述连续的动作、连续的事件或相关的情况,分句之间有先后相承的关系。关联词语有在前后分句成对使用的,有只在后一分句单独使用的,也可以没有关联词语。常用的关联词语如:合用的有"首先(起先、先)A然后(后来、随后、再、又)B,刚A就B,一A就B";单用的有"就,又,再,于是,然后,后来,接着,跟着,继而,终于"。例如:

(1) 你应该**先**考虑清楚,**然后**着手去做。
(2) 衣服**刚**晒出去,天**就**下雨了。
(3) 他**一**遇见班主任,**就**立刻说起这件事情。
(4) 我们第一个月搜集素材,第二个月**就**开始写作。
(5) 她关掉电视,**又**罩上防尘罩。
(6) 我把衣服都洗好晒出去,**再**拖地擦桌子。
(7) 他讨厌这工作,**于是**就辞职不干了。
(8) 主持人公布题目,**然后**双方辩手开始辩论。
(9) 他结了婚,**后来**有了孩子。
(10) 老师读了一遍课文,**接着**就解释生词。
(11) 她买了本书,**跟着**又买了本词典。
(12) 他升了主管,**继而**又做了经理。
(13) 愿为事业献青春,献了青春献终身。

3. 递进复句

后面分句比前面分句在意思上更进一层,一般由少到多,由小到大,由轻到重，由浅到深，由易到难，反之亦可。关联词语有在前后分句成对使用的，也有只在后一分句单独使用的。常用的关联词语如：合用的有"不但（不仅、不只、不光、非但）A而且（还、也、又、更、就连）B，不但（不但不、非但没）A反而（反倒还、相反还、偏偏还）B，尚且A何况（更不用说、还）B，别说（慢说、不要说）A连（就是）B"；单用的有"而且，并且，何况，况且，甚至，更，还，甚至于，更何况，尚且，何况，反而"。例如：

(1) 他**不但**学识渊博，**而且**善于创新。
(2) 这种做法**不仅**不得人心，**而且**为人不齿。
(3) 雨**不但**没停，**反而**越来越大了。
(4) 奶奶的病**非但**没好转，**相反还**越来越严重了。
(5) 大人**尚且**受不了，**何况**小孩？
(6) 这次展出的藏品，数量多，**而且**非常珍贵。
(7) 他认识我，**甚至**知道我的名字。
(8) 我不想去外地，**更何况**是到那种偏僻的地方。
(9) 他离开了妈妈，**反而**变得独立起来。

4. 条件复句

偏句提出条件，正句（后一分句）说明在满足条件的情况下产生的结果。关联词语有在前后分句成对使用的，也有只在后一分句单独使用的。常用的关联词语如：合用的有"只要（只需、一旦）A就（都、便、总）B，只有（唯有、除非）A才（否则、不）B，无论（不论、不管、任、任凭）都（总、总是、也、还）B"；单用的有"便，就，才，要不然"。例如：

(1) **只要**你努力，**就**一定会取得好成绩。
(2) **只有**实行社会主义，中国**才**能得到发展。
(3) **无论**你去不去，我们**都**要开演的。
(4) **不管**谁打报告，他**都**不会批准。
(5) 吃了这药，**便**会好起来。
(6) 多听多练，外语水平**就**会有所提高。
(7) 拿到六级证书，**才**有资格报名。
(8) 多吃蔬菜和水果，**要不然**营养不均衡。

5. 选择复句

各分句分别说出两种或两种以上可能的情况，要求在其中选择一种。关联词语有在前后分句成对使用的，也有只在后一分句单独使用的。常用的关联词语如：合用的有"或者（或、或是）A或者（或、或是）B，是A还是B，不是A就是B，要么A要么B，与其A不如（宁肯、还不如、倒不如）B，宁可

(宁、宁肯、宁愿)A 也不(决不、不)B"；单用的有"或者，或是，或，还是，还不如，倒不如"。例如：

(1) **或者**你来上海，**或者**我去南京，**或者**我们都去苏州。
(2) 他**是**有事不能来，**还是**根本不愿意来？
(3) **不是**鱼死，**就是**网破。
(4) **要么**在沉默中爆发，**要么**在沉默中灭亡。
(5) **与其**被扫地出门，**不如**自行离开。
(6) 她**宁可**穷困潦倒，**也不**做对不起良心的事情。
(7) 你到我家来吃饭，**或者**我们一起出去吃火锅。
(8) 去公司上班，**还是**继续考研？
(9) 拿这么点死工资，**还不如**辞职做生意。

6. 解说复句

分句间有解释、说明或总分的关系。解说关系一般不用关联词语，也有少数在后一分句单用"即，就是说"等关联词语。例如：

(1) 我们正处于这样一个历史阶段，**即**我们相信两国的关系能提高到一个新的高度。
(2) 调查有两种方法：一种是走马观花，一种是下马观花。
(3) 对上级，溜须逢迎，对下级，颐指气使，这就是现在一些干部的态度。

7. 因果复句

偏句提出原因或理由，正句(后一分句)说明结果。关联词语有在前后分句成对使用的，也有只在前一分句或后一分句单独使用的。常用的关联词语如：合用的有"因为(因、由于)A所以(才、就、便、故、于是、因此、因而、以致)B，既然A那么(就、又、便、则、可见)B，之所以B是因为(是由于，就在于)A"；单用的有"因为，由于，是因为，是由于，所以，因此，因而，以致，致使，从而，既然，既，就，可见"。例如：

(1) **因为**今天下雨，**所以**运动会延期了。
(2) **由于**他是朝鲜族人，**所以**非常符合这个韩国公司的条件。
(3) 我**之所以**不去参加他的生日宴会，**是因为**我们吵架了。
(4) **既然**你也知道这样做不好，下次**就要**改正了。
(5) **既然**她不肯露面，**可见**她心里有鬼。
(6) **因为**发烧，我今天没有去公司上班。
(7) 我没通过这次考试，**是因为**我没有足够的时间复习。
(8) 今天要做的事情特别多，**因此**他一大早就起床了。
(9) 他优柔寡断，**以致**坐失良机。

(10) 基本的公式都记错了,**可见**没有好好学。

8. 目的复句

偏句表示行为,正句(后一分句)表示行为的目的。关联词语都是在后一分句单独使用的。常用的关联词语如:"以,以便,以求,用以,借以,好,好让,为的是,以免、免得、省得、以防"。例如:

(1) 我一入夏就每天涂上防晒霜,**以**避免脸上晒出斑点。
(2) 你把屋子收拾一下,**以便**他明天来住。
(3) 奶奶今天去庙里烧香了,**以求**菩萨保佑我们。
(4) 我在电脑上罩了块纱巾,**用以**阻隔灰尘。
(5) 我把意见汇总起来,明天**好**交大会讨论。
(6) 妈妈含辛茹苦这么些年,**为的是**我有一个好前途。
(7) 我看这件事情还是得趁早解决,**以免**夜长梦多。
(8) 你早点去吧,**免得**路上碰见熟人。
(9) 我把两件事情一起办掉,**省得**下次再跑一趟。
(10) 姨太太夜里常常跑来查看,**以防**他们父子私下授受财产。

9. 转折复句

前后分句的意思相反或相对,即后面分句不是顺着前面分句的意思往下说,而是突然转成同前面分句意思相反或相对的说法,后面分句才是说话人真正要表达的意思。关联词语有在前后分句成对使用的,也有只在前一分句或后一分句单独使用的。常用的关联词语如:合用的有"虽然(虽是、虽说、虽则、虽、尽管、固然)A但是(可是、然而、但、却、还、也、而)B",单用的有"虽然,但是,但,然而,可是,可,却,只是,不过,倒"。例如:

(1) **虽然**他并不怎么喜欢她,但还是同她结婚了。
(2) 话**虽是**如此说,事情该办的**还得**办。
(3) **尽管**建筑面积不大,得房率**却**蛮高。
(4) 这件事情**固然**不是那么名正言顺,**但**又有什么别的办法呢?
(5) **虽然**有几个学生帮忙,我看今天下午完不成任务。
(6) 我喜欢夏天,**但**不喜欢南方的夏天。
(7) 我想来医院看您的,**可是**一时有事走不开。
(8) 我觉得这个提议挺好,**只是**有一点还需要商榷。
(9) 他没有什么过人之处,**不过**善于表现罢了。
(10) 大家一搅和,当事人**倒**不积极了。

10. 假设复句

偏句提出假设,正句(后一分句)表示假设实现后所产生的结果。关联词语有在前后分句成对使用的,有只在后一分句单独使用的,也可以不用关联词语。常用的关联词语如:合用的有"如果(假如、假使、假若、假设、倘若、倘使、若是、若、要是、万一)A就(那么、那、便、则)B",单用的有"那,那么,就,便,则,的话,也,还"。例如:

(1) **如果**你不愿意敷衍他,**那么就**别去他家拜年了。
(2) **假使**有一天房子拆迁了,我**就**搬到郊区去。
(3) **假设**这个命题为真,**则**可以得出如下结论。
(4) **要是**没看见张伯伯,**就**赶紧回来。
(5) **万一**失窃了,你**就**立刻去报警。
(6) **若是**过两天还没消息,**就**要刊登寻人启事了。
(7) 不学习先进企业的经验,**就**不可能扭亏为盈。
(8) 你临时有事**的话**,可以打个电话来说一声。
(9) 不和冠军较量,永远拿不到冠军。

11. 让步复句

偏句提出让步,正句(后一分句)表示在让步的情况下所产生的结果。关联词语在前后分句成对使用。常用的关联词语如下:"即使(就是、就算、纵使、纵然、哪怕)A也(还)B,再A也B"。例如:

(1) **即使**有台风,我**也**要出去一趟。
(2) **就算**你不怕,我**还**怕呢。
(3) 保完险**纵然**有个三长两短,也有地方赔付了。
(4) 我**再**不高兴,**也**得给老太太一个面子。

12. 紧缩复句

紧缩复句是由一般复句紧缩而成,是分句之间没有停顿的特殊复句。紧缩复句与单句中的连动句相像,但不相同,主要在于紧缩复句内有复句所具有的假设、条件等关系及其关联词语。紧缩复句往往成对使用或单用一个关联词语表示分句间的关系,也可以没有关联词语。紧缩复句常用的关联词语如:合用的有"不A不B,非A不B,不A也B,再A也B,一A就B";单用的有"再、才、都、又、就、也,因为"。例如:

(1) **不**问**不**开口。
(2) **非**去**不**可。
(3) **不**看**也**会。
(4) 再说**也**没有用。
(5) **一**学**就**会。
(6) 看了一篇**再**看一篇。

(7) 无知**才**会无畏。
(8) 在哪里你**都**要照顾好自己。
(9) 想笑**又**不敢笑。
(10) 你请我**就**来。
(11) 不睡觉**也**要完成任务。
(12) 他**因为**生病不能来。
(13) **争**气不**争**财。

四、特殊句式

在主谓句中，动词谓语句最为复杂，特点最多。这里介绍其中两种有结构特点的特殊句式。

（一）"把"字句

"把"字句是指在谓语动词前面用介词"把"引出受事、对受事加以处置的一种主动句。例如：

(1) 我们‖一定要治理好海河。　　　　（普通主动句）
　　我们‖一定要把海河治理好。　　　（"把"字句）
(2) 你‖收拾一下房间吧！　　　　　　（普通主动句）
　　你‖把房间收拾一下吧！　　　　　（"把"字句）

"把"字句又叫处置式。所谓处置，是指谓语动词所表示的动作对"把"字引出的受事施加影响，使它产生某种结果，发生某种变化，或处于某种状态。例如"狼把羊咬死了"一句里，"咬"的结果是"死了"。又如"狼把羊咬了"一句，用"了"表示事态发生了变化。

介词"把"后面的词语（介词宾语）不应该理解分析为谓语动词的宾语提前或"前置宾语"。因为很多"把"字句中的介词宾语不能移到谓语动词的后面。例如：

(1) 他让卖粥大嫂把粥盛在饭盒里。
(2) 老张把炉子生上了火。
(3) 他把草稿纸订成一个个本子。

动词后面有介词短语做补语的句子，如(1)，动词后另有宾语的句子，如(2)(3)，其中的介词宾语不能移到后面作谓语动词的宾语。

"把"字句有四个特点：

1. 动词前面或后面总有别的成分，动词一般不能单独出现，尤其不能出现单音节动词。通常后面有补语、宾语、时态助词，至少也要出现动词的重叠式。例如"把书放在桌子上。""把地种上庄稼。""把茶喝了。""把信带着。""把情况谈谈。"或者是动词前面有状语,例如"别把水到处泼"。但是如果动词是动补型双音节词,就可以单独出现,例如"不要把直线延长。"

2."把"的宾语一般来说是上文中出现过的、已知的人或事物,因此前面会带上"这"、"那"一类修饰语。例如"把书拿来"、"把那支铅笔带上。"说"把书拿来"时,这书是确定的某一本书或某一些书。如果用不确定的、泛指的词语,常是泛说一般的道理,例如"不能把真理看成谬误。"

3. 谓语动词一般都有处置性,就是动词对介词宾语要有积极的影响。因此,不及物动词、能愿动词、判断动词、趋向动词和"有、没有"等不能用来做"把"字句中的谓语动词。"把"字句中没有处置性的动词比较少见,例如"一出门槛,便把慰问对象忘个一干二净"、"只把目录看了一遍"。

4."把"字短语和谓语动词之间一般不能加能愿动词、否定词,这些词只能放在"把"字前。例如不能说"他把青春愿意献给家乡的建设。""我们把困难敢踩在脚下。""我把衣服没有弄坏。""为什么把这消息不告诉他?"而要说"他愿意把青春献给家乡的建设。""我们敢把困难踩在脚下。""我没有把衣服弄坏。""为什么不把这消息告诉他?"

有时候,"把"的宾语跟谓语动词没有多少语义上的联系,而是跟整个动补短语有联系,整个短语用来说明使"把"的宾语怎么样。例如"把眼睛哭肿了"、"我的故事把在座的朋友都讲哭了。"

(二)"被"字句

"被"字句是指在谓语动词前面,用介词"被(给、叫、让)"引出施事或只在动词前面用"被"的被动句。它是受事主语句(受事充当主语的句子)的一种。例如:

(1) 树叶被风吹跑了。
(2) 我被那诚恳的言辞打动了。
(3) 衣服给雨浇湿了。
(4) 地上的水叫太阳晒干了。
(5) 一夜之间,许多座百米以上的沙丘让风搬到十公里之外。

还有一种"被"字句,"被"字直接用在动词前,这是古汉语用法的延续。例如:

(6) 他的心灵第一次被震撼了,被人的力量震撼了。

在书面语里,还有"被……所"的格式,口语里有"让(叫)……给"的格式。例如:

(7) 一切困难都将被全国人民所战胜。

(8) 他让人家给赶走了。

(9) 杯子叫我给打碎了一个。

例（7）、（8）、（9）中的"所""给"是助词，"给"还可用于"把"字句，如"我把杯子给打碎了一个。"

"被"字句原本一般是表示不如意、不希望发生的事情。近几十年来，它在书面语里的使用范围扩大了，表如意的事有时也用"被"，例如"被表扬"、"被选为班长。"

如同"把"字句一样，"被"字句也不是都能由普通主动句变换而成，有自己的构成和应用条件：

1. 动词一般是有处置性的，跟"把"字句里的动词差不多。动词后面多有补语或别的成分。如果只用一个双音节动词，前面就要有能愿动词、时间词语等。例如"自行车叫我弟弟骑〈走〉了。""辽南大地都被依山的太阳涂〈上〉了一层金光。""小鸡被黄鼠狼叼〈去〉了一只。""他被人家搀着，一步一步走〈上〉山来。""这句话[可能]被人误解。"

2. 主语所表示的受事必须是确定的。如果没有特定的语境，就不能说"一本书被他撕破了"；如果"一本书"前面加上"这"、"那"成为确定的，就可以说了。

3. 能愿动词和表否定、时间等的副词只能置于"被"字前。例如"一切丑恶的现象[应该]被消灭"、"他[没有]被困难吓倒""这件事[已经]被人传出去了"、"他[大概]让朋友留下吃午饭了"。

说"被"字句的主语表示受事，正如说"把"字句里的介词宾语表受事一样，都是就最常见的情况说的，其实其中也有表间接受事的。例如"他家被黄鼠狼叼走了两只小鸡"，丢了鸡也是他家的遭遇。被动意思不一定都用"被"，特别是口语中，例如"练习做完了"，"手机丢了"，"字典用破了"。

五、句子的特殊成分——独立语

句子里的某个实词或短语，跟它前后别的词语没有结构关系，不互为句法成分，但又是句意上所必需的成分，这就是独立语。独立语在句子里的位置大都比较灵活，可以出现在句首、句中或句末，以适应表达的需要。从表意作用看，有下列四种：

（一）插入语

插入语的作用是使句子严密化，补足句意，包括说话者对话语的态度，或引起听话者的注意。

1. 有的插入语表示肯定或强调的口气，表明说话者那种不容置疑的态度。有时又点明特别值得注意的内容，以加深听话者的印象。通常用"毫无疑问"、"不可否认"、"不用说"、"十分明显"、"尤其是"、"主要是"、"特别是"等。例如："说实在的，这些成绩都是人民大众的。""毫无疑问，这是个错误的结论。"

2. 有的插入语表示对情况的推测和估计，口气比较委婉，对所说事情的真实性不作完全的肯定，留有重新考虑的余地，通常用"看来"、"看样子"、"说不定"、"算起来"、"我想"、"充其量"、"少说一点"等。例如："看样子，这件事情不是那么容易解决的。""就算加强促销，到周末充其量只有六十张定单。"

3. 有的插入语表示消息来源，通常用"听说"、"据说"、"据报道"等。例如："据说她现在正准备考公务员呢。"

4. 有的插入语是为了引起对方注意。通常用"请看"、"你想"、"你看"、"你瞧"、"你听"等。例如："你看，天边的晚霞红得多么好看！"

5. 有的插入语表示总括。通常用"总之，总而言之，总的说来，一句话"等。例如："总之，高校毕业生就业难已经是个不争的事实。"

6. 有的插入语表示注释、补充、举例。通常用"也就是、包括、正如"等。例如："在那些日子，也就是他在家待业的时期，我常常去他家找他聊天。"

7. 有的插入语表示对语意的附带说明。通常用"严格地说"、"一般来说"、"不瞒你说"、"不客气地说"、"说句笑话"等。例如"这两年家里的收入，不瞒你说，是芝麻开花节节高。"

（二）称呼语

用来称呼对方，引起注意。

例如："大哥，大嫂，你们同意吗？"

"这是多么令人激动的事情啊，老王！"

（三）感叹语

表示感情的呼声，如惊讶、感慨、喜怒哀乐等感情和应对等。

例如："唉，怎么会搞成这样！"

"哎呀，你怎么这么迟才来啊！"

注意：感叹词后面如果用上了感叹号，就是非主谓句；感叹词后面如果用逗号，则不是一个句子，而是独立语中的感叹语。

（四）拟声语

模拟事物的声音，给人以真实感，以加强表达效果。

例如："砰，砰，两声枪响。"

六、练习

（一）请按要求造句并把它们填入下表：

句子的类别	例　句
陈述句	人们就把这些山谷叫做蝴蝶谷。
疑问句	你还有什么问题吗？
祈使句	你快来吧。
感叹句	蝴蝶谷的景象多么迷人哪！

（二）请按要求造句并把它们填入下表：

句子的类别	例　句
名词性谓语句	今天星期三。
动词性谓语句	校园里种满了桃树和柳树。
形容词性谓语句	他最近很忙。
主谓谓语句	这本书我看过了。
"把"字句	请把这本书拿给我。
"被"字句	自行车被他骑走了。

（三）请按要求造句并把它们填入下表：

句子的类别	例　句
并列复句	他是留学生，我也是留学生。
承接复句	台湾的山多，山谷也多。
递进复句	他不但会汉语，而且还会法语。
条件复句	只要你认真学习，就一定会取得很大的进步。
选择复句	毕业后，我要么回国，要么在这儿找一份工作。
解说复句	这涉及到两个问题：一个是费用的问题，一个是时间的问题。
因果复句	因为上午有课，所以我不能来陪你。
目的复句	我们一大早就出发了，以便能够按时到达那里。
转折复句	虽然天气不好，但我们还是决定按时出发。
假设复句	如果你认真学习，就一定会取得很大的进步。
让步复句	即使他不来，我们也照样要完成任务。
紧缩复句	他一来就走了。

参考答案

第1课

根据课文回答问题。

1. 主要原因是激励不足,猎狗没有追击兔子的足够动力。
2. "猎人"代表老板或者管理者;"猎狗"代表员工;"兔子"代表员工给老板创造的利润;"骨头"代表员工个人的需求,可能是金钱,可能是权力,也可能是自我实现的需要或者别的东西。
3. 环境在改变,猎狗们的需求也在从低到高不断改变。当较低层次的需求得到满足后,必然会走向较高层次的需求的追求。
4. 自由发挥。
5. 自由发挥。
6. 同类型的公司增多,该行业竞争激烈,利润减少,更重要的是老猎狗们发现了更好的赚钱机会,成功地实现了转型。
7. 自由发挥。

词语辨析与练习。

选词填空:

1. 她的美丽举世无双,但<u>却</u>是一种邪恶之美。
2. 我本想搭便车省点儿时间,嗨,<u>反而</u>耽误了两趟公共汽车!
3. 所以我们的争论不仅没影响我们的友谊,<u>反而</u>更加深了相互的信任和理解。
4. 小明说得轻描淡写,桂凤<u>却</u>听得出其中的十二分得意。
5. 去年他检查出脑血管硬化,医生叫他多休息,他<u>反而</u>忙起来了。
6. 组长这官儿不大,<u>却</u>直接决定了他赚钱的多少。
7. 在冷战结束的今天,继续坚持冷战思维是<u>愚蠢</u>的做法。
8. 在他朴实、谦和的外表下面,深藏着<u>聪明</u>与智慧。
9. 有个科学家造了一个机器人,各方面都和人一样,甚至和人一样的<u>聪明</u>,但是还不像人。
10. 明知没有希望,还要盼望,是人所做的最<u>愚蠢</u>也是最天真的事情。
11. 骗子有时看上去很<u>聪明</u>,其实是最<u>愚蠢</u>的。

12. 她激动得¹哭了。
13. 他得²了病，已经两年没有上班了。
14. 他抱怨他们不知足，白得²了三百块钱还发牢骚。
15. 小明在比赛中得²了好成绩，大家都很高兴。
16. 他两手背在腰上，步子不大，却走得¹飞快。
17. 男子汉大丈夫说话得³算话。
18. 读书是不是能使人变得¹聪明呢？
19. 他的提议得²到了大家的一致赞同。
20. 修这座大桥，至少得³两年时间。
21. 他瘦得¹像一根棍子。
22. 天气不太好，你 得³带把雨伞。
23. 车上来了一群人，他们拿出两根红蓝铅笔行骗，引诱乘客参与赌博。
24. 青枝绿叶和美丽诱人的花朵，新鲜的空气，大自然那神奇的诱惑是一个6岁的孩子所难以抗拒的啊！
25. 他教我说谎，用一种谎话对付父母，又用另一种谎话对付老师，引诱我跟他到处跑。
26. 就像当年青岛对她充满了诱惑一样，如今，她又想到上海去闯一闯了。
27. 敌人引诱我们暴露身份，但我们谁也不说话，气得敌人直骂。
28. 藏族同胞和西藏的奇异风光同样具有强烈的诱惑力。
29. 老板多次许诺"跟她结婚"。
30. 十月，美国总统克林顿在纽约向江泽民主席作出承诺，美国将奉行"一个中国"的政策和遵守美中三个联合公报的原则。
31. 她向我许诺，以后我每次打篮球她都到场为我助威。
32. 为了表示她的许诺是真诚的，她立即写了一个地址，约小王当晚就去找她。
33. 但到目前为止，国际社会承诺提供的资金仅有五亿多美元。
34. 让群众满意，这是首都民警的承诺。
35. 7月1日，北京市出租汽车行业就解决拒载等问题向社会做出了新的承诺。
36. 尽管摄影现场离家还有一个小时的路程，他仍然坚持要回家，因为他向儿许诺说，当她睁开眼的时候，她一定会发现爸爸就在身边。
37. 向社会公开承诺，这表明了企业的服务意识在提高。
38. 从前，我向一对年轻恋人许诺做他们的婚礼主持人，但后来却乘上旅行车跑到罗马尼亚经商了。

语法练习

1. D   2. B   3. B   4. D   5. C
6. D   7. C   8. B   9. A   10. C

字词扩展练习

保证金   助学金   奖学金   救济金   违约金   奖金   押金   罚金   酬金   赌金   租金
保管费   搬运费   加班费   邮寄费   咨询费   冲洗费   接待费   工本费   手续费
说服力   吸引力   想象力   注意力   观察力   自制力   记忆力   理解力   生命力
代言人   代理人   保证人   监护人   保护人   读书人   辩护人   犯人   游人   保人   病人

阅读扩展及泛读练习

1. A   2. B   3. D

第2课

根据课文回答问题

1. 最有可能接触到图书馆助理、学生书报亭、超市售货员等,因为受到知识、经验和时间的限制。
2. 因为这样的工作可以学以致用,收入不低,而且能够帮助大学生积累实际经验、增加与大公司的接触机会。
3. 文中是指一些高年级的本科生、硕士生和博士生利用所学的专业知识,参与校内或校外的科研工作,从而获得数额不小的报酬。
4. 这是个开放性的题目,可以结合学生各自国家大学生打工的情况来谈。
5. 这也是个开放性的题目,可以让学生自由发挥。

词语辨析与练习

选词填空:

1. 如果你刚一到达就递过去一张钞票,以此表示自己对服务员的一点心意和对他工作的鼓励是比较合适的。

2. 截至目前，永州市通过打工仔引进资金6000多万元，引进技术1200多项，开发新产品500多种。

3. 大批下岗人员的失业问题，沿海与内地的经济发展差距，都是党中央相当重视的问题，因此在过渡时期中，特别强调政治的稳定。

4. 老爸说："其实懒惰比激情更消耗生命，倒是激情更能激发生命的活力，激励创造才能。"

5. 仅仅只是为一些不能正常进入市场流通的物资开辟了一条新的渠道，仅仅打开了一种面向全社会集资的通道。

6. 你初中毕业才17岁就当了兵，6年后退伍回乡，又在镇上获得了固定/稳定的工作，应该说，你的经历在你周围的同伴们中间还是比较顺利的。

7. 情绪不太稳定的人常常感到被迫做某事，很少从自己的工作和闲暇时间里享受到快乐。

8. 这些爱给他带来无限的幸福与欢乐，激励他产生耀眼的灵感火花，同时也使他陷入了无尽的苦恼与悲哀之中。

9. 外资的运用要受市场利率变化的影响，出口收入要受市场价格波动的冲击，基础极不稳固。

10. 集团将利用自己的综合优势，帮助成员企业开发产品、开拓市场。

11. 欧洲中央银行的独立地位、《马斯特里赫特条约》确立的严格稳定标准和旨在使预算政策建立在稳固基础之上的《稳定和增长公约》都将确保欧元的稳定。

12. 有趣的是，凡是那些勇于在事业和生活中探索、开拓和注重全面发展自身潜能素质的人们，一旦涉足爱情，总是善于激发十分鲜活的爱的魅力，往往使爱情生活的色彩特别绚丽。

13. 他开始每天晚上给短跑运动员们打电话，直到他鼓励了每一个姑娘都在决赛上尽自己最大的努力。

14. 丰田自实施首席工程师制度以来，大大加快了新车开发的速度，它的新车型从概念变成商品，只需不到4年的时间。

15. 汉堡市出售一种特殊的月票，鼓励市民在高峰以外时间乘坐公共车辆。

16. 只好拉出婆婆三十年代结婚时用的一张老式桌子，四条腿用塑料胶纸包扎固定，锁全坏了，抽屉也关不紧，一用至今6年多。

17. 我说过我基本上是一个循规蹈矩的人，即使敢也不成，说不定我溜过了国境线又想打道北上去内蒙古开辟一个牧场。

18. 这消息使贝克感到极大的鼓舞，他对朋友们吐露道，他只有一个愿望——能活到参加这次决赛。

语法练习

一、选词填空：

1. 据中国环境监测总站公布的最新数据<u>表明</u>，淮河干流和一些支流水质已有明显改善，但支流的一些断面污染仍较严重。
2. 据有关医学资料<u>统计</u>，国内外育龄夫妇中患有不育症的占 10%～20%。
3. 据胡彩玲<u>介绍</u>，小扎耶德很聪明，又听话，虽然年仅四岁，已开始学英语、法语和中文，并能流利地说几句日常中国话。
4. 据此间英国报纸<u>报道</u>，这些星云都是"哈勃"在一些"老年"恒星周围发现的。
5. 据专家<u>调查</u>，在芬兰栖息地所有 64 种哺乳动物中，城市里可以看到 40 种，其中 29 种在赫尔辛基市和图尔库市可以经常见到。

二、选用"据"或"根据"完成下列句子：

1. <u>据</u>主人说，这里环境幽静，客房又便宜，能住六七个人的房间，一周才用3700多挪威克朗（合人民币6500多元），因而来往客人很多，好多会议都在这里开。
2. <u>据</u>行家讲，国内组装车虽与进口车外形相似，但仍有区别。
3. <u>根据</u>资源情况，各地建立和完善了一大批农副产品市场，以组织和引导农户进行生产。
4. <u>据</u>此，外汇管理部门对涉案金融机构进行了严厉惩处，责其监管不力。
5. 顾客<u>根据</u>这一颜色变化可以直观地判断出食品是否已过保质期。

三、从所给的词或词组中选择一个最恰当的词或词组填在下列横线上：

1. 就<u>中国的传统观念</u>而言，夫妇婚后不能生育，很容易导致感情不和，家庭不睦。
2. 北京市老年病防治中心的专家还就<u>老年病防治问题</u>进行了讲解。
3. 北京市就<u>此</u>提出，首先要限制使用塑料制品，减少"白色污染"对城市环境的影响；其次要加强清扫保洁工作，每个路段.每个街巷都要落实责任人。
4. 就<u>我</u>而言，时间比金钱更为宝贵！
5. 就<u>劳动力</u>而言，这意味着一个企业在固定资产规模不变的条件下，对劳动力的需求量是有限的。
6. 就<u>加速科技发展</u>来说，中文信息处理技术是高技术的重点之一，而语言文字的规范化.标准化和相应的应用研究水平，则是提高中文信息处理技术的先决条件。
7. 就<u>我的实践经验</u>来看，我以为有以下几个途径和方法可供借鉴。
8. 就<u>世界范围</u>来看，四大试验与国际上重大研究计划也是同步进行的，使我们的试验成为全球大气研究的重要组成部分。
9. 就<u>提高劳动者素质</u>来说，主要在于提高思想道德和科学文化素质，而语言文字能力又是文化素质中最基本的因素。

10. 他们认为，自1978年改革以来，中国经济进入了黄金时代，就效率而言，在农业，工业和服务业等方面，都取得了明显实效。

四、在下列横线上填上量词"点"或"些"：

1. 在记卡片的过程中，有几<u>点</u>是要注意的。
2. 主人告诉我们，岛上只有500多常住人口，因这里离市区较远，条件相对艰苦<u>些</u>，所以早<u>些</u>年很多人想往外搬。
3. 你的电子邮件地址使客户和潜在的客户了解到你公司具有竞争优势，仅仅这一<u>点</u>就可以为你带来更强的竞争优势。
4. 东南亚旅游业萧条的原因主要有两<u>点</u>：一是印尼的森林大火严重污染东南亚环境，使许多外国游客望而却步；二是东南亚国家50%-70%的旅游者来自本地区。
5. 前<u>些</u>时候，美国许多报纸同时爆出一则新闻。
6. 在那烟树参差的春日里，花红<u>点点</u>，煞是迷人。
7. 在那个赛季的早<u>些</u>时候，我曾写过一篇文章，谈的是我偶然见到的乔丹为球场外的孩子做善事的事情。
8. 前天赶集给儿子买了一条裤子，过<u>些</u>天，再给他买一件褂子。
9. 在此，我愿意提出三<u>点</u>意见和建议。
10. 理由是歌词中有<u>些</u>字句，原来翻译得不够妥当。
11. 这件事过了<u>些</u>时日，也就渐渐地淡忘了。
12. 一想，这么吧，3000元就算我的一<u>点</u>心意捐给顺德教育基金会，为顺德做点事。
13. 每当我想起前<u>些</u>天和蛋蛋打架打败了的时候，就想有个哥哥该多好哇！
14. 他们有发达的大脑，为科学的每<u>点</u>进步而兴奋。
15. 信中说，张桥村有一户农家，5年前丈夫一病不起，前<u>些</u>日子妻子又谢世而去，留下了4个孩子。
16. 它一<u>点点</u>地进入，越来越少，最后全进去了。
17. 近<u>些</u>时日，领导干部的日程表排得比以往更满了，忙开会，忙总结，忙评比，忙检查。
18. 据这位摄影师说，作案人蒙着面，他们几乎都是<u>些</u>孩子。
19. 或许有<u>些</u>人认为，讲套话充其量不过是浪费些时间和纸张，并无大碍。
20. 李文宜含泪提出了三<u>点</u>要求。

字词扩展练习

| 打工族 | 开车族 | 骑车族 | 上班族 | 越野族 | 租房族 |
| 可观 | 可爱 | 可靠 | 可信 | 可取 | 可行 |

（说明："可"表示值得，一般多跟单音节动词组合，"可"有表示被动的作用，整个组合是形容词性质，如"这孩子很可爱"、"他非常可靠"。）

所得	所见	所闻	所想	所学	所在
少于	多于	大于	小于	高于	低于
以内	以外	以上	以下	以东	以南	以西	以北

阅读扩展及泛读练习

副课文 1

1. (✓)　2. (×)　3. (✓)　4. (×)　5. (×)

副课文 2

1. 因为对家境窘迫的学生来说，打工可以自食其力解决困难。另外，大学生可以学以致用，通过打工来丰富个人的简历。
2. 因为招收在校大学生兼职，薪酬较正式员工低，而一般属于临时性用工也不必有福利、保险等各种负担，大大节省了人力成本。
3. 学校应当鼓励和引导学生积极参与社会实践，要摆脱作为简单中介的作用，也要加强大学生打工的制度保障，尽可能为大学生参加勤工助学创造机会。
4. 许多单位招收大学生与补充员工和战略发展结合起来，通过提供给他们打工的机会，来进行较长时间的考察，如果是不错的人才，等到毕业的时候就可以直接录用。
5. 大学生半工半读慢慢会在中国大学里越来越普遍。

第 3 课

根据课文回答问题

1. 很多人在开业时排队购买图书，甚至连夜排队购买；很多书都很热销，许多书甚至脱销。
2. 因为以前台湾禁止出售大陆的图书，人们大多是通过地下渠道购买。现在在台北最具文化氛围的地段出现了第一家公开售卖大陆图书的书店，当然出现了热卖的现象。
3. 不是。是由上海季风书园、上海外文图书公司、台湾联经出版公司三方联手开的。
4. 关于中国文化、美术、历史和旅游指南、烹饪的书籍颇受欢迎；而且越有文化价值的书越是好销；反映历代皇朝的历史类书籍特别是学者版的也出现了热卖。

5. 随时引进大陆版新书，继续扩大图书的多样性，增进台湾读者对大陆的全面认识之外，书店将来可能还会开办一些讲座，教台湾读者阅读简体字书。

6. 是的。他们已经将目标瞄准了北美等地的华文图书市场。

词语辨析与练习

一、选词填空：

1. 中国台湾地区对引进大陆图书有<u>严格</u>的限制。
2. 会场的气氛很<u>严肃</u>。
3. 老师<u>严厉</u>地训斥他。
4. 老师希望学生<u>严格</u>地遵守学校的纪律。
5. 这件事情要<u>严肃</u>处理。
6. 台湾早在10年前便出现了<u>私下</u>经营大陆版图书的书店。
7. 他未经允许<u>私自</u>外出。
8. 这件事就不用在大会上讨论了，你们俩<u>私下</u>谈判吧。
9. 你没有经过你父亲的同意，<u>私自</u>变卖了老房子，这样做可不好啊。
10. 直至去年7月8日，在台销售大陆书籍的禁令才得以<u>解除</u>。
11. 看到他们家那么贫穷，公司主动<u>免除</u>了他们的债务。
12. 我已经和那个公司<u>解除</u>了聘用合同。
13. 进行慈善捐赠的人可以<u>免除</u>部分税务。
14. 正是看准了这一巨大的市场潜力，上海季风书园、上海外文图书公司、台湾联经出版公司三方联手，酝酿在台北最具文化氛围的地段<u>开办</u>一家"上海书店"。
15. 我们今年<u>开设</u>了语法、听力、阅读、说话四门课。
16. 新<u>开设/开办</u>的几家保险公司生意都很好。
17. 他们准备<u>开办</u>一家信息技术公司。
18. 还有一个有趣的现象是，<u>反映</u>历代皇朝的历史类书籍也出现了热卖。
19. "上海书店"在台湾开张，不管是在图书出版领域，还是在图书零售业，都引起了不小的<u>反响</u>。
20. 这本书在读者当中引起了不同的<u>反应</u>。
21. 他的报告引起了强烈的<u>反响</u>。
22. 人们普遍<u>反映</u>改革开放以后生活水平有了很大的提高。

二、在给定的词中选择最合适的词代替句中画线的词：

1. B　　2. A　　3. D　　4. B　　5. D　　6. B

语法练习

一、指出下列句子中"正"的意义:

1. 表示动作在进行中或状态在持续中
2. 加强肯定语气
3. 加强肯定语气
4. 恰好,刚好

二、用句子后面给定的词语完成句子:

1. 直至看到了她留下的信,他才意识到自己误解了她。
2. 在全体员工的努力下,我们今年的计划得以完成。
3. 由于着急,而且他的普通话发音不太好,他竟然把"下楼"说成了"下流"。
4. 我们都考得不错,反倒是我们班成绩最好的莉娜考砸了。
5. 这是他第一次面对这么多的人讲话,一时间他竟不知道说什么好。
6. 老板一个晚上的花费,相当于我一年的收入。
7. 怎么你越解释我越糊涂。
8. 经过一年的学习,同学们的汉语说得越来越流利了。
9. 继处女作广泛流传后,她的另一本书也获得了成功。
10. 正是你们自己的努力使你们获得了成功。

三、完型填空:

1. 据 2. 越来越 3. 一 / 只要 4. 选择 5. 由于
6. 增加 7. 正是 8. 开设 9. 一贯 / 以往 10. 应

字词扩展练习

据悉 据说 据传 据闻 据称
随时 随地 随处 随手 随口 随身 随心 随意
大陆版 古籍版 科教版 戏说版 平装版 精装版 精品版
吸引力 购买力 理解力 说服力 战斗力 抵抗力 承受力
灵活度 灵敏度 清晰度 透明度
零售业 批发业 印刷业 出版业

阅读扩展及泛读练习

1. B、C   2. B、D   3. B

第4课

根据课文回答问题

1. 1955年佳洁士出世时,高露洁牙膏占据美国45%左右的市场。后来,佳洁士打败了一路领先的高露洁,树立了市场领导地位,市场份额由10%上升到40%,而高露洁则由45%下降到15%。

   佳洁士在美国市场取得成功的原因主要是:突破了在牙膏里面添加"氟"的问题,使得牙膏能够有效防蛀;宝洁公司强大的市场推广能力;美国牙医学会(ADA)的"惟一认证"。

2. 为了占领中国市场,宝洁公司做了如下几个方面的工作:1、强大的电视广告支持;2、高额的市场支持费用;3、庞大的学校教育项目;4、突破性高品位POP和货架推动店内销售策略;5、家庭免费派送。但是,宝洁公司没有获得理想的回报。佳洁士在中国牙膏市场的份额一直徘徊在5%左右,远远低于高露洁约15%的市场份额。

3. 在市场推广上,佳洁士最大的错误是没有把目标定位在竞争对手高露洁身上。
   1. 攻击没有效力。高露洁等产品含有的能被牙齿吸收的氟成分比佳洁士少得多。
   2. 广告没有创新。佳洁士的广告与高露洁的广告类似,导致很多消费者误认为佳洁士的广告就是高露洁的广告。3. 权威认证不再惟一,但依然被当作秘密武器。中国有很多种品牌的牙膏都获得了认证。4. 佳洁士的优点"防蛀不磨损"没有得到突出。消费者不会想到高露洁会采用磨损牙齿的材料。而且,佳洁士广告也没有说明牙齿磨损的严重后果。

4. 在1992年即高露洁还没有确定"防蛀牙膏"品牌地位的时候进军中国市场;确立高露洁为主要竞争对手;告诉消费者为什么佳洁士比高露洁更好。

5. 市场上,时间是关键,抢占先机很重要;要明确主要的竞争对手;不要正面攻击已被强大对手所占据的山头等等。(可以自由发挥。)

熟读下列成语并各造一个句子。

一路领先:下半场,北京队一路领先。

改头换面:他不喜欢自己的作品,更不愿改头换面重新再版,也怀疑它有再版的价值。

一无是处:他有时过高地估计自己,有时又把自己否定得一无是处。

词语辨析与练习

1. 随着经贸关系的扩展和实力的增强，他们又向实业界进军，短短数年间，就将公司扩大到制药、医疗、保健、金融、房地产等领域。
2. 到十九时三十分，我们的友军由南北进攻，以便把敌人的炮火吸引到两边去。
3. 1986年，"环宇"成为电子行业第一个进军欧洲市场的企业。
4. 1786年秋，起义军先后在波斯顿、康科德、伍斯特等向法院进攻，不断取得胜利。
5. 他知道，意见越具体越容易遭受攻击，而且没有辩白的余地。
6. 哎，人和人之间不是互相瞧不起就是互相攻击，一点真诚的感情都没有，哪像是一群人？
7. 在民间信仰中，天地信仰占据了重要的地位。
8. 因而许多台商以渐进方式，先占领具有经济价值的战略据点，有人称此为"跃岛战略"。
9. 即将问世的"绿丹兰"制定的市场战略是：创名牌企业，出名牌产品，占领中高档化妆品市场。
10. 传统的手工艺开发方式仍然占据统治地位。
11. 为了尝尝高风险挑战的刺激性，自今年1月下旬起，利森变换了经营策略一改其以往一贯奉行的谨慎的、喜欢追逐蝇头小利的作风。
12. 与此同时，为了压低购买石油的价格，美国采取了少量采购的策略，从而导致国内石油库存量的大幅降低。
13. 开发区的建设，是一桩严肃而慎重的大事，应该有个战略设想，长远规划，短期安排，分步实施。
14. 我们一定要坚定不移地实施科教兴国战略。

语法练习

一、用"一……就……"、"被……所……"造句。

啤酒呀，他一喝就（是）十几瓶。
妈妈说一放假就带我出去旅游。
最近，我的身体不太好，一看书就头疼。
这些不显眼的问题，往往容易被人们所忽视。
这时我不由自主地被梦所控制，梦非要我再次重复死亡的经历。
当时气候非常寒冷，欧洲和美洲北部都被冰川所覆盖。
安禄山在洛阳被其子庆旭所杀，两年后庆绪又被史思明所杀。
我的母亲，每年都被支气管炎所苦。

二、选用正确的量词填空：

1. 他们的领土有四五<u>个</u>篮球场那么大。
2. 她的美丽举世无双，但却是一<u>种</u>邪恶之美。
3. 他还是第一<u>次</u> / <u>回</u>走进这片原始森林。
4. 爸爸又把我抱在骆驼背上，唱起那<u>支</u>我练熟的歌。
5. 在那个年代，吃饭就是<u>个</u>大问题。
6. 他于是又换了一<u>种</u>语气，笑嘻嘻地说……。
7. 家长大都有这样的经历：把一个故事给孩子讲了好几<u>遍</u>，已经有点不耐烦了，孩子还在催。
8. 但贝蒂丝毫没有孤身陷入重围的那种恐惧感，反而泰然地屈起两条后腿原地坐了下来。
9. 我当时就不由自主地打了一<u>个</u>寒战。
10. 我点燃了一<u>支</u>烟。
11. 现在，我想请大家帮助解决两<u>个</u>问题。
12. 他马上意识到发生了怎样的危险，但他挣扎了几<u>次</u>都未能起身。
13. 左右两声锣响，两旁杀出两<u>支</u>人马。
14. 第二天，有人问起，他又把这档事从头至尾学说了一<u>遍</u>，有声有色。
15. 再一次见到他是在一<u>个</u>美丽的清晨。
16. 他不过在操作和游戏，游戏也有好多<u>种</u>，热情的游戏，冷漠的游戏，痛苦的游戏……
17. 上<u>回</u> / <u>次</u>你说得对，不完全是客观，应该从主观上找原因。
18. 但那时他没有感觉到这种价值，没有想得更多。
19. 大幕拉开，剧场的前半部分再<u>次</u>被映亮。
20. 这<u>回</u> / <u>次</u>我们一定要好好干它一场。

字词扩展练习

透明度	能见度	新鲜度	清晰度	开放度	深度	广度
出勤率	回头率	回收率	升学率	通过率	正确率	
伸缩性	预见性	可行性	可塑性	可读性	趋同性	政策性	理论性
说话者	旁观者	目击者	表演者	演奏者	读者	听者

阅读扩展及泛读练习

1. C   2. D   3. B

249

第5课

根据课文回答问题

1. 兵马俑有三个特点:大、多、真。大和真就是陶俑像真人真马一样大小,在感官上超过了人们的想象。多是指出土的兵马俑的数量,1、2、3号坑出土的达到8000多件,仅1号坑就有6000多件。
2. 通过对比让学生自由发挥。
3. 兵马俑的发现使人们对秦代历史的研究突飞猛进,比如对古代军阵的研究,在军事史上有很多参考价值。关于古代军阵的记载,古书上有各种各样的描述,可具体阵型怎么排列,史书上缺乏具体描述,兵马俑发现以后,提供了很生动的具体例子。出土文物在证实一些史实的同时,也同样给专家学者带出更多的问题,兵马俑由于其特殊时代、背景和出土量之大,它制造出的未解之谜远远多于任何出土文物。这些谜团涉及到政治、社会、科技、文化等方方面面。
4. 兵马俑的制作是个问题。现在做都是分节做的,烧出来之后堆在一起的。那时候是整个烧出来的,有两个问题不好掌握,泥巴从湿到干的收缩比例怎么掌握?烧制过程中软化到硬结的收缩比例怎么掌握?还有兵马俑有的地方厚,有的地方薄,薄厚同时放到窑里烧,怎么掌握火候?还有泥巴,掺的石英砂的比例怎么掌握?诸如此类的技术问题,在当时都是怎么解决的?至今还没有搞清楚。
5. 可以让学生自由发挥。

词语辨析与练习

1. 这家工厂<u>制作</u>的家具真好,又大方又漂亮!
2. 一伙恐怖分子<u>制造</u>这起爆炸事件。
3. 这些造型奇特、栩栩如生的小手工艺品都由当地人手工<u>制作</u>。
4. 我要回国了,小丽送给我一条她亲手<u>制作</u>的挂毯。
5. 这些研究经费由某一国际基金委员会<u>提供</u>。
6. 他总是为大家着想,时时为大家<u>提供</u>方便。
7. 我们对这儿的情况不太熟悉,你能给我们<u>提供</u>一些建议吗?
8. 虽然已经进入冬季,但市场上蔬菜、水果<u>供给</u>仍很充足。
9. 现在市场上的商品货源充足,一般都是<u>供给</u>大于需求。
10. 这个国家在战争期间,曾经实行过<u>供给</u>制。
11. 他的表演才能是导演<u>发掘</u>出来的。
12. 他们欣喜若狂地高呼起来,因为在那儿他们<u>挖掘</u>出大批金币。
13. 只有不断<u>发掘</u>人才,利用人才,才能立于不败之地。

14. 她的潜力不是一朝一夕发掘出来的，需要各种因素的综合作用。
15. 这位作家一向以清新的写作风格著称。
16. 这伙年轻人为这间本来沉闷的办公区注入了清新的气息。
17. 这儿的蔬菜又新鲜又便宜，真是不错！
18. 烦恼的时候，我常常去海边，让清新/新鲜的空气去整理我烦乱的思绪。
19. 李连杰的电影真是精彩。
20. 她的画很精致，每根头发都画得清清楚楚。
21. 玛丽要回国了，我送给她一份精美的有中国特色的手工艺品，希望她能喜欢。
22. 她精彩的孔雀舞表演赢得了阵阵掌声。
23. 这只小木船做工很精致。
24. 实践是检验真理的唯一标准。
25. 他发烧得厉害，快带他去医院检查一下吧。
26. 请检测一下5号船的位置。

语法练习

一、仔细辨析括号中的词语，并从中选择合适的填空：

1. A　　2. B　　3. A　　4. A　　5. A
6. A　　7. B　　8. B　　9. B　　10. A　　11. A

二、多义词义项判断选择：

1. (1) A　(2) B　(3) C　(4) B　(5) A　(6) D　(7) C
2. (1) A　(2) B　(3) C　(4) D

三、仿照例句造句：

1. 小王的女儿不小心丢了，她急得不得了，只好求助于公安局。
2. 他太高兴了，像个孩子般跳了起来。
3. 医生嘱咐他在吃药的同时，还要注意休息。

四、按固定格式组词：

胜在多上　　　　　　以学生的角度
据以往的记录　　　　把垃圾倒在垃圾桶里

字词扩展练习

过高　　过低　　过多　　过少
建设性　　物质性　　客观性　　主观性　　模拟性　　男性　　女性　　刺激性

上品　产品　工艺品　日用品　商品　食品　物品　药品　用品　作品　样品
文物　植物　生物　废物
世界　自然界　植物界　动物界
古代　古典　古怪　古迹　古老　古人　古文
软化　硬化　西化　欧化
崇高感　自豪感　责任感　犯罪感
学者　作者　记者　编者
新型　生活型　外向型　内向型
有所不同　有所差异　有所了解　有所发现

阅读扩展及泛读练习

副课文 1

1. D　2. C　3. A

副课文 2

1. ✓　2. ✓　3. ×　4. ✓　5. ✓

补充练习

1. 这个城市存在许多问题，空气污染严重、交通堵塞，诸如此类。
2. 节日市场的年货供应很充足。
3. 厂长在讲话中涉及了提高产品质量问题。
4. 我们要努力使产品质量达到国际先进水平。
5. 那次感情失败后，他的心已千疮百孔，不能经受任何打击了。
6. 由于经营得当，他成立不久的公司业务突飞猛进，一日千里。
7. 实际行动胜于空洞的言辞。
8. 这种饼干不仅包装精美，而且味道独特，深受广大群众喜爱。
9. 这些模型都是按照实物收缩一定比例制作的。

第6课

根据课文回答问题

1. 2004年奥运会是在奥运会的发祥地——希腊的雅典举行的。
2. 2004年奥运会金牌榜排名第一的是美国,获得了35块金牌。中国队获得了31块金牌,排名第二。
3. 2004年奥运会中国队最大的突破是在金牌排名上将强敌俄罗斯队远远地甩在了身后。其他的突破包括刘翔的110米栏、女子网球、男子划艇等项目。文中提到的2004年体育赛事的其他突破有欧洲足球锦标赛上希腊队以弱敌强勇夺冠军的突破;以及美国人菲尔普斯在雅典奥运会上勇夺六金,还刷新一项世界记录的突破。
4. 因为在这一年,南非成为了2010年世界杯足球赛的举办国。
5. 不是。南非获得2010年世界杯足球赛的举办权是因为国际足联主席承诺世界杯足球赛要由各大洲轮流举办,是足球政治平衡的结果。
6. 火箭队录用姚明一是看中了他的球技和他的影响力,二是和国王队录用刘玮一样是为了进驻中国市场,吸引更多的中国球迷观战。

词语辨析与练习

一、选词填空:

1. 他们约定今年8月回母校<u>聚会</u>。
2. 昨天晚上的<u>聚会</u>你去了吗?
3. 操场上一下子就<u>聚集</u>了几百个来看电影的百姓。
4. 人民生活水平<u>大幅</u>提高。
5. 当地政府<u>大力</u>协助警方侦破此案。
6. 今年有人进村子<u>大量</u>收购棉花。

二、在给定的词中选择合适的填在句中的空格里:

1. 这个孩子在海里漂流了三天居然能活着回来简直是个<u>奇迹</u>。
2. 企鹅生长在南极——一个<u>遥不可及</u>的地方。
3. 我们已经提前完成了指标,老板为什么不履行自己的<u>承诺</u>呢?
4. 我们的载人飞船也能飞天了,我们为此感到无比<u>骄傲</u>。
5. 你装修得太<u>豪华</u>了,每一个房间都摆放着名牌家具。
6. 北京有着<u>悠久</u>的文明历史,他们一定能举办好2008年奥运会的。
7. 我们总裁是一个德国人,他不但懂五国语言,而且能说一口流利的汉语,真令人<u>不可思议</u>。
8. 周末,我常和朋友们一起出去吃饭,大家<u>轮流</u>做东。

9. 任何困难也动摇不了我到中国大陆投资的愿望。
10. 由于股市大跌，他的资产大幅缩水。

语法练习

一、将下列单句连接成复句：
　　1. 他虽然没有听懂老师的话，但是回答对了这个问题。
　　2. 他们公司虽然在中国开局失利了，但是他们公司却没有撤离中国市场。
　　3. 他们公司不仅赚了不少钱，而且还赢得了民心。
　　4. 妈妈不仅给我买了一盒生日蛋糕，还给我买了一台电脑。
　　5. 他不仅是我的同学，还是我的朋友。

二、用句子后面的词语完成句子：
　　1. 利用下课休息之机，他回了一趟宿舍。
　　2. 利用去北京开会之机，他去游览了长城。
　　3. 咱们以扳手腕的方式来确定谁的力气更大。
　　4. 请以短信的方式给我们发信息。
　　5. 自从上次分手后，我就再也没见过他。
　　6. 自从来到西藏，我就迷上了这个神奇的土地。
　　7. 他非常喜欢看电视，称得上是一个标准的电视迷。
　　8. 计算机不再是有钱人的专利，越来越多的人能够体会到它的方便了。

字词扩展练习

自打	自古	自小	自幼			
自卫	自信	自救	自夸	自大	自卑	自满
超长	超常	超凡	超前	超群	超车	超速	超额
互助	互让	互惠	互利	互勉		
抢眼	抢镜	抢收	抢种	抢割	抢滩	
如歌如泣	如火如荼					
车费	电费	水费	邮寄费	医疗费	转会费	
东道主	地主	户主	屋主	车主	物主	业主	债主	霸主
影迷	戏迷	歌迷	电视迷	网迷	电脑迷	
位于	在于	限于	陷于	鉴于	归于	

阅读扩展及泛读练习

1. ×　　2. ×　　3. ×　　4. √　　5. ×　　6. √

第 7 课

根据课文回答问题

1. 书中介绍的老字号是浙江湖州一家制笔厂"王一品斋笔庄"。
2. 传说这家笔庄的创始人姓王,乾隆年间他进京卖笔,有一名考生使用他制的笔考中了状元,人们因此命名他的笔为"王一品笔"。
3. 制作一支长锋笔差不多需要一只羊一年积累下来的毛。制作一只笔则要经过浸、拔、并、梳、连、合等近 100 道工序才能完成。
4. 因为现在的孩子们不爱干这一行。去年笔庄招收了十几名学徒,到现在已经有三四个不辞而别,又有四人参了军,剩下的几位不知能不能坚持下来。
5. 因为在机械化批量生产盛行的今天,这些传统技艺活一般都既费时又费力,而且从事这一行当待遇也不怎么好。

词语辨析与练习

一、选词填空:

1. 王一品笔由于选料严格,做工<u>精细</u>、品质优良,至今还很有名气。
2. 厂里是不是可以给这些技艺<u>精湛</u>的专家一些特殊的待遇和荣誉?
3. 经过多次<u>精密</u>的计算终于得出了正确的结论。
4. 他思考问题非常<u>精细</u>。
5. 在一只羊身上采集不到多少羊毛,<u>特别</u>是制作长锋笔的羊毛。
6. 为了加深印象,主人<u>特意</u>请了三位有 20 多年工龄的老工人为我们表演。
7. 今天是什么<u>特殊</u>/<u>特别</u>的日子吗?
8. 他穿这件衣服<u>特别</u>精神。
9. 王一斋笔庄<u>创建</u>于乾隆六年,迄今已有 250 多年的历史。
10. 这家工厂是由一群下岗工人<u>创办</u>的。
11. 他<u>创办</u>了一家敬老院。
12. 马克思<u>创立</u>了共产主义理论。
13. 不时将手里的羊毛翻折,以使长长短短的羊毛能均匀地<u>混合</u>起来,同时还要把混在这一把羊毛中不合格的毛剔除出来。
14. 她要在这捻动中,判断出笔头哪个地方不够匀称,要剔除<u>混杂</u>在笔头里的少数几根不合适的毛,以保证每支笔都能达到质量要求。
15. 这批蜜橘中<u>混杂</u>了一些一般的橘子。
16. 你把这两种酒<u>混合</u>在一起,再加点冰糖和冰块。
17. 在一只羊身上<u>采集</u>不到多少羊毛,特别是制作长锋笔的羊毛。

255

18. 本专集收集撰写的名特产品并非全貌。
19. 王洛宾为搜集民歌，一生走遍了西部的村村落落。
20. 他为写论文收集了很多资料。
21. 他的祖父喜欢搜集古玩字画。

2. 在给定的词中选择最合适的词代替句中划线的词：
1. C   2. A   3. D   4. B   5. D   6. A

语法练习

一、改写下列句子：
1. 由于他的作品非常杰出，大家都很尊敬他，尊他为大师。
2. 政府发现他几十年如一日地默默奉献，树他为普通劳动者的榜样。
3. 她不无伤心地告诉我，她失去了这次出国的机会。
4. 学校的决定一出，同学们无不拍手叫好。

二、用给定的词语完成句子：
1. 只有不断地学习，才能取得更大的进步。
2. 为了引起她的注意，他常常向她借书或请她喝咖啡。

字词扩展练习

本人	本书	本地	本校	本专集	本公司	
随手	随脚	随嘴	随口	随头	随身	随笔
创造	创建	创立	创设	创办	创收	创记录
轰动	感动	打动	捻动	推动	摇动	激动	跳动
采集	收集	搜集	汇集	征集	会集	召集
编者	读者	学者	说者	听者	患者	
精品	次品	上品	下品	一等品	劣等品	赝品

阅读扩展及泛读练习

1. ×   2. ✓   3. ✓   4. ×   5. ✓   6. ×

第8课

根据课文回答问题

1. 因为中国传统婚礼仪式总以大红色烘托着喜庆、热烈的气氛,吉祥、祝福和孝敬成为婚礼的主旨。
2. 源于古代对日神的崇拜。
3. 希望能够得到"天"的认可,反映婚姻本身的重要,体现出中国人向往"天地人和谐"的哲学思想。
4. 因为在传统观念中,鳏寡孤独表现了一种不和谐、不圆满,不符合人们在仪式中向天地祈福迎祥的文化心理。
5. 这四种食物象征"早生贵子",取"枣、生、桂、子"四个字的谐音,即它们读音相同。

词语辨析与练习

1. 墙太多,而且愈来愈多,然而树却愈来愈少,着实令人忧虑。
2. 英国国王乔治六世举行加冕典礼,各国祝贺的使节云集伦敦,一时间,伦敦街头车水马龙,好不热闹。
3. 当我们在这个山岗上回望,绵延而去的是我们往昔的时光,或美丽,或忧伤,或者同世上所有平凡的人一样极其平淡,但那毕竟是归属我们两个人的,是我们极为珍贵的财富。
4. 屈原、鲁迅、吉鸿昌,这些都是我极为崇敬的勇士。
5. 表达出你的看法,不管它是好是坏,而不要抑制自己的怒气或是忧虑。
6. "因为我的母亲,我迟迟不能动身。从秋天到冬天,我一次一次推迟了行期。再推下去,法兰克福就要取消我的资格。"小伙子忧愁地说。
7. 这时在周围的两三位外国朋友争先回答,你一言,我一语,几乎展开了一场热烈的讨论。
8. 凡是到这里来参观过的四方游客,无不为此而产生崇敬之情。
9. 一到夏天,坐落在美国海滨的美丽小城艾米蒂就热闹非凡,从世界各地赶来的游客都仰慕这里的海滨浴场,纷纷来这里避暑消夏。
10. 作品出版后受到热烈的欢迎,但同时也有点副作用——有的青年男女每因婚姻不圆满而即以自杀表示抗议,一时间形成"维特热"。
11. 宗教家创造出神来供自己崇拜。
12. 1992年春,寂寞了数十年的荒丘竟奇迹般地热闹了几天。
13. 生命似乎永远是渺小和伟大的"混血儿",由此我们也就没有理由产生绝对的崇拜和蔑视,再伟大的巨人也有他渺小的瞬间,再渺小的凡人也有他伟大的片刻。

14. 介绍两种驱除你生活中忧虑的办法：第一，勇敢地正视你担心的事情；第二，以行动、计划来代替担心。
15. 纳佳从小就认识了这位当时就显赫的革命英雄，对他十分崇敬。
16. 她不是不知忧愁伤感，但在生命里还有比伤感更强的东西。
17. 日本电影《追捕》在中国上映时，我去看了，深深地被男主角的气质所吸引：刚毅、勇敢、百折不挠，把感情埋得很深，又爱得那么热烈。
18. 很多时候，她们为对方的人格力量和忧伤的眼睛所感动，泪水情不自禁地慢慢溢出来。
19. 最高的造出上帝，其次造出英雄之神，再其次造出财神、土地公、土地婆来供自己崇拜。
20. 每当这个时候，她便忧伤地摇摇头，因为那位她期待中的"白马王子"并不是我，只是我们相像。

语法练习

一、选词填空：

1. 他在大学里从事科学研究。
2. 小王是个很热心的人，总是乐于帮助别人。
3. 经过九十分钟的激战，他们终于赢得这场足球比赛。
4. 对于这种不文明的现象，我们要加以批评。
5. 小张是个好学的青年，他总是善于学习别人的长处。
6. 下个星期我们要进行考试，现在就要开始复习了。
7. 跟你说话简直是对牛弹琴，所以我懒得搭理你。
8. 你还是快点去吧，免得又迟到了。
9. 这个房子不是你个人的，是属于公司的。
10. 玛丽这次考试考得很不错，所以今天她显得很高兴。

二、仿照例子，用所给词语造兼语句：

1. 老师叫我九点来上课。
2. 我让小王教她汉语。
3. 我请外国朋友看中国电影。
4. 图书馆管理员催我还书。
5. 妈妈托小王带东西给我。
6. 我劝朋友别生气。
7. 公司派小王去北京。
8. 这件事使我很不安。
9. 学校组织留学生游览长城。
10. 他强迫我同意这件事。

三、在下列横线上填上量词"次"或"回":

1. 这是我们第一___见面。
2. 这___事件引起了意大利历史上一___规模最大的人质搜寻工作。
3. 还有一___,我看见几个正经小伙去邀请一位小姐,都遭拒绝:"对不起,我不会跳。"
4. 他是专门为了这___会面被从监狱里提出来的。
5. 美国《史密森》杂志举行了一___规模宏大的民意测验。
6. 科长说:"这___出了个天大的事情,天没亮我就跟厂长一起被叫到公安局。"
7. 我们每个月结一___账,从中扣除房钱、伙食和服装费。
8. 1980年厂里出了一___事故,一名工人被漏出的毒气毒死了。
9. 这个年轻人在谈及楚霸王项羽时,充满了激情——想不想当将军是一___事。
10. 更重要的是,他们不再以童声高唱"爱你就没有商量"、"潇洒走一___",而终于有了自己的语言和自己的世界。
11. 在他戒烟以后,他的战友第一___去看他时,他既高兴又自豪地对战友说,他已经多少天没有抽烟了。
12. 他已经读过了两___大学课程,竟得不到一纸文凭。
13. 小陈怪他们俩都太认真了,试做一___夫妻也未尝不可嘛。
14. 在这段时间里,他没有抽过一___烟。
15. 我再朝她看看,她正对我微笑,这___,她以爽朗的声音说:"你快选吧。"
16. 为了思考和融化读过的东西,不知有多少___他来回地踱着、踱着……这时,什么象棋和任何娱乐,都不能使他分心。
17. 在一___象棋晚会上,有两个胖子在对弈。
18. 这一___我画好了设计图,买来了制作工具,不过五年过去了,我至今也没拿到这项专利。
19. 这些年来,公安部门花了不少力气,每___收容之后,街面上就会干净几天,基层干警的任务很多,每天都有许多比清理乞丐更重要的事情等着他们。
20. 不管什么蛐蛐儿,他都能一眼看出优劣,论及品相让你回___晕。

字词扩展练习

代表性 创造性 纪律性 独立性 主动性 普遍性 特殊性 积极性 完整性
丑化 恶化 净化 激化 绿化 美化 氧化 大众化 电气化 规范化 现代化
作家 画家 歌唱家 书法家 发明家 艺术家 思想家 文学家 科学家 收藏家
学者 作者 读者 记者 领导者 参加者 演唱者 强者 弱者 老者 长者
春节 中秋节 国庆节 元宵节 端午节 劳动节 儿童节 圣诞节 母亲节
文学 医学 经济学 语言学 历史学 音乐学 物理学 生物学

阅读扩展及泛读练习

副课文 1

1.（×） 2.（√） 3.（√） 4.（×） 5.（√）

副课文 2

1. 意思是结婚过程较以前变得简约。
2. 照婚纱、结婚登记、举行典礼仪式和旅游度蜜月。
3. 新婚姻登记条例更简单、更具人性化，工作的紧张繁忙，青年一代对传统婚俗的淡漠。
4. 认为这是社会进步和百姓婚俗改变的体现。
5. 略。

第9课

根据课文回答问题

1. "光着脚在地上走，感受沙的温热，草的润凉，那种无拘无束的洒脱与快乐，一生中会将我们从梦中反复唤醒。"
2. 老一辈女子有包脚一说，认为"小脚为美"。她们被强制性地把自己的脚用布紧紧包起来，这样脚不能正常发育，变得奇形怪状。作者把它归咎为鞋，实为对旧规定的一种反抗和痛诉。
3. 这两种情况都是强制性的，愚昧的产物。
4. 作者不习惯穿跑鞋，"我觉得自己的脚被人换成了蹄子"，也就是说跑鞋不适合作者，作者只适合穿白网球鞋跑步。
5. 作者把婚姻比喻成了鞋与脚的关系，鞋要合脚，这样才舒服；婚姻也一样，找一个适合自己的人，这样你的婚姻才和谐。

词语辨析与练习

选择填空：

1. 他感觉工作还顺利。
2. 这次考试感觉还可以，估计考得不会太差。
3. 第一次见面我对她就有一种特殊的感觉，后来我们果然成了知己。

4. 看到中国近几年经济的全面迅速地发展，我<u>感受</u>很深。

5. 对于这件事，我和他有同样的<u>感受</u>。

6. 沙发一买回家，我就坐在上面，<u>感受</u>一下儿它的舒适。

7. 我真的无法再忍受如此<u>痛苦</u>的生活。

8. 他给我造成的<u>苦痛</u>/<u>痛苦</u>是永远无法忘记的。

9. 组成这种食品的<u>原料</u>是什么？

10. 这篇论文选取的<u>材料</u>都很有说服力。

11. 目前一些生产<u>原料</u>日益紧张。

12. 他的日常工作就是整理<u>材料</u>。

13. 经过三年的时间，他走了五个省进行调查，取得了大量的第一手<u>材料</u>。

14. 这家工厂设备<u>简陋</u>，肯定生产不出好的产品来。

15. 老板让他把事情的经过<u>简单</u>地说一下。

16. 这个机器看起来很复杂，实际操作起来很<u>简单</u>。

17. 她一向很讲究，地上铺着<u>华贵</u>的地毯，家具都是古色古香的。

18. 为了能考上研究生，她付出了<u>昂贵</u>的代价。

19. <u>翩翩</u>飞鸟飞向远方。

20. 一阵微风吹来，河边的杨柳<u>袅袅</u>随风摇摆。

语法练习

一、多义词义项选择：

1. A   2. A   3. D   4. D   5. B
6. B   7. C   8. C   9. C   10. C
11. A   12. A   13. B   14. B   15. D

二、用画横线的词，仿照例句造句：

1. 婚姻是一双鞋。

   人生是一条无涯的路。

   <u>长征是播种机。</u>

2. 路上的千难万险，有时尚不如鞋中的一粒砂石令人感到难言的苦痛。

   新政策尚未出台，请先按旧政策办理。

   <u>他尚未理解你的意思，请再说详细一点。</u>

3. 与其花这么多时间打电话，不如骑车去一趟。
   与其他去，不如我去。
   与其今天去，不如明天去。

4. 不论做什么工作，他都非常认真。
   不论困难有多大，也吓不倒他们。
   不论明天下不下雨，我都去上课。

5. 切莫只贪图鞋的华贵，而委屈了自己的脚。
   切莫白了少年头，空悲切。
   切莫贪图小便宜，而失去了最宝贵的东西。

6. 当翩翩起舞之时，也许会有人冷不防地抽搐嘴角：那是因为她的鞋。
   雪下得很大，我小心翼翼地走在马路上，还是冷不妨摔了一跤。
   他冷不防从什么地方冒了出来，把我吓了一跳。

7. 我进行了一个孩子所能爆发的最激烈的反抗。
   我所能做到的就这些了，我已经尽了全力了。
   我所能做到的就是如何把她抚养成人。

8. 当鞋确实伤害了脚，我们不妨赤脚赶路！
   有什么意见，不妨当面提出来。
   你不妨说说你的主意，也许对我们有很大启发。

三、在下列横线上填上量词"种"或"样"：

1. 这是一种情感，一种思念。
2. 他的功课样样儿都很好。
3. 市场里有许多种/样菜，爱买什么买什么。
4. 他们是两种性格的人，分手是迟早的事。
5. 我点的两样菜都是豆腐，你再点点儿别的吧。
6. 他那种思想现在已经过时了。
7. 这孩子干活，样样儿都能拿得起来。
8. 动物园里有许多种/样动物。

9. 谁也不愿意和这<u>种</u>人打交道。

10. 她克服了<u>种种</u>困难，终于来到了中国。

字词扩展练习

无<u>法</u>无<u>天</u>　　无<u>影</u>无<u>踪</u>　　无<u>缘</u>无<u>故</u>　　无<u>依</u>无<u>靠</u>　　无<u>穷</u>无<u>尽</u>

千<u>真</u>万<u>确</u>　　千<u>言</u>万<u>语</u>　　千<u>辛</u>万<u>苦</u>　　千<u>变</u>万<u>化</u>　　千<u>山</u>万<u>水</u>

各<u>行</u>各<u>业</u>　　各<u>种</u>各<u>样</u>　　各<u>就</u>各<u>位</u>

秋雨<u>淋淋</u>　　大汗<u>淋淋</u>　　湿<u>淋淋</u>

表决<u>权</u>　　否决<u>权</u>　　选举<u>权</u>　　被选举<u>权</u>

可<u>怕</u>　　可<u>喜</u>　　可<u>人</u>　　可<u>心</u>

<u>经验</u>之谈　　<u>无稽</u>之谈

阅读扩展及泛读练习

副课文 1

1.(✓)　　2.(✗)　　3.(✗)　　4.(✓)

副课文 2

1.(✗)　　2.(✓)　　3.(✗)　　4.(✗)

《现代汉语语法常识》参考答案

第一部分 汉语的字和语素

1. 请仿照例子把下列汉字填入下表（可以自己补充，写得越多越好）：

结构方式	例字	练习							
独体字结构	日	月	万	斤	之	入			
上下结构	学	字	熟	最	茅	英	肯		
左右结构	结	证	绮	耕	粮	仪	呼		
上中下结构	意	密	算	荣	管	受	爱	莫	
左中右结构	树	激	微	惭	撒	假	附	衡	堆	难
全包围结构	围	国	因						
半包围结构	造	问	运	匠	区	式	匹		

2. 请仿照例子把下列汉字填入下表（可以自己补充，写得越多越好）：

结构方式	例字	练习									
象形字	日	山	竹	水	斤	人					
指事字	末	本									
会意字	休	从	众	字	歪	森	晶	囚	受	尖	泪
形声字	肤	熟	证	绮	喂	萝	运	扒	激	结	构	围	造
		问	耕	粮	堆	呼	附	管	衡			

3. 请注意区分形声字的形旁和声旁，并仿照例子填写下表：

形声字	形旁	声旁	形声字	形旁	声旁	形声字	形旁	声旁
结	纟	吉	努	力	奴	浪	氵	良
蜜	虫	宓	粮	米	良	蜂	虫	夆
蜘	虫	知	肿	月	中	蛛	虫	朱
肤	月	夫	纹	纟	文	愧	忄	鬼
茅	艹	矛	懂	忄	董	笠	竹	立
战	戈	占	放	攵	方	闷	心	门
想	心	相	请	讠	青	符	竹	付
清	氵	青	问	口	门	城	土	成

第二部分 汉语的词（上）

1. 请按要求填写下表：

复合词的结构类型	例　词
偏正式复合词	白板、邮箱、红旗、全力、深绿、轻视、微笑
联合式复合词	词语、朋友、开关、高深、深远、寻找、搜索
动宾式复合词	司机、司令、管家、关心、无情、有意、造句
动补式复合词	升高、降低、说清、长大、战胜、打败、说服
主谓式复合词	地震、海啸、心疼、心慌、胆大、手快、耳熟

2. 请写出下列词的同义词和/或反义词：

原词	同义词	反义词
生	活、产	死、亡、熟
高		低、矮
老	旧、陈、古	新、少、嫩
大		小
长		短
幸福	快乐	痛苦
细心		粗心

第三部分 汉语的词（下）

请把下列词填入下表，另外请补充别的词填入下表：
（括号内的词为补充的词）

词的类别	例　词
名　词	日、蜜蜂、阿姨、知识、走、说、回来、语调、回声、倒影、汉字、树林、国家、月、运动、证明、秘密、计算机、笑容
动　词	学习、批评、背诵、哭、戴、有、离开、观察、坐、游泳、问、做、问、运动、证明、微笑、计算
形容词	高兴、困难、粗心、奇怪、小、高、秘密、快乐

词的类别	例 词
副 词	（忽然、非常、很、不）
代 词	我、你们、他、谁、自己、她、它们、那里、哪儿、这样
数 词	（一、五、万、俩）
量 词	（个、位、支、双、两）
介 词	（向、从、在、关于）
连 词	（和、而且、或者）
助 词	（的、了、着、所）
叹 词	（唉、哎、哟、啊）
象声词	（哈哈、啪、哗）

第五部分　汉语的句子

六、练习

（一）请按要求造句并把它们填入下表：

句子的类别	例 句
陈述句	人们就把这些山谷叫做蝴蝶谷。
疑问句	你还有什么问题吗？
祈使句	你快来吧。
感叹句	蝴蝶谷的景象多么迷人哪！

（二）请按要求造句并把它们填入下表：

句子的类别	例 句
名词性谓语句	今天星期三。
动词性谓语句	校园里种满了桃树和柳树。
形容词性谓语句	他最近很忙。
主谓谓语句	这本书我看过了。
"把"字句	请把这本书拿给我。
"被"字句	自行车被他骑走了。

（三）请按要求造句并把它们填入下表：

句子的类别	例　句
并列复句	他是留学生，我也是留学生。
承接复句	台湾的山多，山谷也多。
递进复句	他不但会汉语，而且还会法语。
条件复句	只要你认真学习，就一定会取得很大的进步。
选择复句	毕业后，我要么回国，要么在这儿找一份工作。
解说复句	这涉及到两个问题：一个是费用的问题，一个是时间的问题。
因果复句	因为上午有课，所以我不能来陪你。
目的复句	我们一大早就出发了，以便能够按时到达那里。
转折复句	虽然天气不好，但我们还是决定按时出发。
假设复句	如果你认真学习，就一定会取得很大的进步。
让步复句	即使他不来，我们也照样要完成任务。
紧缩复句	他一来就走了。

生词索引

生词	课文编号	生词	课文编号	生词	课文编号
暗示	8	昂贵	9	熬制	7
袄	8	跋涉	9	版	3
版本	3	扮	1	包办	9
包装	4	宝贝	7	爆	6
贝壳	4	逼平	6	编者	7
鞭炮	8	播放	4	不辞而别	7
不得	3	不得已	1	不等	2
不妨	9	不可思议	6	不快	1
不时	7	不无	7	不再	6
采访	2	采集	7	参与	2
策划	8	策略	4	差异	7
掺	5	产地	7	产业	8
长短	7	常见	2	厂	7
场景	4	畅销	3	超出	2
称得上	6	成交	2	承办	6
持续	7	崇拜	8	抽取	1
丑恶	9	出人意料	1	出世	4
出售	1	出土	5	出众	6
处境	4	传授	1	创建	7
此时	7	丛书	3	凑巧	7
促销	2	打猎	1	打造	6
大多	2	大幅	6	大气磅礴	5
大千世界	9	当事人	8	当天	3
档次	6	导游	2	盗用	4
得以	3	底气	3	地段	3
递增	1	雕塑	5	调研	4
定价	3	定位	4	东道主	6

生词索引

生词	课文编号	生词	课文编号	生词	课文编号
独创	4	对手	4	多样	3
厄运	7	发昏	6	发掘	5
发扬光大	7	翻阅	7	烦恼	4
反倒	3	反响	3	分辨	7
分享	1	氛围	3	风采	9
风险	1	锋利	5	奉献	1
夫妇	8	符号	8	覆盖	4
改头换面	4	尴尬	4	赶路	9
赶往	6	感慨	8	感叹	5
高档	4	高低	5	高效	4
跟进	4	跟随	4	工艺	5
功	7	功臣	9	沟通	8
股份	1	挂钩	1	官员	6
冠名	6	光洁	9	光亮	5
贵重	9	过后	1	过瘾	6
和谐	8	轰动	7	后人	7
互补	3	互动	6	护理	4
华贵	9	话题	9	欢庆	6
唤醒	9	黄金	4	回报	6
汇总	1	绘	3	婚俗	8
混杂	7	或是	2	讥笑	1
击败	6	积	7	畸形	9
吉祥	8	技艺	5	继	3
加盟	1	加热	5	加深	7
家当	1	家喻户晓	1	尖端	7
间隙	7	肩膀	4	监测	4
检测	5	简陋	9	简体字	3
见识	7	奖赏	1	缴	2
缴纳	2	叫苦连天	1	接班	7

269

生词	课文编号	生词	课文编号	生词	课文编号
接洽	3	揭示	8	洁净	4
解除	3	界限	3	金牌	6
金牌榜	6	金钱	6	禁忌	8
禁令	3	精美	5	精品	7
精湛	7	警觉	6	净化	8
竞技	6	敬	8	举荐	6
具	3	据为己有	6	据悉	3
决赛	6	绝不	9	崛起	6
开门	3	开眼	6	开业	3
开张	3	看好	6	可观	2
可望不可即	6	空白	3	口腔	4
口吻	5	扣除	2	拦截	4
累死累活	1	冷不防	9	冷门	6
历代	3	连锁	1	连夜	3
联手	3	亮点	6	了却	6
猎狗	1	猎物	1	零售	3
领奖台	6	领先	4	流失	1
隆重	8	屡	6	率	4
论功行赏	1	马车	5	枚	6
每当	9	美妙	9	魅力	8
门市部	7	蒙昧	9	谜	5
免费	4	描述	5	瞄准	3
名次	6	名气	7	名闻天下	7
名著	3	明星	1	命名	7
模拟	5	模式	8	摩擦	5
莫	9	纳税	2	捻	7
袅袅	9	纽带	8	女工	7
徘徊	4	排队	3	派生	2
庞大	4	抛弃	9	跑道	9

生词索引

生词	课文编号	生词	课文编号	生词	课文编号
配方	4	烹饪	3	偏重	3
翩翩起舞	9	品	4	品牌	4
品位	4	聘用	2	平日	9
评估	2	凭借	1	颇	3
乞求	1	迄今	7	千疮百孔	5
千难万险	9	千辛万苦	1	签发	4
潜伏	9	潜力	3	强敌	6
强国	6	抢先	4	窍门	1
亲友	8	勤工俭学	2	倾听	9
倾斜	4	清新	5	情感	8
球迷	6	取胜	6	全集	3
全貌	7	全能	6	全球	4
权	9	权威	4	劝说	9
热卖	3	人生	9	认可	4
认证	4	日前	7	荣誉	7
融合	8	如痴如醉	6	如虎添翼	9
如数家珍	5	软化	5	软件	2
洒脱	9	赛场	6	扫地出门	1
杀伤	4	砂	5	山头	4
上市	4	尚	9	涉及	5
身强力壮	1	甚	7	渗透	8
失传	7	十足	3	时	4
实力	6	史	5	史实	5
世人	6	事后	4	势头	6
试用	4	收成	1	收购	1
收款台	3	首次	3	梳理	7
数额	2	刷新	6	私下	3
随意	8	随着	1	所得	2
他人	8	泰斗	8	贪图	9

271

生词	课文编号	生词	课文编号	生词	课文编号
剔除	7	体验	8	替补	6
天地	8	天性	9	添加	4
填补	3	舔	1	铁定	6
同类	3	投奔	6	突飞猛进	5
推出	4	推算	5	推移	1
褪	9	拖家带口	1	脱销	3
外资	2	惟一	4	文人	8
窝	1	无辜	9	无济于事	9
无拘无束	9	无涯	9	无忧无虑	1
物力	4	稀缺	4	喜庆	8
戏说	3	细微	7	仙女	9
鲜血淋淋	9	险胜	6	现场	6
限量	3	相比	4	相传	7
响声	8	想象	5	向往	8
销	3	销售	3	小册子	7
孝敬	8	效力	4	效应	3
校园	2	心目	8	心愿	6
新郎	8	新娘	8	新人	8
薪金	2	薪水	2	性命	1
修复	5	需求	6	许诺	1
序言	7	悬挂	9	选手	6
雪白	9	湮没	7	炎热	9
眼巴巴	1	样品	5	遥不可及	6
野狗	1	一炮走红	3	一时间	3
一无是处	4	一跃	6	衣裳	4
以弱敌强	6	以往	5	姻缘	9
引诱	1	隐藏	8	赢利	1
拥有	3	庸俗	8	用来	4
优于	4	优质	4	忧虑	7

生词索引

生词	课文编号	生词	课文编号	生词	课文编号
游客	8	幼小	9	诱惑	1
诱人	2	雨后春笋	1	原本	4
远远	5	匀称	7	酝酿	3
扎根	4	展望	6	占据	4
招募	1	招聘	2	招收	7
沼泽	9	支出	2	支付	2
知音	1	执教	6	直至	3
指明	4	指南	3	指向	4
中介	2	众多	4	重返	6
周转	2	诸如此类	5	助理	2
注明	4	祝福	8	蛀	4
铸造	9	专辑	7	专利	6
撰写	7	庄	7	庄重	8
追赶	1	卓越	4	咨询	2
自传	1	自家	4	总量	1
总数	6	足够	1	足以	6
组合	5	祖祖辈辈	9	尊	7
坐落	7	做工	7		

辨析词语索引

序号	词语	课文	序号	词语	课文
1	昂贵	9	30	鼓励	2
2	遍	4	31	鼓舞	2
3	材料	9	32	固定	2
4	采集	7	33	华贵	9
5	策略	4	34	回	4
6	承诺	1	35	混合	7
7	崇拜	8	36	混杂	7
8	崇敬	8	37	激励	2
9	创办	7	38	检测	5
10	创建	7	39	检查	5
11	创立	7	40	检验	5
12	创造	9	41	简单	9
13	创作	9	42	简陋	9
14	次	4	43	解除	3
15	聪明	1	44	进攻	4
16	大幅	6	45	进军	4
17	大力	6	46	精彩	5
18	大量	6	47	精美	5
19	得	1	48	精密	7
20	发掘	5	49	精细	7
21	反而	1	50	精湛	7
22	反响	3	51	精致	5
23	反应	3	52	聚合	6
24	反映	3	53	聚会	6
25	感觉	9	54	聚集	6
26	感受	9	55	开办	3
27	攻击	4	56	开辟	2
28	供给	5	57	开发	2
29	供应	5	58	开设	3

序号	词语	课文	序号	词语	课文
59	开拓	2	78	稳固	2
60	苦痛	9	79	新鲜	5
61	免除	3	80	许诺	1
62	袅袅	9	81	严格	3
63	翩翩	9	82	严厉	3
64	清新	5	83	严肃	3
65	却	1	84	引诱	1
66	热烈	8	85	忧愁	8
67	热闹	8	86	忧虑	8
68	收集	7	87	忧伤	8
69	私下	3	88	诱惑	1
70	私自	3	89	愚蠢	1
71	搜集	7	90	原料	9
72	特别	7	91	占据	4
73	特殊	7	92	占领	4
74	提供	5	93	战略	4
75	痛苦	9	94	制造	5
76	挖掘	5	95	制作	5
77	稳定	2			

我要感谢本教材所选材料的作者们的默默支持。由于客观条件的限制,很多作者没能联系上,在此表示深深的歉意。请有关作者看到本教材后及时与编者取得联系。

联系方式:上海市华山路1954号桃李苑(200030) 上海交通大学国际教育学院。或者可以在我的博客(http://gshulun.blog.163.com/)上留言。